马克思主义十五讲

15 Lectures on Marxism

陈先达/著

人民出版社

出 版 说 明

习近平总书记在庆祝中国共产党成立95周年大会上的讲话中指出:"马克思主义是我们立党立国的根本指导思想。背离或放弃马克思主义,我们党就会失去灵魂、迷失方向。在坚持马克思主义指导地位这一根本问题上,我们必须坚定不移,任何时候任何情况下都不能有丝毫动摇。"

为了深入学习贯彻习近平总书记关于马克思主义的系列重要讲话精神,方便广大的理论工作者、党员干部以及青年学生更好地坚持以马克思主义指导,解决真懂真信的问题,解决好为什么人的问题,并最终要落实到怎么用上来,人民出版社特邀请我国著名的马克思主义理论家陈先达教授编写了《马克思主义十五讲》一书。全书立足中国现实,以问题为导向,对理论领域和实际工作中最为关注的十五个马克思主义重大理论问题作了回答。说理透彻,行文流畅,既具有学术厚度又具有可读性。可供理论工作者和广大党员干部研究与学习马克思主义参考,对青年学生正确理解当代现实问题也具有引领作用。

人民出版社

2016 年 6 月

目　　录

什么是马克思主义,如何对待马克思主义不是两个问题,而是同一问题的两个方面。只有正确理解什么是马克思主义,才能正确对待马克思主义,反对教条主义和修正主义,反对一切左的和右的观点;也只有正确对待马克思主义,以创造性的,发展的,与时俱进的态度对待马克思主义,才算真正懂得什么是马克思主义。

"姓马"容易"信马"不易。"姓马"是专业,"信马"是信仰。专业可以变为单纯谋生的手段,而信仰则是高于谋生的精神追求。我们应该既"姓马"又"信马",做一个信仰坚定的马克思主义理论工作者。

习近平同志在哲学社会科学工作座谈会上的重要讲话,对全体哲学社会科学工作者寄予殷切期望和郑重嘱托。一切有理想、有抱负的哲学社会科学工作者都应立时代之潮头、通古今之变化、发思想之先声,积极为党和人民述学立论、建言献策,在为祖国和人民立德立言中实现自己的价值。

在马克思主义中,凡属基本原理都既属于马克思和恩格斯的时代,又同样属于当代,具有当代价值。马克思主义作为一种学说,就其本质来说是一个科学整体,不能分割为两个部分,一部分属于当代,一部分属于历史。马克思主义是具有实践性开放性的体系,它必须永远面对当代。马克思主义若丧失当代价值,必将导致马克思主义的终结。

马克思主义哲学不应该是哲学家们的"盛宴",更不应该是哲学家个人的私语和独白。马克思主义哲学的本质与功能,它所肩负的历史使命,要求马克思主义哲学必须立足现实,面对时代,为捕捉当代世界和当代中国的问题而提供具有世界观和方法论作用的哲学视角。马克思主义哲学与现实相脱离,无异于自我放逐和自我边缘化。

坚持马克思主义在意识形态中的指导地位,并不是把全部社会生活意识形态化,而是强调马克思主义的指导作用的性质和方式是通过思想理论的方式实现的。它的作用并不只限于意识形态领域,而是对包括经济、政治、文化诸多方面发挥指导作用。之所以强调马克思主义在意识形态的指导作用,是因为马克思主义的指导作用是通过思想理论方式实现的。在意识形态领域若失去指导地位,政治领域、文化领域和经济领域思想理论必将陷于混乱,整个社会就会陷入思想危机和信仰危机。

人类历史上从来没有一种学说像马克思主义这样,曾经改变和现在仍然在发挥认识世界和改造世界的作用。马克思主义

研究应该避免抽象化、经院化和概念化。历史和哲学可称为人
类智慧的双眸。哲学给人以人类思想智慧,历史给人以人类实
践经验。理论、现实、历史三者的结合,是我们理论工作者树立
自尊、自信、自强的正确道路。

在人类历史发展中,历史事实具有唯一性、历史现象具有相
似性、历史规律具有重复性。唯物主义历史观是我们观察当代
一切问题的立场、观点、方法,也是我们研究历史的基本理论和
方法论。在当代,如果对任何国际和国内问题的分析,不坚持历
史唯物主义的观点就很难得出正确结论,对历史问题的研究同
样如此。

对历史事实的评价,要坚持历史事实的客观性,厘清历史的
真相;历史的价值评价则是指对历史事件和历史人物在历史上
的作用和地位的评价。在历史研究中,事实评价和价值评价的
对立是常见的。历史唯物主义强调事实评价和价值评价的辩证
统一,反对两者的分裂,尤其反对把价值评价变为道德评价。伟
大人物并非都是道德完人,单纯的道德评价不能成为衡量历史
人物和历史事件历史地位和意义的标准。

一种学说的生命力取决于三个因素:一是是否有社会需要。
这种需要,不仅是它产生的社会原因,还是它能继续存在和发展
的社会原因;二是是否包含真理性因素,具有超越自己时代的价
值,经得起历史的考验;三是有无实现这种学说的力量和传人。

不要抽象地争论马克思主义指导和中国传统文化的关系,

尤其是非历史主义地争论马克思主义与儒学的高下优劣、抑扬褒贬。一个是中国革命和社会主义建设的思想理论指导,一个是中华民族的精神血脉和中华民族的文化之根。不重视马克思主义的指导作用,我们就不知道中国当代朝何处去,不理解中国传统文化,我们就不知道中国由何而来。

历史周期率是中国历史上农民革命、王朝兴亡和政权更迭中常见的一种现象。社会主义社会按其本质应该跳出周期率,但苏联解体和东欧剧变表明社会主义社会同样可能失败。中国特色社会主义道路和理论对于社会主义社会在发展中跳出历史周期率具有现实的和深远的意义。

一个民族的文化传统对于财富观有深远影响,但最终具有决定作用的是生产方式。财富观的秘密存在于生产方式之中:小国寡民与安贫乐道只能源自农业生产方式;经济人假设与新教伦理是资本主义生产方式的产物;社会主义生产方式则有自己的新财富观。历史唯物主义是打开财富观演变之锁的钥匙。

普世价值与共同价值最易混淆。共同价值,可以具有一定程度和范围的普遍性,因为它是一种对人类文明成果的价值共识,而普世价值似乎是各国都应该必须认同的一种普遍的价值共识。其实西方所坚持的普世价值,并不是对共同价值的认同,而是当代西方和国内少数人借助强势话语霸权,把西方资本主义社会的基本政治制度和他们所解释的民主、自由、人权观念等奉为唯一模式。我们拒斥西方作为唯一模式的普世价值,承认代表人类进步的共同价值,坚持社会主义核心价值。

　　"人为什么活着?"是探讨人活着的原因,这个原因就是阴阳结合,父母所生,是自然界规律;"人为了什么活着?"是人生活的目的、人生的意义。"人为什么活着?"这个问题要交给医学、交给生命科学去解答,现在的人工受孕,试管婴儿,都是在制造生命;而"人为了什么活着?"这属于人生追求问题,是讲人生的目的,属于哲学,属于人生观问题。

第一讲　什么是马克思主义

马克思主义诞生于19世纪中叶,经历了20世纪的辉煌与低潮交错的考验,现在已经跨进它的第三个世纪的头20年。

在当今世界,没有任何一种思想理论像马克思主义这样深刻地影响并改变世界。不只是社会主义国家,即使是发达资本主义国家和发展中国家,也在不同程度上感受到马克思主义对政治、文化和学术思想的影响作用。马克思主义是世界范围的存在。英国著名的马克思主义研究家戴维·麦克莱伦说:"不仅仅是在马克思主义国家,马克思的思想产生了影响。在世界其他地方,他已经改变了人们的思维方式。不论我们是否赞同马克思,他都已经塑造了我们对社会的观念。他建立起了一个来源于哲学、历史、经济学和政治学的体系。"①马克思主义这种永葆青春,以雷霆万钧之力磅礴于世界,正在于它是包括哲学、政治经济学和科学社会主义理论在内的完整的、科学性和革命性相结合的思想理论体系。

我们国家是以马克思主义为指导的社会主义国家。中国特色社会主义理论的本质就是马克思主义与中国实际的结合。我们理所当然地应该高举马克思主义旗帜,以创造性态度坚持马克思主义,学习马克思主义,用马克思主义基本理论来教育我们的广大干部。这是提高我们各级干部,尤其是担负重要任务的领导干部政治思想和理论素质,提高治国理政的实际才干重要保证。面对如此复杂和严峻的国际形势和我们承担的中华民族复兴的艰巨任务,我们的干部一定要提高学习马克思主义,学习当代中国化的马克思主义的自觉性,认真下苦功学习。

一、马克思主义的产生是时代的需要

马克思和恩格斯当然都是才华横溢,学识渊博的伟大人物,但马克思主义并不单纯是他们头脑的产物。在马克思和恩格斯之前,并不乏聪慧过人、百科全书式的人物。德国空想社会主义者和德国的古典哲学家们都是杰出的才智之士,但他们都没有也不可能创造一种代表工人阶级,以工人阶级和人类解放为目标的科学理论学说。使马克思和恩格斯超过他们前人的不只是他们的独特才能和智慧,而主要是他们所处的时代,是时代的需要把他们推上了创立马克思主义学说的理论高峰。

1. 什么是马克思主义?

什么是马克思主义,如何对待马克思主义,是有关正确理解和把握

---

① [英]戴维·麦克莱伦:《卡尔·马克思传》,北京:中国人民大学出版社2005年版,第432页。

马克思主义本质和功能的根本问题。它不是两个互不相关的问题,而是同一个问题的两个方面。只有正确理解什么是马克思主义,才能正确对待马克思主义,反对教条主义和修正主义,反对一切左的和右的观点;也只有正确对待马克思主义,以创造性的、发展的、与时俱进的态度对待马克思主义,才能把握马克思主义的本质。

在当今世界上,几乎所有标榜马克思主义的学派都自称为马克思主义,而且是真正的马克思主义。可是,它们的观点不同,甚至相互对立,彼此指责,争论不休。半个多世纪以来,从西方到东方,对什么是马克思主义,可以说是存在长期的、激烈的争论。有的学者根本不承认存在具有客观性的马克思主义,认为究竟什么是马克思主义取决于人们的不同解读。如果我们为这种争端所迷惑,必然会得出有多少个马克思主义的研究者,就有多少个马克思主义,不存在真正的马克思主义。马克思主义的本质为这种多元解读论所遮蔽。

我们并不否认当代对马克思主义理解的多样性和差异性。由于立场和观点不同,在当代对马克思主义提出了各种解释。但马克思主义作为一种科学体系,它的内容并不取决于人们的主观解释,而是取决于它的客观内容和科学本性。在学习马克思主义基本原理时首先要弄清什么是马克思主义,这对于正确理解和完整掌握马克思主义基本观点是至关重要的。

列宁说过:"马克思主义是马克思的观点和学说的体系。"①列宁强调的是,马克思主义是马克思(当然也包括恩格斯)的观点和学说。也就是说,后人可以发展马克思主义,但不能把自己的虚构、附加和错误解释强加给马克思和恩格斯。而且强调马克思主义是马克思的观点和学说的体系,而不是全部著作中的每句话或个别论断的总和。

当然,马克思主义不仅仅属于马克思和恩格斯个人,它是一种学说。在马克思和恩格斯逝世以后,马克思主义在无产阶级革命和社会

---

① 《列宁选集》第2卷,北京:人民出版社1995年版,第418页。

主义建设实践中继续得到丰富和发展。马克思主义包括三个组成部分:马克思主义哲学、马克思主义政治经济学和科学社会主义学说,但它在马克思主义中构成一个从理论上相互支撑,相互渗透的统一整体。马克思主义作为一个科学体系,它研究的是整个客观世界以及社会形态更替的规律、资本主义发展规律以及具有客观依据的关于社会主义和共产主义科学构想。它的最根本的目的和使命,就是为无产阶级和人类解放指明道路。如果要从本质上回答什么是马克思主义,我们可以说,马克思主义是由马克思和恩格斯创立的,为他们后继者所发展的,以无产阶级和人类解放为使命,以建设共产主义为最高目标的科学理论体系。要是在关于马克思主义的定义和解释中,抽去了它的科学世界观和对资本主义社会矛盾的科学分析,放弃了社会主义革命目标,背离了无产阶级和人类解放的使命,而又自称为马克思主义,就不可能是马克思主义。任何这类所谓的马克思主义只能是对马克思主义的伪造。

2. 马克思主义产生的历史必然性:时代需要和对人类文化遗产的批判继承

任何一种社会思想理论的产生都有其社会需要。马克思主义这种具有历史变革意义的科学理论体系,只有社会物质生产和文化积累达到一定水平才可能产生。毛泽东指出:"由于欧洲许多国家的社会经济情况进到了资本主义高度发展的阶段,生产力、阶级斗争和科学均发展到了历史上未有过的水平,工业无产阶级成为历史发展的最伟大的动力,因而产生了马克思主义的唯物辩证法的宇宙观。"[①]这一科学论断不仅对于概括马克思主义哲学的产生,而且对于整个马克思主义的产生是同样适用的。

马克思和恩格斯都是德国人,但马克思主义不只是德国的产物,而

---

① 《毛泽东选集》第一卷,北京:人民出版社 1991 年版,第 300 页。

同样是国际的产物。马克思主义的产生,一方面必须有德国的古典哲学的文化积淀,但同时又必须有英国和法国的发展了的经济关系和政治关系。实际上,马克思主义是当时西欧几个主要资本主义国家所固有的内在矛盾——社会化生产和资本主义占有制的矛盾,无产阶级和资产阶级矛盾激化,以及由文化发展提供的思想条件相结合的合乎规律的产物。

首先是资本主义的内在矛盾和阶级关系。英国是马克思和恩格斯终生活动的重要国家,资本主义生产非常发达。18 世纪中期,英国从蒸汽机和棉花加工机开始的产业革命,使得机器生产逐步代替了手工操作,以机器生产的大工业代替了工厂手工业,社会生产力得到了迅速的发展。到 19 世纪中叶,英国是当时资本主义最发达的国家。

法国是马克思早期活动的重要国家。同英国相比,法国资本主义发展水平比较低一些,但经过资产阶级革命和拿破仑统治时期,无论是工业还是农业,资本主义都得到了很大的发展。特别是七月王朝时期,法国产业革命发展迅速,工业中已广泛采用机器生产。德国资本主义发展虽然较晚,但马克思和恩格斯出生和成长地德国莱茵河地区资本主义也有相当的发展。尤其是由于同英法工业比较发达的国家进行广泛的交往,德国生产力发展水平虽然不如英国和法国,但资本主义生产方式所固有的内在矛盾,它的内在弊病同样也呈现出来。

随着资本主义生产的发展,资本主义生产方式所固有的内在矛盾——社会化生产和资本主义占有之间的矛盾日趋激化。这种激化表现在两个方面:一方面,是经济危机。从 1825 年发生第一次危机以来,资本主义国家周期地受到经济危机的冲击。在危机中,商业停顿,市场盈溢,产品滞销,银根奇紧,信用停止,工厂关门,好像是发生了社会大瘟疫。这就说明,资产阶级生产关系和生产力的矛盾尖锐化,因而生产力起来反抗资本主义生产关系,反抗作为资产阶级及其统治的存在条件的所有制关系。这种矛盾本身就孕育着解决矛盾的手段,蕴含着从科学理论上予以阐述的可能性。

另一方面,随着资本主义社会生产力和生产关系矛盾的激化,无产阶级和资产阶级的矛盾也尖锐起来。无产阶级已经从早期自发地反对个别企业主、破坏机器的斗争,发展到有组织的、大规模的政治罢工。19世纪40年代,在当时几个主要资本主义国家所出现的工人起义和工人运动,开辟了无产阶级反对资产阶级斗争的新纪元。在法国,里昂发生了大规模的工人起义。几乎是接着法国里昂工人起义失败后不久,英国工人掀起了宪章运动。成百万人参加运动,这是工人运动史上声势浩大政治运动。它虽然不像里昂工人那样直接拿起武器,但它的斗争明确地指向资产阶级。

在马克思和恩格斯的祖国,工人运动也开始兴起。特别是1844年6月的西里西亚织工起义,是当时资产阶级和无产阶级矛盾进一步尖锐的结果。起义规模虽然不及里昂工人运动和宪章运动,但它是德国工人觉醒的标志。它十分明确地反对私有制,反对资本主义剥削。随着工人运动的兴起,工人组织也相继出现,而且工人组织超出一国国界,出现具有国际性的工人组织。

资本主义基本矛盾的激化,工人运动和工人组织的出现,表明工人阶级开始作为觉醒的阶级登上政治舞台。他们迫切要求正确认识自己在资本主义社会的地位,认识无产阶级与资产阶级关系的本质,认识自己的命运和前途。换句话说,工人阶级需要一种能科学地阐明资本主义向何处去以及无产阶级历史使命和人类前途的科学理论。这是当时时代提出的任务。

除了经济条件和阶级斗争外,我们还要充分认识到思想文化的作用。时代条件把社会的迫切问题摆到人们面前,并规定人们认识可能达到的深度和界限,但它不能自发地产生任何理论。理论思维必须从已有的思想材料出发。对人类全部文化成果,特别是19世纪中叶在哲学、经济学和社会主义达到的重要成就进行的批判继承,对马克思主义的产生同样具有决定性意义。

马克思主义是对全部人类优秀文化遗产的继承。但其中最重要的是德国古典哲学、英国古典政治经济学和法国三大空想社会主义学说。因此,列宁在肯定马克思主义是对人类全部优秀文化遗产批判继承的前提下,特别强调西欧 19 世纪社会理论成就的重大意义。

黑格尔和费尔巴哈的哲学,在马克思主义理论的产生中起了重要作用。但马克思和恩格斯不是原封不动地搬用黑格尔的辩证法,他们吸收了黑格尔辩证法中的合理因素,例如关于运动、发展、变化的观念,关于对立统一、量变质变、否定之否定的观念,关于逻辑和历史统一的观念,关于历史发展的必然性的观念,等等,但彻底批判了黑格尔把绝对观念作为运动的主体,把运动和运动着特质割裂开来的唯心主义观点。对待费尔巴哈也是这样,他们高度评价费尔巴哈反对思辨唯心主义、反对宗教的斗争,吸收了费尔巴哈关于存在是主词、思维是宾词的观念,关于人的客观实在性、关于人与自然统一的观念,等等,但彻底摒弃了费尔巴哈的抽象人本主义和自然主义,清除了费尔巴哈理论中的唯心主义和形而上学杂质。

马克思和恩格斯重视英国古典政治经济学的成就。他们深入地研究经济思想史,特别是英国古典政治经济学的发展史,研究英国古典经济学派的著作。马克思在《巴黎笔记》和《伦敦笔记》中,就保留有大量的政治经济学的读书摘要和评注。马克思和恩格斯批判地吸取了英国古典政治经济学价值理论中的合理思想,例如关于劳动是价值唯一源泉的观点,关于劳动一般的抽象,关于价值区分使用价值和交换价值的观点,以及他们在对工资、利润、地租分析中对剩余价值来源的某些有价值的探索,等等,但摒弃了他们把资本主义剥削看成符合人性的、永恒不变的制度,把资本主义经济规律看成自然规律的唯心主义和形而上学的观点,并清除了他们的价值理论中的矛盾和混乱,严密地论证并彻底发展了英国古典经济学派的劳动价值论,创立了剩余价值学说。

马克思和恩格斯虽然对空想社会主义学说抱批判态度,但并没有忽视三大空想社会主义的理论成就。恩格斯明确指出:"德国的理论上的社会主义永远不会忘记,它是依靠圣西门、傅立叶和欧文这三位思想家而确立起来的。"①早在 1842 年 10 月主编《莱茵报》时期,马克思就开始了对社会主义问题的研究。恩格斯 1842 年到曼彻斯特之后广泛研究了社会主义问题,他在 1843 年 11 月写的《大陆上社会改革运动的进展》中对圣西门、傅立叶、欧文的评述就是这种研究的总结。马克思和恩格斯批判三大空想社会主义者关于理性支配世界,否认阶级斗争,拒绝暴力革命的唯心主义历史观,反对他们各种关于移民区的空想实验,反对他们详细描绘和规划未来社会细节的做法,但吸取了他们对资本主义社会弊病抨击和未来社会设想中的合理因素,例如关于消灭旧的分工,消灭城乡、工农、脑力劳动和体力劳动的差别,关于教育与生产劳动的早期结合,关于国家消亡等思想。

在马克思主义和人类文化遗产的关系问题上,我们必须反对两种倾向:一种是否认继承,把马克思主义同人类文化遗产对立起来,例如俄国十月革命后的"无产阶级文化派"就是这样。他们把无产阶级文化看成与人类文化无关的一种特殊文化。这完全是一种臆造。我国十年动乱初期的所谓"破四旧"也是这一种片面强调批判,抹杀马克思主义同人类文化遗产的继承关系的极"左"思想。当然,我们也要反对否定批判,片面强调继承。否认马克思主义在人类思想史上的变革地位的错误思想,例如把马克思主义的辩证法说成是黑格尔的辩证法,把马克思主义的唯物主义说成是费尔巴哈的唯物主义,如此等等。人类的认识犹如接力赛跑,后人总是在前人已经取得的成就的基础上前进的。

由此可见,时代的需要,人类文化的积累特别是 19 世纪中叶西欧在哲学、政治经济学和社会主义学说已经达到的高度,都使马克思主义的产生成为一种历史的必然。

3. 马克思恩格斯是马克思主义的创始人

19 世纪 40 年代的历史条件和理论成就,对于当时活动在英国、法

---

① 《马克思恩格斯全集》第 18 卷,北京:人民出版社 1964 年版,第 566 页。

国、德国的理论家和工人活动家来说是共同的条件,为什么马克思和恩格斯能适应时代的需要,能吸收前人的成果创立马克思主义呢? 我们只要了解马克思和恩格斯的一生活动及其特点,就能对这个问题做出正确的回答。

卡尔·马克思于1818年5月5日诞生于特利尔城的一个律师家庭。从小生活在德国经济和政治最发达的莱茵地区。在特利尔中学毕业后,于1835年10月入波恩大学法律系,一年后转到柏林大学法律系。1841年大学毕业。1842年10月主编《莱茵报》。报纸查封后,马克思于1843年10月底,偕同燕妮迁居巴黎,与卢格创办《德法年监》。由于法国反动政府的迫害,马克思1845年2月移居布鲁塞尔。1846年年初,在布鲁塞尔建立共产主义通讯委员会,随后又把德国手工业人的组织"正义者同盟"改造为"共产主义者同盟",并与恩格斯一道撰写《共产党宣言》,制定了无产阶级政党的第一个纲领。马克思参加了欧洲1848年革命。革命失败后,马克思定居伦敦,继续开展革命活动,建立和领导第一国际的工作,并以巨大的精力从事《资本论》的写作。马克思于1883年3月14日逝世,被安葬在伦敦海格特公墓。

弗里德里希·恩格斯于1820年11月28日出生于巴门的一个工厂主家庭。中学毕业前一年,即1837年辍学习商。1842年11月底,离开德国到英国曼彻斯特,在"欧门—恩格斯"纺织厂当职员。1844年8月末,恩格斯在巴黎会见马克思,共同写作《神圣家族》,从此开始了以后40年的共同战斗历程。和马克思一道,恩格斯参加建立共产主义通讯委员会,改组正义者同盟,写作《共产党宣言》,参加了1848年革命,以及建立和领导第一国际的活动。在马克思逝世以后,恩格斯独自担负领导国际工人运动的繁重工作。他领导筹建第二国际,整理出版《资本论》第2、3卷,并写了大量著作,保卫和发展了马克思主义。恩格斯于1895年8月5日逝世,骨灰撒入了大海。

从上述马克思和恩格斯历史的简短介绍我们可以看到,尽管马克思和恩格斯家庭环境、教育和个人经历来说存在差别,但他们是在同样

的时代背景和社会条件下活动的,有着最重要的共同点:

第一,他们都具有对剥削制度的憎恨和对劳动者的热爱。创立马克思主义,是一件危险而艰苦的工作,不仅会受到反动统治者的迫害,而且要付出巨大的劳动,没有激情,没有持久的动力是不可想象的。

马克思在中学时代就确立了为人类幸福而劳动的崇高理想。他在1835年8月写的《青年在选择职业时的考虑》这篇中学毕业作文中,阐明了自己对幸福的看法,明确提出要"选择最能为人类福利而劳动的职业"。他于1842年发表在《莱茵报》上的《关于林木盗窃法的辩论》和《摩塞尔记者的辩护》的文章中,公开为"政治上和社会上备受压迫的贫苦群众的利益"而辩护。马克思终生都怀着对剥削制度的憎恨,对雇佣劳动者、对无产者的悲惨处境最真挚的同情。

恩格斯也是一样。他虽然家庭富有,但痛恨专制制度和剥削制度,同情劳动者。他在1839年写的《乌培河谷来信》,揭露了工厂主的虚伪、贪婪和宗教伪善,对劳动者表现了无限的同情。到曼彻斯特以后,恩格斯抛弃了社交活动和宴会,抛弃了葡萄牙红葡萄酒和香槟酒,把自己的空闲时间几乎都用来同普通工人交往,认真地研究他们的处境。《英国工人阶级状况》就以大量的材料,对资本主义剥削制度进行了控诉。恩格斯毕生都保持着这种爱憎分明的感情。

第二,仅仅有强烈的革命激情是不够的,马克思和恩格斯还各自或共同进行了艰苦的科学研究。在上面我们曾讲到马克思和恩格斯对人类文明特别是19世纪西欧在哲学、政治经济学和社会主义学说的批判继承问题,这种继承和创新只有通过艰苦的科学研究才能达到。

马克思的研究领域非常广阔。他的专业是法律,但深入地研究了哲学、政治经济学、社会主义学说、历史、文学以及自然科学。恩格斯说过:"马克思在他所研究的每一个领域,甚至在数学领域,都有独到的发现,这样的领域是很多的,而且其中任何一个领域他都不是浅尝辄止。"[①]

---

① 《马克思恩格斯选集》第3卷,北京:人民出版社1995年版,第776—777页。

马克思精通法文和英文。为了研究俄国的公社制度和土地关系,晚年还学习俄文。在马克思的著作中,保存有各种读书笔记,仅《资本论》的草稿的数量就是惊人的。为了创立新科学理论,马克思付出了何等巨大的劳动!

恩格斯也是一样。列宁指出:"恩格斯是整个文明世界中最卓越的学者和现代无产阶级的导师。"①中学学历和繁忙的商务并没有限制恩格斯对科学的探求,他发表在《德法年鉴》上的《政治经济学大纲》,为无产阶级政治经济学的建立奠定了第一块基石,当时年仅 24 岁。从1844 年 8 月与马克思合作开始,他参与了马克思的一切科学活动,互相商量,共同探讨。马克思主义著作中的许多经典著作都是由他们两人共同创作的。恩格斯精通多国语言,他对军事辩证法、自然辩证法作出了独特的贡献。马克思逝世以后,恩格斯写的《家庭、私有制和国家的起源》《路德维希·费尔巴哈和德国古典哲学的终结》,以及晚年关于历史唯物主义的许多通信,都是马克思主义经典著作中的著名篇章。

第三,他们都积极投身实际斗争。马克思和恩格斯不是蛰居书斋的学者,而是革命家,是投身当时革命洪流的斗士。他们的全部科学研究,都是同革命实践紧密联系的。恩格斯曾经说过:"马克思首先是一个革命家。他毕生的真正使命,就是以这种或那种方式参加推翻资本主义社会及其所建立的国家设施的事业,参加现代无产阶级的解放事业,正是他第一次使现代无产阶级意识到自身的地位和需要,意识到自身解放的条件。"②这是对包括他自己在内的马克思主义创始人一生经历特点的概括。马克思和恩格斯都非常注意现实问题。开始是关心德国反对宗教和专制制度的斗争,从 1846 年创建共产主义通讯委员会起,在几乎半个世纪中,他们直接与工人运动相结合并领导工人运动。

由此可见,马克思和恩格斯与自己同时代的某些人物相比,具有双

① 《列宁选集》第 1 卷,北京:人民出版社 1995 年版,第 88 页。

② 《马克思恩格斯选集》第 3 卷,北京:人民出版社 1995 年版,第 777 页。

重优越性:比起工人活动家,他们具有深湛而广阔的理论素养;而与青年黑格尔派以及反对政治斗争的形形色色的所谓社会主义理论家相比,他们与工人运动相结合并具有丰富的实践经验。这样,他们既继承了人类的优秀文化遗产,又抓住了时代的脉搏,透彻地了解时代所提出的迫切任务,从而成为马克思主义学说的创始人。

4.马克思评为"千年伟人"对我们的启示:反对马克思主义"危机"论和"过时"论

历史经验证明,马克思主义的命运是与无产阶级革命紧密相连的。当无产阶级革命处于高潮之际,社会主义国家相继建立,马克思主义理论阵地扩大,威信倍增,信仰者增多;反之,当无产阶级革命处于低潮时,社会主义国家出现困难和挫折,马克思主义阵地会缩小,队伍发生分裂,不坚定者会动摇。各种反对马克思主义的所谓理论和学说就会沉渣泛起,甚嚣尘上。

马克思主义从她诞生之日起,就在斗争中在胜利中前进。可是在20世纪下半期,社会主义实践和马克思主义都开始进入一个困难时期。特别是20世纪最后10年,由于苏联解体,东欧剧变,社会主义运动在实践中遭遇重大挫折,世界是一些反对马克思主义的学派、思潮,更趋活跃。它们都断言,马克思主义失败了,从此永远消失了。但事实并非如此。1999年秋天,英国BBC(英国广播公司)曾经进行世纪伟人评选,马克思排在当代世界最伟大科学家爱因斯坦之前,位居第一。这充分表明了马克思主义在西方世界不少人心中的地位,表明了苏联解体和东欧剧变并不如一些人所期待的马克思主义已经彻底"破产"。其实,只要世界仍然存在资本主义,只要世界仍然充满非正义、不公平,存在剥削和奴役,为无产阶级和人类解放而产生的马克思主义就永远不会消失。

在各种反对马克思主义的观点中,最值得注意的是"危机"论和"过时"论。所谓的马克思主义理论危机是革命遭遇挫折的一种反映。

最早的所谓"危机"发生在第二国际后期。在 20 世纪下半期,特别是苏联解体和东欧剧变以后,马克思主义"危机"论更为流行。但就马克思主义发展而言,所谓"危机"仅仅是整个过程的一个片断,是前进中的暂时逆转,它能克服,而且一定会克服。因为只要现实提出的问题是真实的,就一定会由创造性的马克思主义作出回答。因此在所谓危机之后,接踵而来的必然是马克思主义的大发展。在克服第二国际后期的危机中,列宁对马克思主义的创造性发展;在苏联解体和东欧剧变后,中国特色社会主义的伟大成就和邓小平理论、"三个代表"重要思想、科学发展观以及习近平同志系列重要讲话的提出,就是这种规律的表现。我们已经清楚,苏联解体和东欧剧变并不是马克思主义的失败,而是教条主义的失败。而真正的马克思主义必然在克服困难总结经验中前进。邓小平说过,我坚信,世界上赞成马克思主义的人会多起来的,因为马克思主义是科学。

毛泽东思想和中国特色社会主义理论是在理论上对"危机"论的驳斥;近 95 年来,中国革命、建设、改革所经历的全部过程,是从实践上对马克思主义"危机"论最好的驳斥。在中国革命时期,中国共产党人经过 28 年的斗争终于建立了中华人民共和国。中国革命的胜利,就是马克思主义在中国的伟大胜利。同样,无论是在中国社会主义建设时期的成就,还是中国改革开放时期的成就,都可被视为是从实践上对马克思主义"危机"论的驳斥。

尤其是在当代中国,中国改革开放选择什么道路,关系中国全体人民利益和中华民族复兴。中国是否会走苏联取消马克思主义、采用新自由主义的道路,最为世人关注。中国道路向世界表明,一个近百年来受列强压迫和侵略的民族,一个曾经落后于西方发达国家的民族,在马克思主义指导下,完全可以找到一条适合自己的民族复兴之路。中国改革开放成就,充分证明了马克思主义的当代价值,也从实践上粉碎了"危机"论者企图要中国共产党放弃马克思主义的幻想。

与马克思主义"危机"论相呼应的是"过时"论。他们强调马克思主义产生于 19 世纪,现在已经是 21 世纪,马克思主义已经过时了。马克思被评为我们世纪的"千年伟人",就是对这种观点的驳斥。

马克思和恩格斯虽然生活于自由资本主义阶段,但他们探讨的问题并不限于自由资本主义而是关于整个资本主义社会向何处去的问题,关于无产阶级和人类解放的问题,因而是对人类社会和资本主义社会规律性的探讨。正因为马克思和恩格斯肩负着无产阶级和人类解放历史使命的目的从事写作,因而他们不是停留在资本主义的表层,不是对资本主义社会现象的描述,而是着力于通过现象把握资本主义社会发展的本质和规律。自由资本主义阶段的认识条件,可能会给马克思和恩格斯对材料的运用和理论视域带来某些限制,但从根上说不会影响他们对人类社会和资本主义一般规律的探求。一般存在于个别之中。资本主义社会早期暴露出来社会矛盾中包含着它的发展规律和往后发展趋向。这是马克思主义虽然诞生于自由资本主义阶段但至今仍然保持它的生命力的一个最重要原因。

我们现在距离马克思和恩格斯生活的年代虽然有一个半多世纪,时代面对的主题发生了变化,但这个变化并没有改变马克思主义肩负的历史使命。历史是大尺度的。我们仍然在以不同方式实践马克思和恩格斯提出的伟大理想。在这个过程中,马克思主义依然是我们的时代的理论旗帜。当代的科学技术的发展,当代的社会实践,没有也不可能有任何证据,来推翻马克思主义根本性的原理。

我们强调马克思主义的适用性,但并不否认马克思和恩格斯的某个具体论断可能过时。但要把它和"马克思主义过时论"区分开来。马克思主义过时论是针对整个马克思主义科学体系的,是一种反对马克思主义的错误理论;至于马克思和恩格斯文本中的某些论断的过时问题,这完全可能。马克思和恩格斯自己从不讳言这一点,相反,着力强调自己的某个论断因为客观情况变化而过时。例如,马克思恩格斯在《共产党宣言》1872 年德文版序言中,明确指出,由于最近 25 年来大工业有了巨大发展而工人阶级政党组织也跟着发展起来,由于首先有了二月革命的实际经验而后来尤其是有了无产阶级第一次掌握政权达两月之久的巴黎公社的实际经验,"所以这个纲领现在有些地方已经过时了"。在讲到《共产党宣言》中关于对待各反对党的态度时也说,"虽然在原则上今天还是正确的,但是就其实际运用来说今天毕竟已经过时,因为政治形势已经完全改变"①。他们也承认自己有过预测的失算,例如恩格斯说他在 19 世纪 40 年代,曾根据 1825 年至 1842 年间的事变进程,预言资本主义工业大危机的周期定为五年,"但是 1842 年至 1868 年的工业历史证明,实际周期是十年,中间危机只具有次要的性质,而且 1842 年以后趋消失。从 1868 年起情况又改变了"②。至于恩格斯逝世前在关于《马克思的 1848 至 1850 年法兰西阶级斗争》一书的著名"导言"中的自我批评,非常坦率,非常诚恳。马克思和恩格斯宣称自己的某个论断过时,预测失效,甚至某些论断存在错误,这种自我审视、自我批判的精神,充分表现了马克思主义创始人实事求是的科学精神和与时俱进的理论风格。理论的发展也是辩证的,可以说相反相成。正因为敢于宣布自己的某个论断过时和错误,从而在总体上保证了这个理论体系的科学性。宣布永远不包含任何错误或失误的理论,不是科学而是神学。

马克思主义过时论不同,它不是针对马克思和恩格斯的某个论断,而是针对整个马克思主义科学体系,宣布马克思主义已经过时。他们认为马克思主义的各种理论都打着维多利亚时代资本主义的烙印,认为马克思主义是第二次浪潮即工业革命时期的产物,现在是信息社会,是后工业社会,现在再使用马克思主义,像在电子显微镜时代还使旧式的放大镜一样。这种种说法,都是从根本上反对和取消马克思主义。我们要承认马克思和恩格斯文本中某个论断或预测的过时的可能性,但要坚决批判"马克思主义过时"论。

① 《马克思恩格斯选集》第 1 卷,北京:人民出版社 1995 年版,第 248—249 页。
② 《马克思恩格斯选集》第 1 卷,北京:人民出版社 1995 年版,第 423—424 页。

人文社会科学方面的知识不同于生产工具和生产技术。生产工具和技术属于工具性的。人类有了新的生产工具可以不再需要旧的过时的生产工具,有了新的更先进的技术可以取代旧有的生产效率低的技术。可人文社会科学知识不同,它只要是具有真理性或能给人类的智慧以启迪都具有存在的价值。人文社会知识是积累性的而不是取代性的。这就是为什么,中国传统文化例如儒家的创始人孔子,距离现在已经二千多年,可我们仍然可以从他的思想中汲取重要智慧和教导。

判断一种思想和学说的价值不能抽象地以时间长短来衡量。而是以它的真理性和现实价值来衡量。马克思主义的产生是人类思想史上的一次革命性的变革,它在哲学、经济学和社会主义思想方面的贡献是无与伦比的。马克思主义产生虽然已经近 170 年,但由于它是对世界、对历史、对资本主义经济运动规律性认识,因而具有永久的历史的和当代的价值。

二、马克思主义科学体系的根本特征

一种学说的根本特征,往往集中体现了这种学说的阶级本性、目的及其学术价值和现实意义。革命性与科学性、完整性与开放性、继承性与创造性相统一,以无产阶级和人类解放为目标的共产主义社会理想,最集中最鲜明地表现了马克思主义科学体系的本质。

1. 革命性与科学性相统一

同历史和现实中任何学派相比,马克思主义是一种革命性与科学性相统一的理论。马克思主义具有最强大的、不可遏止的吸引力。它从 19 世纪 40 年代西欧工人运动中的一个小小学派,发展到席卷全球,成为当今信奉者最多、力量最强、影响最大的思想体系,根本原因在于:它把科学性和革命性内在地和不可分割地结合在这个理论本身中。列宁说过:"这一理论对世界各国社会主义者所具有的不可遏止的吸引力,就在于它把严格的和高度的科学性(它是社会科学的最新成就)同革命性结合起来,并且不仅仅是因为学说的创始人兼有学者和革命家的品质而偶然地结合起来,而是把二者内在地和不可分割地结合在这个理论本身中。"①

马克思主义的革命性集中表现在它的实践性,即要求不仅能解释世界,而且能指导人们的革命活动实际改变世界。马克思主义与以往任何学说根本不同之处在于,它是为无产阶级解放而产生的理论。如果脱离工人运动,脱离人们改造世界的实际活动,它就失去了它产生、存在与发展的基础。因此马克思主义必须与工人运动相结合、与人们的实际活动相结合。另一方面,马克思主义的革命性,还表现在它的彻底批判精神。马克思主义的全部著作贯穿着这种批判精神。早在青年时代他就宣布:"新思潮的优点就恰恰在于我们不想教条式地预料未来,而只是希望在批判旧世界中发现新世界。"②并公开申明"要对现存的一切进行无情的批判"③。马克思主义反对那种把旧制度、旧事物看成凝固不变的理论,反对一切为旧制度辩护的学说。它用彻底批判精神观察资本主义制度,从经济、政治、思想各方面多层次地揭露资本主义制度的矛盾和对抗,考察它的产生和演变,说明它的暂时性和改变为更高的社会形态的必然性和途径。

马克思主义不仅是革命的理论,而且是科学的理论。马克思主义并不是根据无产阶级利益、愿望和要求的纯逻辑推导。它以大量的、确凿的事实为根据,深刻地反映了客观自身的规律。例如唯物史观把社会关系归结于生产关系,把生产关系归结于生产力的高度,发现了社会现象的重复性和常规性,完全有可靠的根据把社会形态的发展看作自然历史过程。马克思主义的经济学说,以资本主义生产关系为对象,根据大量材料揭示资本主义社会形态的活动规律和发展规律。马克思主

---

① 《列宁选集》第 1 卷,北京:人民出版社 1995 年版,第 83 页。
② 《马克思恩格斯全集》第 1 卷,北京:人民出版社 1995 年版,第 416 页。
③ 《马克思恩格斯全集》第 1 卷,北京:人民出版社 1995 年版,第 416 页。

义关于无产阶级历史使命理论的依据,是资本主义生产方式的本质和无产阶级在资本主义社会的客观的经济地位和政治地位。马克思和恩格斯严格按照客观事物本来面目认识事物,完全排除对社会现象的主观主义解释。就它的可证性来说,它以实践作为检验认识真理的唯一标准。马克思主义在人类反复实践中得到证实,并在实践中不断丰富和发展。把全部理论建立在实践的基础上,是马克思主义作为科学真理的最可靠保证。

马克思主义是科学理论,这当然不是说真理尽在此中,除此以外没有真理。但我们不同意把马克思主义和各种非马克思主义甚至反马克思主义学派并列的观点。这种观点,忽视了马克思主义同其他学派的本质区别,贬低了马克思主义产生的伟大历史意义。毫无疑问,在马克思主义产生以前或以后,有些学派在某个方面或某个问题上可以提出包含真理性的看法,但从总体上说,即作为一种无产阶级和人类解放的思想理论体系,没有任何一个学派能同马克思主义处于同等的地位。

有一种观点认为,阶级性与科学性是不相容的,凡是代表某个阶级利益和愿望的社会理论,不可能是科学的。这种说法是片面的。阶级性与科学性是社会理论的两种不同特性。前者是就它的社会功能说的,即代表哪个阶级的利益、为哪个阶级服务;后者是指它的认识价值,即它对现实反映的正确程度。在阶级社会中不存在超阶级的社会科学。不管自觉与否,任何社会理论都从属于特定的阶级。如果科学性和阶级性绝对相互排斥,阶级社会中全部关于社会的理论都只能是谬误。事实并非如此。即使是剥削阶级,当它处于革命时期,它的理论代表可以在一定范围和一定程度上进行比较客观性的探讨,因为这符合他们的阶级利益;相反,当它上升为统治阶级以后,它的阶级利益和社会现象的科学探讨之间处于不可调和的矛盾之中。英国古典政治经济学的历史证明了这一点。当英国和法国的资产阶级夺取了政权,无产阶级的斗争直接威胁到它们的利益时,才"敲响了科学的资产阶级经济学的丧钟"。

无产阶级同以往一切阶级不同。它的阶级性同科学性是完全一致的。在马克思主义体系中,对资本主义生产方式及其发展规律的科学分析,就内在地包含着对资本主义制度的批判和否定;而对资本主义制度的批判和否定,又是以科学分析为依据的。恩格斯说过:"科学越是毫无顾忌和大公无私,它就越符合工人的利益和愿望。"①即使无产阶级上升为统治阶级,马克思主义也不会丧失它的科学性,转变为所谓"官方意识形态"。因为无产阶级的利益和全人类的利益是一致的,和历史发展方向是一致的。它并不谋求永远巩固自己的统治地位,而是将自己的政权作为向无阶级社会的过渡。因而马克思主义永远保持它的科学性,不会像掌握政权以后的资产阶级的社会理论那样变成一种单纯的"辩护论"。

2. 完整性与开放性

马克思主义是一个完整的科学体系。所谓完整当然不是说它无所不包,而是就马克思主义的历史使命言,它为无产阶级和人类解放提供了最具科学性的论证。马克思主义是包括辩证的主义和历史唯物主义、马克思主义经济学说、科学社会主义理论在内的有机统一整体。

辩证唯物主义和历史唯物主义是马克思主义的哲学基础。它克服了以往旧哲学的唯心主义和形而上学局限,把唯物主义和辩证法、唯物辩证的自然观和社会历史观结合在一起,通过揭示自然、社会和人类思维的一般规律,科学地阐明了人与自然、人与社会的关系,为马克思主义科学体系提供了科学的世界观和方法论。

马克思主义的经济学说是以辩证唯物主义和历史唯物主义为指导的。马克思和恩格斯唯物辩证考察资本主义社会形态,从一定的社会关系中划分出生产关系,科学地揭示了资本主义生产关系发展的规律,揭示了资本主义生产关系和生产力的矛盾及其运动机制,揭示了资本

---

① 《马克思恩格斯选集》第 1 卷,北京:人民出版社 1995 年版,第 258 页。

主义生产方式的实质,并按照逻辑和历史相统一的原则,通过一系列经济范畴再现了资本主义生产方式的产生、发展和必然灭亡的过程。

科学社会主义学说关于无产阶级解放运动的性质、条件和目的的一系列重要论述、关于社会主义和共产主义社会基本特征的原则性构想,都是建立在唯物主义历史观和马克思主义的经济学说的基础上。早在 1844 年,马克思就指出:"整个革命运动必然在私有财产的过程中,即在经济中,为自己既找到经验的基础,也找到理论的基础。"①恩格斯在《反杜林论》中更加明确地指出这一点,说:"一切社会变迁和政治变革的终极原因,不应当到人们的头脑中,到人们对永恒的真理和正义的日益增进的认识中去寻找,而应当到生产方式和交换方式的变更中去寻找;不应当到有关时代的哲学中去寻找,而应当在有关时代的经济中去寻找。"②

由此可见,在马克思主义科学体系中,哲学是世界观和方法论的指导原则,政治经济学是哲学通向实际生活(对资本主义社会的剖析)的中介,而关于无产阶级解放运动的性质、条件和使命的社会主义理论则是运用哲学分析经济事实引出的结论。这三者之间,即它的世界观和方法论原则,对资本主义经济的理论分析以及由此得出的结论之间,在理论上和逻辑上是严密、完整的、一贯的。它们相互渗透、相互补充,构成统一的马克思主义学说。社会主义理论一旦离开马克思主义哲学和马克思主义政治经济学,就会蜕变为平均共产主义或空想社会主义;反之,离开了马克思主义哲学指导,离开了为社会主义革命和社会主义建设服务的目的,所谓马克思主义政治经济必然会跌入资产阶级政治经济学的怀抱。同样,如果无视无产阶级肩负的伟大历史使命、无视社会经济现象,特别是新出现的经济现象的分析,马克思主义哲学就会蜕变为经院哲学。马克思主义中的任何一个组成部分同整体割裂开来,都

---

① 《马克思恩格斯全集》第 42 卷,北京:人民出版社 1986 年版,第 120—121 页。
② 《马克思恩格斯选集》第 3 卷,北京:人民出版社 1995 年版,第 617—618 页。

会使它丧失自己原有的性质,并导致对整个马克思主义科学体系的曲解。

马克思主义体系不仅具有完整性而且具有开放性。在历史上,凡是企图建立一个完整体系的思想家,都力图把自己的观点和学说凝固化,把它说成是最终的、最后的绝对真理。即使像黑格尔这样伟大的辩证法家也不例外。这种体系的封闭性与马克思主义的本性是不相容的。早在1843年马克思致卢格的一封信中,他就公开声明反对树立任何教条主义的旗帜,嘲笑那种认为一切谜语的答案都在哲学家们的写字台里,愚昧的凡俗世界只需张开嘴来接受绝对科学的烤松鸡的看法。后来恩格斯在《反杜林论》中,对企图创造最终真理体系的德国大学生们,尤其是对杜林进行过猛烈的批判。在恩格斯看来,如果人类在某个时候达到只需运用永恒真理,而不必再发现新的真理的地步,那就意味着历史和认识已经停止在一点上,这是非常荒谬的。关于自然和历史的无所不包的最终完成的认识体系,是同辩证思维的基本规律相矛盾的。可以说,马克思主义科学体系中的基本原理和重要命题,都如同张开着的口袋,它随时准备通过概括新的经验使它得到发展和充实。

3. 继承性与创造性

这实际上是马克思主义的坚持与发展的关系问题。一部马克思主义史就是坚持与发展的历史。不坚持马克思主义基本原理,所谓创造性就会偏离方向,而不坚持创造性,就会失去马克思主义与时俱进的理论品格,变为僵死的教条主义。马克思主义的生命力在于它的创造性、在于它与时俱进的理论品格。

作为马克思主义创始人的马克思和恩格斯,终其一生都在不断地总结新经验,以与时俱进的态度对待自己的学说。在马克思和恩格斯生前特别是死后,他们在各国的继承者们对于阐述和发展马克思主义都作出了不同程度的贡献。其中列宁适应帝国主义和无产阶级革命的历史条件,在领导俄国无产阶级进行社会主义革命和建设中,在同第二国际机会主义斗争中,全面发展了马克思主义,把马克思主义推进到一个新的阶段,即列宁主义阶段。

列宁继承和捍卫马克思主义,但同时反对教条主义,强调创造性。他说:"我们决不把马克思的理论看作某种一成不变的和神圣不可侵犯的东西;恰恰相反,我们深信:它只是给一种科学奠定了基础,社会党人如果不愿落后于实际生活,就应当在各方面把这门科学推向前进。我们认为,对于俄国社会党人来说,尤其需要独立地探讨马克思的理论,因为它所提供的只是总的指导原理,而这些原理的应用具体地说,在英国不同于法国,在法国不同于德国,在德国又不同于俄国。"①

《俄国资本主义的发展》一书中,把马克思关于资本主义的一般理论运用于俄国的实际,研究俄国的经济结构和国内市场问题,探讨了俄国资本主义在封建制度瓦解基础上产生和发展的必然趋势。特别重要的是,列宁依据《资本论》的基本理论和方法,对19世纪末和20世纪初各主要资本主义国家的生产与资本集中过程的加速和各种垄断组织的出现、银行作用的改变、工业垄断组织与银行垄断组织的结合,以及资本输出代替商品输出处于统治地位等新的经济现象进行了分析,提出了关于帝国主义的理论。

在无产阶级革命问题上,列宁也突破了马克思主义的旧有结论。恩格斯说过:"共产主义革命将不是仅仅一个国家的革命,而是将在一切文明国家里,至少在英国、美国、法国、德国同时发生的革命。"②列宁依据对帝国主义时代经济和政治发展不平衡规律的分析,得出了完全新的结论:"社会主义不能在所有国家内同时获得胜利。它将首先在一个或者几个国家内获得胜利,而其余的国家在一段时期内将仍然是资产阶级的或者资产阶级以前的国家。"③这是一个以新的原理来补充

---

① 《列宁选集》第1卷,北京:人民出版社1995年版,第274页。
② 《马克思恩格斯选集》第1卷,北京:人民出版社1995年版,第241页。
③ 《列宁选集》第2卷,北京:人民出版社1995年版,第722页。

和代替旧的原理的卓越范例。没有这种与时俱进的创造性，马克思主义就会丧失它的生命力。同样，马克思主义在中国得到创造发展。毛泽东思想和中国特色社会主义理论，就是马克思主义与中国实际相结合的两次飞跃。

与时俱进的理论品格对于马克思主义是至关重要的。历史上不少学派，随着缔造者的逝世而逐步走向没落。而马克思主义不会这样。因为它强调坚持与发展的统一，强调与时俱进，因此在马克思和恩格斯逝世以后，世界上涌现了一批又一批马克思主义者，他们继续向前发展和推进马克思主义。尤其是在中国民主革命、社会主义革命和建设，在改革开放时期90多年中，创造了当代中国马克思主义。

4. 无产阶级解放和人类解放

马克思主义科学体系产生的最根本目的以无产阶级和人类解放为宗旨的，因此它必然包括自己的社会理想。这种社会理想就是以共产主义为最高目标，因为只有共产主义才是无产阶级类解放和人类解放相结合的途径。恩格斯说："现代唯物主义，它和过去相比，是以科学社会主义为其理论终结的。"

马克思主义的共产主义社会理想，不同于古希腊柏拉图的"理想国"、不同于历史上形形色色的空想社会主义的乌托邦，也不同于中国传统文化中的"大同世界"。虽然后者可以为前者提供有启发性的思想，但有根本区别。因为马克思主义科学体系中的共产主义社会理想是以马克思主义哲学和经济学，其中特别是两个伟大发现为依据的，是以无产阶级为主力军，以农民为同盟军，联合全体进步人类为实现这种社会理想为载体的。是以有组织、有领导的方式争取无产阶级和人类解放的斗争的。

在共产主义社会理想中，马克思主义正确地处理无产阶级解放和人类解放的关系。马克思主义认为，无产阶级的解放和人类解放是辩证统一的。只有无产阶级解放才能为人类解放开辟道路，而只有全人

23

类解放,无产阶级才能真正获得彻底的解放。马克思主义批判空想社会主义不提无产阶级解放只讲人类解放,自以为代表全人类而不代表无产阶级的抽象人道主义观点,也反对不证明人类解放,把无产阶级解放和人类解放对立起来的狭隘宗派主义。因此马克思主义的共产主义的社会理想,不仅反映了无产阶级和被压迫者的利益和愿望,也代表了社会发展的前进方向和整个人类的利益。

三、坚持马克思主义、学习马克思主义

马克思主义是具有国际性的具有世界影响的学说。但是对中国来说,它更为重要。因为我们是社会主义国家,我们国家的性质要求我们必须坚持马克思主义在社会中的指导地位,必须用马克思主义基本观点来教育我们的干部、教育我们的青年学生。

1. 马克思主义指导思想的一元化与思想的多样性

在我们国家指导思想的一元化与思想的多样性不应该是绝对对立的。我们坚持指导思想的一元化,但不反对思想的多样性。但我们必须用马克思主义去引导多样化的思想朝着健康的、积极的方向前进,但又保持各自的特色,以便相互促进,使得思想文化领域更加丰富多彩。在此我们应该正确理解马克思主义在社会主义社会的指导地位,正确处理一元化与多样性的关系。

在我们社会中,指导思想一元化的合理性,在于社会主义制度的进步性和合理性。新中国成立以来,我们国家生产力的发展,综合国力的提升、文化的繁荣,无不表明这一点。特别是改革开放以来,我们国家正在和平崛起,举世瞩目。对中国社会具有如此巨大推动作用的马克思主义,理所当然地应该处于指导地位。综观近百年来,在中国社会中没有任何一种理论和思想能起到马克思主义的这种作用。

2. 我们干部最重要的思想政治理论素质

我们现在不少干部文化素质都比较高,不少是大学毕业生。但大学是专业性教育,是分系分专业的。各有所专,这当然是必要的。可是专业学习有自己的局限性,它可以使一个人变为本行的专家,但又把他变为眼界狭隘,只有专业知识的片面发展的人。因此,我们的干部在自己的工作岗位上,不仅需要有专业知识,更需要马克思主义的理论知识。因此,学习马克思主义,应该是我们全体干部学习的最重要内容。

首先,只有掌握马克思主义基本观点,才可能树立坚定的政治观点和理想信仰。我们的干部是建设中国特色社会主义的指挥员和战斗员,应该坚持社会主义的理想和信仰。这种理想和信仰不可能单纯依热情和一时的冲动,而必须有马克思主义基本理论的支撑。如果相信人的本性是自私的,根本不相信社会发展规律、不相信社会主义最终会代替资本主义私有制,如果对马克思主义哲学、经济学和科学社会主义理论一无所知,任何关于坚定的政治信仰和理想都会变为一句空话,或者是表面文章。

理论的力量是无法衡量的。人们往往容易崇拜权力而轻视理论的力量。实际上正确的科学的理论的力量比权势的力量要大得多。理论的力量是真理的力量,它是不可战胜的。马克思和恩格斯没有任何权势,他们无一兵一卒,可是他们的理论最终所向披靡,把许多统治者和执政者拉下王位和宝座。马克思和恩格斯是以真理的力量战胜旧世界的。毛泽东亦复如此,他不过是从韶山冲走出的小学教员,但最终打败了蒋家王朝靠的是真理,靠的是马克思主义,靠的是马克思主义与中国实际相结合。翻遍历史,没有人见过真理向权势低头,只见过权势最终向真理低头——即以失败而告终。习近平总书记在庆祝中国共产党成立 95 周年大会上的讲话中指出:"历史告诉我们,没有用先进理论武装起来的先进政党的领导,没有先进政党顺应历史潮流、勇担历史重任、敢于作出巨大牺牲,中国人民就无法打败压在自己头上的各种反动派,中华民族就无法改变被压迫、被奴役的命运,我们的国家就无法团结统一、在社会主义道路上走向繁荣富强。"

现在我们有些人不相信理论的力量,只相信金钱的力量。的确,金钱的力量是巨大的。它能征服许许多多意志薄弱的人,甚至是一些曾经意志坚强不怕战火刑场的人。金钱可以制造谎言但永远买不到真理,可是马克思主义基本理论和信仰武装起来的人,就是披上了真理的盔甲,是永远不可征服的人。一个人一旦深信马克思主义基本理论,就会把它变为自己的信仰,变为自己的意志,变为任何人都无法摧毁的力量。

其次,只有掌握马克思主义基本观点,我们才能树立正确的立场、观点、方法。人们看问题总有个立场问题。这个立场可以是阶级立场,也可能不属于阶级立场。例如,民族的立场,某一地区、某一小集体的立场,甚至是家族或个人的立场。总之,人们观察问题总有一定的角度,这个角度就是他们观察问题的一种立场。

人们看问题不可能没有立场。一个人作为国家的成员有个国家利益问题、作为民族成员有个民族利益问题、作为阶级成员有个阶级利益问题,作为个人有个个人利益问题。其他如作为家庭成员或某个集团、党派的成员都有个家庭利益或集团、党派利益问题。

看问题人人有立场,这是客观事实;但是你的立场对不对,这属于对立场的价值判断。虽然立场的评价属于价值判断,但它同样有是非曲直。这就是看你的立场是代表什么人的利益。是代表剥削阶级的利益还是代表被剥削阶级的利益;是代表多数人的利益还是代表少数人的利益;是代表中华民族的利益还是代表西方垄断财团的利益。按我们过去的说法,就是屁股坐在哪一边的问题。马克思主义作为无产阶级和人类解放的科学理论,教导我们永远要站在代表无产阶级的立场,站在代表绝对多数人民利益的立场。

立场不对,观点肯定不会正确。因为由于立场不对,对问题不可能有正确的认识。所谓观点,不仅是哲学观点,在马克思主义科学体系中,经济学和科学社会主义理论中都有基本观点。而这些观点中,都集中表现了马克思主义为无产阶级和人类解放的立场。如果号称马克思主义的经济学和社会主义理论只为少数人说话、为剥削者说话,肯定立场有问题。而立场、观点又与思维方法不可分。对于人的认识来说,思维方法是至关重要的。不懂得一切以时间、地点、条件为转移,不懂具体问题具体分析,不懂何谓两点论何谓一点论,必然陷于保守、凝固、僵化。这就是为什么列宁如此强调辩证法是马克思主义中具有决定意义的东西;强调具体问题具体分析是马克思主义活的灵魂的道理所在。我们古代先哲荀子说过,凡人之患,蔽于一曲,而黯于大理。不识大体,即使从局部看有点道理,从全局看仍然是错的。庄子也讲了一个很深刻的道理。他说坐井观天的青蛙看不见天的全部,这叫拘于墟;夏天的虫子不知有冰,因为它活不到冬天,这叫笃于时;而一些人观念陈旧是因为头脑里条条框框太多,这叫束于教。这三种情况:拘于墟、笃于时、束于教,都只能是井底之蛙,坐井观天,眼光狭隘,只见天的一角。在实际生活中,我们会发现一些同志是好同志,自认为忠心耿耿,可由于没有一个正确的思维方法,死抱着过时的观念,不合于时,也如坐井观天,总也跟不上时代的变化。马克思和恩格斯都不断强调自己理念提供的是进一步研究的方法,而不是万古不变的教条。我们只有掌握马克思主义的基本原理,才能树立正确的立场、观点和方法。

再次,只有学习和掌握马克思主义基本原理,我们的专业知识才能真正发挥它的积极作用。知识就是力量,这当然正确。但有个重要条件,即知识要掌握在正确运用知识的人手中才会有它的积极作用;相反,如果知识为一些具有错误的政治观点、错误的世界观、人生观和价值观的人所掌握,则知识越多,危害性越大。科学无国界,可科学家有祖国、科学是非可以价值中立,但科学家如何使用科学、为谁服务则价值不可能中立。我们强调各种专业的学生,包括理工科学生,都应该学习马克思主义基本原理的道理正在于此。

3. 学用结合、要精要管用

如何学习马克思主义？首先,要重视学习马克思主义基本原理。马克思主义基本原理是马克思主义的精髓。它不是个别论断,不是片言只语,而是经过实践检验的基本规律性的论断。马克思主义哲学、经济学和科学社会主义学说,都存在这种基本原理。

有些人瞧不起基本原理,认为什么基本原理还不是老一套。这种说法是不对的。基本原理由于是具有普遍性的规律性认识,因而具有相对稳定性。全部社会主义运动的实践证明能解决问题的还是基本原理。如果摒弃或违背基本原理,在实践中肯定会失败。当然,基本原理本身也会在实践中得到丰富和发展。但不是抛弃基本原理,而是以它为方法面对新实践和新的问题,创造性加以运用。但基础性的东西仍然是基本原理,所以学习马克思主义必须从基本原理的学习入手。

其次,要联系实际,即学会用。学用结合就是理论联系实际。马克思主义的创造性存在于结合之中,马克思主义的认识世界和改造世界的功能存在于结合之中,马克思主义的威力也存在于结合之中。毛泽东说过对于马克思主义理论,要能够精通它、应用它,精通的目的全在于应用。

我们反对工具主义但不能反对马克思主义作为认识工具的价值。马克思主义的基本原理的确为我们提供认识世界和改造世界的最锐利工具。就这种意义说,我们可以把马克思主义基本原理比作我们认识世界的望远镜和显微镜。

望远镜可以看远,高瞻远瞩;显微镜可以入微,察秋毫之末。远,表明事物处在视线之外;微,表明事物还处于萌芽状态。要观远察微,首先要站得高。"欲穷千里目,更上一层楼。"只有登高才能观远。在人类认识中的登高,实际上就是观察事物的立场问题。察微同样也是如此。因为所谓微,由于立场不同,可以完全不同。持相反的立场,对同样的事物,可以视而不见,听而不闻。

　　要观远察微还要有规律性观念。远在视线之外和微在萌芽状态的事,往往为一般人所忽视。黑格尔讲的量变的狡猾指的就是这个意思。一个人的智慧高低就在于能否察微观远。中国古人讲的月晕而风、础润而雨,就是见微知著。要是没有规律性观念,没有因果观念,是不可能做到的。马克思主义提供的就是这种观远察微的方法。因为马克思主义站得高,它不是把视线局限在资本主义的界限范围内,而是着眼于人类发展的远景;它强调世界发展的辩证规律性,这样才能防微杜渐,察微观远。

　　由上可见,我们学习马克思主义基本理论必须坚持学用结合,否则就从根本上违背马克思主义。在学习马克思主义的过程中,我们可以学习一些马克思主义的基本原著。通过原著的学习,我们原原本本地学习马克思主义的基本原理,学习马克思和恩格斯以及许多伟大的马克思主义者是如何运用马克思主义的,这样,我们可以更好地体会到马克思主义的博大精深,加深对马克思主义的认识和感情。

第二讲 "姓马"与"信马"

　　"姓马"容易"信马"不易。"姓马"是专业,"信马"是信仰。专业可以变为单纯谋生的手段,而信仰则是高于谋生的精神追求。我们应该做一个信仰坚定的马克思主义理论工作者。

一、马克思主义是科学学说还是信仰

　　有人问我:马克思主义是科学学说还是信仰? 马克思主义当然是科学学说,但对以马克思主义为指导的共产党来说,对马克思主义者和一切反对资本主义制度的革命者来说,马克思主义学说可以成为一种信仰。这里所说的信仰,就是行为原则、理想追求、价值目标。

马克思主义是科学学说,它是以事实为依据,以规律为对象,以实践为检验标准的学说。事实、规律、实践,是任何一门科学的本质要素。不以事实为依据、不研究规律、不以实践为检验标准的所谓"学说",不能称为科学。马克思主义是科学学说,马克思和恩格斯创立马克思主义依据的就是事实。马克思主义政治经济学依据的是资本主义社会的经济事实,马克思主义哲学是对自然科学和社会科学的总结,尤其是19世纪上半叶自然科学和社会科学研究提供的科学成果;至于科学社会主义不同于空想社会主义的地方,正在于它是立足于资本主义社会现实的。马克思主义基本原理,包括哲学原理、政治经济学原理、科学社会主义原理,都是以事实为依据,以规律为对象,经过实践检验和仍然经得起实践检验的具有规律性的认识。当然,它不可能详尽无遗地包括马克思和恩格斯的全部思想。我们还在不断地根据新的时代,新的事实进行研究。基本原理可以丰富、运用和发展,但不能推翻。当代中国马克思主义在哲学、政治经济学和社会主义学说的发展,其事实依据就是我国国情和我国发展的实践,成果就是对中国特色社会主义规律的新的概括和新总结,而标准仍然是实践。事实依据、规律概括、实践标准,是马克思主义作为科学学说始终如一的要素。

马克思主义学说是科学,绝不是说马克思主义揭示的规律可以没有人的参与而自动起作用。相反它必须有这种学说的信仰者为之奋斗,为之实践,马克思主义学说的理想才有可能实现。正如普列汉诺夫说的,月食是客观规律,没有人为阻止月食或促进月食而组织月食党,但为实现无产阶级革命必须组织革命党。由学说进到行动,由理论进到实践,必然进入到对马克思主义科学学说的信仰维度。一个不为马克思主义理想而奋斗,不为社会主义和共产主义理想而奋斗的共产党,只是徒有其名的"共产党";一个不为马克思主义理想而奋斗的人,最多可成为马克思主义的研究者,而不是信仰者;可成为学者,而不是马克思主义者。习近平总书记在庆祝中国共产党成立95周年大会上的讲话特别强调理想、信仰的重要性。他说:"'志不立,天下无可成之事。'理想信念动摇是最危险的动摇,理想信念的滑坡是最危险的滑坡。一个政党的衰落,往往是从理想信念的丧失或缺失开始。我们党是否坚强有力,既要看全党在理想信念上是否坚定不移,更要看每一位党员在理想信念上是否坚定不移。"

马克思主义作为科学和作为信仰有区别吗?当然有。科学是共有的、普遍的,而信仰是个人的。马克思主义作为共产党的信仰,其中就包括每个共产党员个人的共同信仰。马克思主义所揭示的规律,对所有的人都适用。资产者们可以不喜欢劳动价值论,不喜欢剩余价值学说,不喜欢阶级和阶级斗争学说,不喜欢社会主义最终会取代资本主义社会的学说,总之,他们可以不喜欢马克思主义学说,反对或禁止马克思主义的传播,可是马克思主义揭示的规律照样存在。中世纪不会因为神学家们的反对,地球就不再围绕太阳旋转。马克思主义揭示的基本规律也不以人们的意志为转移,个人好恶取舍无碍于它的存在。"不为尧存,不为桀亡",用在此处,十分贴切。

信仰则不同。马克思主义只有对共产党人,对马克思主义者,对一切拥护马克思主义的人来说,它才是信仰。对于一切反对马克思主义的政党或学者,它就不具有信仰的性质,而是反对的对象,被视为歪埋邪说。任何信仰都是信仰者的信仰,而不能成为不信仰者的信仰。作为一种信仰,可以有马克思主义的信仰者,也会有马克思主义的反对者。即使在马克思主义队伍内部,信仰的坚定性程度也不会完全一样。

对坚定的马克思主义者来说,科学和信仰是统一的。一个马克思主义者的信仰是否坚定,取决于它对马克思主义科学性的态度。越是深入地理解马克思主义的科学性,个人信仰越是坚定。马克思主义的科学性是信仰坚定性的理论基础;而信仰坚定性是马克思主义学说科学性的内化,化为内心的坚定的信念和情感:"砍头不要紧,只要主义真。杀了夏明翰,还有后来人。"科学理论动摇,信仰就会随之倒塌。这就是为什么恩格斯要求追随者们要把社会主义作为科学来研究的原因。

二、科学信仰和宗教信仰的区别

在历史和现实中把马克思主义宗教化的学者并不少见。著名哲学家罗素在他的《西方哲学史》中说,耶和华等于辩证唯物主义,救世主是马克思,无产阶级是选民,共产党是教会,耶稣降临是革命,地狱是对资本主义的处罚,千年王国是共产主义。这种比附当然是曲解,不值一驳。在当代,把马克思主义宗教化的现象并不罕见。约瑟夫·熊彼特在《资本主义、社会主义和民主主义》中就明确地说:"在某种意义上说,马克思主义是一种宗教",因为,"第一,它提供了一整套最终目标,这些目标体现着生活的意义,而且是判断事物和行动的绝对标准;第二,它提供了达到这种目标的指南,这一指南包含着一个拯救计划,指出人类或人类中被选择出来的一部分应该摆脱的罪恶"。指摘马克思主义把资产阶级定为罪人,无产阶级视为上帝选民,资本主义视为罪恶,共产主义视为千年王国,是一种常见的歪曲和曲解马克思主义本质的伎俩。马克思主义宗教化,是把为改变此岸世界而斗争的学说,变为憧憬彼岸世界的梦想。理想化为幻想,革命学说变为劝世箴言。

宗教信仰是个人的私事,我们党保护宗教信仰自由。马克思主义作为信仰和宗教信仰有本质区别。马克思主义的信仰,是以事实为依据的信仰,是建立在规律基础上的信仰;宗教信仰是建立在"信"的基础上的信仰,我"信"因而我信仰。宗教信仰不追问"为什么可信",而是"信";科学学说不是问"信什么",而是要问"为什么可信"。不能回答"为什么信","可信"的科学根据和事实根据是什么,就没有科学;而穷根究底地追问为什么信,为什么可信,信仰的科学根据和事实根据是什么,就没有宗教信仰。

马克思主义是救世的,是改造社会的,是认识世界和改造世界的学说;而宗教是救心的,宗教信仰是自救自赎的。宗教不企图改变世界,改变社会,而是各人回归自己的内心世界,改变自我。马克思主义解决的是社会不公问题,而宗教解决的是个人灵魂失衡问题。宗教抚慰对宗教信仰者有效,而对非信仰者无效。马克思主义以解放人类为目标,解决社会向何处去的问题。不管你对马克思主义信与不信,消灭剥削,消除两极分化,消灭阶级,获得解放的不是某个人,而是整个社会。

马克思主义是治河换水,治水救鱼,只有水好,鱼才能成活;宗教是救鱼的,水有没有污染是否适合养鱼,这不是宗教的任务。宗教劝导各归本心,培养自己的慈悲心、善心、爱心。宗教有各种清规戒律,规范信徒的行为。从这角度,宗教具有伦理性质,修心养性,行善积德,劝人为善。宗教有它特有的社会功能,我们重视宗教对人心教化的良性作用。但社会不可能通过逐个改造人心而得到根本改造。只有变革社会,建立一个共同富裕的公平正义的社会,人才真正有安身立命之处。

对于虔诚的教徒来说,自己信仰的宗教是不能批评的。马克思主义不仅批判世界,而且提倡自我批评。一个郑重的马克思主义政党,是一个有自我批评勇气,有改正错误勇气的政党。中国共产党一贯倡导批评和自我批评。一个坚定的马克思主义者,不仅对反马克思主义思潮具有战斗性,还能够审查自身理论阐述的真理性和说服力。一个只能接受点赞而不接受批评的共产党,不是成熟的共产党;一个只讲蛮话,讲硬话,不准对自己观点质疑的人不是真正的马克思主义者。马克思主义者的坚定性表现为勇于坚持真理,敢于实事求是。乌云难以蔽日,真理不怕反驳。

三、十月革命送来的是真马克思主义

十月革命成果的丧失,苏联社会主义的解体和东欧社会主义国家的剧变,引起一些论者的怀疑:俄国十月革命一声炮响究竟为中国送来的是真马克思主义,还是假马克思主义?是马克思和恩格斯的真经,还是俄国人自己炮制的"二手货"?如果认同后者,马克思主义中国化的前提就发生了根本动摇,九十多年来马克思主义中国化的历史被一笔勾销。

中国早期进步知识分子接触马克思主义的途径很多,开始并不是俄国,而是在日本、在法国,但就马克思主义在中国传播最具影响,作用最大来说,当然是俄国十月革命。毛泽东说:"十月革命一声炮响,给我们送来了马克思列宁主义",这个判断的重大意义在于说明,对于正在寻找出路的中国革命者来说,不可能从日本找到出路,也不可能从西方找到出路,更不可能从十月革命之前关于马克思的片言只语的介绍中认识马克思主义。

俄国十月革命为中国树立了一个新榜样,这就是应该从无产阶级革命中寻找出路,从马克思主义中寻找指导,从社会主义中寻找出路。正是在十月革命的巨大影响下,李大钊在《新青年》第五卷第五期上发表热烈欢呼十月革命的文章《庶民的胜利》和《布尔什维主义的胜利》,之后又在《新青年》上发表著名文章《我的马克思观》《马克思学说》《马克思研究》《马克思传略》等文章比较全面介绍马克思主义的基本理论。这些文章都是在十月革命之后撰写和发表的。这不是偶然的。也就是说,俄国十月革命为中国革命者打开了另一扇窗子,而不再把眼睛盯住日本和西方,盯住资本主义世界。十月革命一声炮响送来马克思列宁主义,是对中国早期革命知识分子为改变中国命运,找到"真经"、找到"出路"的一种最形象的说法。

其实,中国共产党人并不只是读俄国人的著作。《共产党宣言》《资本论》《反杜林论》《费尔巴哈论》《哲学的贫困》等等,也不能说是俄国人的著作。列宁著作也不能说是假马克思主义。毛泽东就推崇过列宁的《社会民主党在民主革命中的两种策略》《共产主义运动中的左派"幼稚病"》《帝国主义论》《唯物主义与经验批判主义》《哲学笔记》等等。我们不能把列宁主义与马克思主义对立起来,把列宁主义摒弃在马克思主义之外。列宁主义是列宁根据俄国实际情况发展了的马克思主义,理应包括在马克思主义之内。

我们国家也翻译过苏联时代马克思主义者的著作。这些著作不能说都是伪造马克思主义的著作。以苏联解体作为判断依据,把列宁著作,也包括我们曾经翻译过苏联学者的著作全都归为二手货,这不能认为是实事求是的态度。苏联学者关于马克思主义的著作中某些论点可能会存在某些错误,有些教条化的倾向,这不能成为十月革命一声炮响送来的不是马克思主义,而是假马克思主义的依据。

十月革命为人类开辟了一条新的道路,这是具有世界历史意义的伟大事件。十月革命对中国革命具有重大影响,但中国革命并不是十月革命的翻版。中国不是走城市工人武装起义的道路,而是走农村包围城市的革命道路;中国的社会主义革命也不是剥夺资产阶级,不是把民族资产阶级作为敌人而是作为朋友,采取的是赎买政策。中国革命的道路和社会主义建设道路,不是俄国道路的翻版,而是马克思主义与中国实际相结合的道路,这个道路我们称之为马克思主义中国化的道路。

关键不仅是马克思主义在中国的传播是经过十月革命一声炮响送来的,更重要的是中国共产党人如何对待从俄国传来的马克思主义,包括从俄文翻译过来的马克思和恩格斯著作,列宁、斯大林的著作,以及俄国马克思主义学者的著作。中国共产党和毛泽东同志历来主张要从中国实际出发,实事求是地运用马克思列宁主义,要学习马克思主义的立场、观点、方法,而不是马克思主义的词句或个别论断。这种对待马克思主义的态度,难道会因为马克思主义是十月革命一声炮响送来的而会变成非马克思主义,变成“二手货”吗?

在社会主义建设的某个时期,我们的某些实际政策和体制会受到苏联的影响,因为当时没有别的社会主义建设样板,但我们并不是对苏联亦步亦趋。中国从“以俄为师”转向“走自己的路”,到建设“中国特色社会主义”,走的是一条马克思主义与中国实际相结合的道路。“二手货”论的观点,无法解释马克思主义中国化的历史,也无法解释中国化马克思主义的伟大成就。

四、摒弃共产主义理想,就不是马克思主义

谈论马克思主义完全避开共产主义理想,就不可能是真正的马克思主义者。很多年来,"共产主义"这个词似乎已经被遗忘了。最近,习近平总书记多次讲到共产主义理想问题。他说,革命理想高于天,实现共产主义是我们共产党人的最高理想。对马克思主义理论工作者来说,共产主义理想和信仰的确是钙,是脚跟能否立稳,腰杆能否挺直的关键。

我们的改革,取得了举世瞩目的伟大成就。但我们也看到一些与改革初衷不符的现象,如两极分化,贫富对立,官员腐败、社会道德与价值观念的混乱,生态环境的恶化;看到了市场经济对中国经济发展的巨大促进作用,也看到了它的某些消极面,它对社会的政治、思想和道德带来的侵蚀。马克思主义应该是社会医生。在旧社会,我们通过社会革命的方法治病;在当代社会主义中国,我们是通过深化改革"治病"。改革是通向中华民族伟大复兴的关键。习近平总书记说,这种改革是有方向的、有立场的、有原则的。原则就是坚持四项基本原则;立场就是一切为了人民,一切使人民幸福满意;方向就是通过社会主义自我完善并逐步走向共产主义。

在现实生活中,对共产主义理想我们可以看到两种不同态度:一种是少数不当利益获得者,暴富者,一听"共产主义"就感到浑身发毛。似乎此时谈论共产主义目标和理想,就是否定改革,否定中国特色社会主义;另一种是对贫富两极化不满,对自己处境不满的人,什么共产主义,纯粹是乌托邦。我看不到,我儿子看不到,我孙子也看不到。两种不同的议论,仿佛处在同一链条中的两端。处在链条一端的既得利益者害怕共产主义;处在链条另一端的人,根本不相信有什么共产主义。

这里涉及什么是共产主义的理解问题。共产主义应该包括三种不同的含义。其中,作为社会形态的共产主义,是指社会主义社会发展的

高级阶段。它需要生产力的高度发展,需要物质财富和精神财富极大丰富。这是需要多少代人努力才能建设成的。我们距离这个目标还很遥远,但并不能因其遥远而根本不能提。恩格斯在《共产主义原理》中回答"能不能一下子就把私有制废除?"时,明确说:"不,不能,正像不能一下子就把现有生产力扩大到为实行财产公有所必要的程度一样。因此,很可能就要来临的无产阶级革命,只能逐步改造社会,只有创造了所必需的大量生产资料之后,才能废除私有制。"在人类历史上,私有财产制度是人类走出原始社会进入文明社会的杠杆。在资本主义社会,资本主义私有财产制度对人类文明的发展和生产力的发展起过非常积极的作用,《共产党宣言》对此有过公正的评价。当一种所有制关系仍能够容纳生产力发展时,它就有存在的必然性和必要性。我国仍处在社会主义初级阶段,私有财产制度的存在和发展有着积极的作用。我们并不反对私有财产制度,但要坚决反对动摇公有制主体地位和国有经济主导作用的全盘私有化思潮。

作为成分的共产主义因素,可以存在于社会主义现实中。共产主义高级阶段不是在某个早晨一觉醒来就会出现的,它有个不断积累的过程,是一种具有连续性的运动过程,是一个共产主义因素在社会主义过程中不断增长的过程。在这种意义上,共产主义并非"烟涛微茫信难求"的太虚境界。马克思明确说过,"共产主义对我们来说不是应当确立的状况,不是现实应当与之相应的理想。我们称为共产主义的是那种消灭现存的现实的运动。"在我看来,我们党中央确定的"四个全面"的战略布局,强调共同富裕,强调全部脱贫,强调在教育、医疗、住房等等方面,既让市场在资源配置中起决定性作用,又发挥政府的作用、公共财政的作用。凡是泽及全体人民的公共福利,不断增进人民福祉,朝共同富裕方向前进,就是在社会主义中不断增加共产主义因素。因为它不是一手交钱一手交货的纯市场行为。在一定意义上,可以说是最低程度的按需分配。

千里之行,始于足下;九层之台,起于垒土。社会主义社会中的共产主义因素的增加,是非常重要的,也是可以做到的。我们国家实行的市场经济,是社会主义市场经济。市场在资源配置中的决定作用与更好地发挥政府作用并非冰炭,而是相得益彰。我们一定要明白,我们经济运行方式是市场经济,但我们社会的性质是社会主义,而不是市场社会,即不是把社会全部交给市场支配,让看不见的手作为上帝主宰一切的社会;我们社会的主导观念是社会主义核心价值观,而不是以货币作为衡量一切关系的拜金主义观念。

有人会说,西方发达国家尤其是一些福利国家,这方面比我们做得更好。如果说共产主义因素的话,它们才应该叫共产主义呢! 这里有个最简单但又最不容易被一些人明白的道理。在资本主义制度下这种社会福利多少,能否持续维持,取决于劳动者能创造多少财富。税收从本质上说是剩余劳动的积累。归根到底是羊毛出在羊身上,而非富人的恩赐。"羊毛出在猪身上"的说法是蒙人的。说到底,资本主义制度下的社会福利,最终目的仍然是维护资本主义制度,是稳定资本主义制度的压舱石。因此某些福利国家仍然是改善了的资本主义社会,而不是社会主义社会,更不会走向共产主义。

我们国家仍然是发展中的国家。我们的社会福利还不多,还不普及,但从本质和发展总的方向来说,是朝着共产主义方向前进的。正是通过这种因素的不断增加和积累,经历一个相当长的时期建设会逐步超出社会主义初级阶段而变为发达社会主义社会,并逐步走向共产主义。借用中国传统文化的说法,是由"小康社会"走向"大同社会"。这个过程的长短取决于国际国内的多种因素,但我们是在朝着这个方向前进的。现实与理想相比,是不完美的,与不完美的现实相比,理想是超越的。我们国家的社会福利虽然现在还少,但它不是贫富分化,只有一部分人富起来的现实状况的固化和补救,而是朝共产主义社会一步步前进的台阶。

从理想目标角度来看的共产主义,是马克思主义的本质和共产党人奋斗的最高纲领。如果不以共产主义为目标,马克思和恩格斯为什么要撰写《共产党宣言》？在《共产党宣言》中，马克思和恩格斯毫不隐讳地向全世界公开说明的观点、目的和意图是什么？《共产党宣言》开宗明义写得清清楚楚。没有共产主义目标，就不是马克思主义，也不会产生马克思主义。不以共产主义为最高目标，中国共产党何必称为共产党？如果中国共产党不是朝共产主义前进，那我们是朝什么目标前进呢？没有目标的航行是永远不能抵岸的航行。这不能称为航行，而只能称为漂流。一个随波漂流的共产党，能称为马克思主义政党吗？正因为中国共产党是以共产主义为最高纲领和目标的党，因此我们要求共产党员和革命干部应该立足现实，尽心尽力做好本职工作，在实现两个一百年目标的同时，不能忘记这个远大理想和目标。

要不要对青少年进行共产主义理想教育，会有争论。其实任何社会制度都会有关于自己制度的理想，都会宣传这种理想。资本主义社会诞生前，反对封建制度的启蒙主义者们抱有对新制度的期待，他们是一些有卓越才能的思想家和理论家，是憧憬新制度的理想主义者；在资本主义诞生并巩固后，资本主义制度的辩护者和理论家们，他们制造各种理论和学说，宣传私有制度是人类社会的永恒基础，个人主义是人类最高价值，资本主义制度是不可超越的制度。他们实际上是在进行资本主义优越性的宣传和教育。这种维护资本主义社会的理论和学说，不仅影响和培育一代又一代的资本主义的拥护者，甚至影响到无产者。只要读读葛兰西的《狱中札记》，读读马尔库塞的《单向度的人》，就懂这个道理。

为什么中国共产党就不能宣传自己的理想呢，就不能用自己的理想教育我们的青少年呢？我们的先烈为共产主义理想而牺牲，推翻了旧政权，但不可能消灭几千年私有制度永恒的观念。私有观念比旧的制度要活的长久。资本主义私有制度与传统的私有制观念在本质上是相一致的，它是延续了几千年的私有制度的当代形态，具有深厚的私有观念的传统。现代世界的人类，是在延续了几千年私有制度下生长起来的，因而私有观念已经被西方有些学者视为人性，资本主义私有制度是与人性相适应的制度。只要读读弗兰西斯·福山把共产主义视为与人性相对立的制度就可以知道。在他看来,资本主义是符合人性的,而"共产主义对自由构成的威胁是如此直接和明确,其学说如今这样不得人心,以至于我们只能认为它已经被完全赶出发达世界"。

我们很清楚,共产主义理想和信仰的教育是一个艰巨的任务。现实的发达的西方资本主义社会,比刚刚摆脱贫困的中国具有某些先发优势。这就是为什么有些人看不到当代中国是近百年来从未有之巨变,总是振振有词为资本主义优越性辩护的原因。但我们不能因此就放弃共产主义理想教育。共产主义理想教育,不是讲空话、讲大话。我们在进行社会主义核心价值观的教育,进行中国传统基本的伦理和道德教育的同时,适当进行共产主义教育,进行共产主义远大理想教育,并不是要他们立即从事共产主义建设,而是把它作为世界观和人生观教育的一部分,让我们的青少年明白人类社会将来在朝什么方向前进,什么样的制度是人类最美好的制度,什么样的理想是人类最美好的理想。虽然我们现在距离共产主义社会还有很长一段路,但如果我们的青少年特别是大学生,一点不懂社会发展史,不懂什么是共产主义,就不可能真正理解什么是社会主义,什么是资本主义,不可能真正理解当代中国社会主义初级阶段的本质和中国社会的未来走向。

不能把共产主义理想教育和现行政策对立起来。在多种所有制并存的条件下,会有民营企业家,会存在贫富差别,会有一部分人成为亿万富翁;在市场经济条件下,会存在资本和劳动的分离,一部分人是企业主,而另一部分人是依靠工资为生的劳动者。我们并不反对合理合法地拥有财富。富人增多,中产阶层壮大,有利于社会总体财富增加。社会总体财富的增加,有利于增进全民福祉。马克思说过,"如果没有这种发展,那就只会有贫穷,极端贫困的普遍化,而在极端贫困的情况下,必须重新开始争取必需品的斗争,全部陈腐污浊的东西又要死灰复燃"。但我们应该把我们的现行政策放在共产主义学说的理论总体框架内来理解。

我们反对强调共产主义目标和理想,采取"左"的政策,重新回归平均主义。这方面我们有过教训。但我们也必须明白,中国特色社会主义是属于共产主义这个总过程的一个阶段。它是过程,而不是终点;现存的种种社会矛盾也是前进过程中的现象,应该通过全面深化改革逐步化解,而不是加深和固化。如果把共产主义目标排除在中国特色社会主义事业之外,完全不许讲共产主义理想和目标,这种不知最终向何处去的"改革",会模糊人们对中国特色社会主义道路的最终走向的认识,容易被一些人对我们的改革开放政策做出种种错误解释。这正是新自由主义最最期待的。为了消除对中国特色社会主义的种种错误理解,习近平总书记在庆祝中国共产党成立 95 周年大会上的讲话中强调:"全党同志必须牢记,我们要建设的是中国特色社会主义,而不是其他什么主义。""中国特色社会主义道路是实现社会主义现代化的必由之路,是创造人民美好生活的必由之路。"

共产主义事业是伟大的充满艰难险阻的事业,也是长远目标。一个坚定的马克思主义理论工作者,不能因为自己的生命短暂看不到共产主义社会的实现而发生动摇。我们每个人的生命是有限的。如果我们的眼界受制于个体生命的长度,而非马克思主义理论的厚度和深度,我们往往是短见的、近视的,遇到挫折和风波就会动摇。这就是为什么革命胜利、革命高潮时,"马克思主义者"如此多,而在革命低潮,在革命失败,在社会主义遇到严重挫败时,原来的所谓"马克思主义者"有些人倒戈、忏悔。他们都是以自己的生命长度作为衡量理论、信仰价值的尺度。

五、"姓马"光荣,"信马"很难

姓马是光荣的,历史上没有一种学说有马克思主义如此大的吸引力,凝聚力;也从来没有一种学说像马克思主义这样,如此深深地改变世界,使资本主义世界对它如此害怕;也没有一种学说像马克思主义这样让维护资本主义的形形色色的理论家为驳倒它而绞尽脑汁,劳心费力。一代又一代、一批又一批,一次一次宣布马克思主义已经被消灭、被驳倒,可马克思主义依然是当今世界最具影响力的学说。

苏联解体、东欧剧变,不是马克思主义的失败,而是教条主义和修正主义的失败,是一种僵化体制的失败。它从反面证明了马克思主义的真理性。苏联解体和东欧剧变并不是因为当政者创造性地,与本国实际结合起来应用马克思主义,而是走了一条由教条主义到修正主义,到最终解散共产党取消马克思主义的道路。走了一条由深陷泥潭到彻底没顶的道路。

马克思主义与社会主义现实之间,存在着一个由理想转变为现实的中间环节,这个环节就是共产党人的实践和实际路线和政策。马克思主义真正发挥作用必须有一个马克思主义政党,有一大批矢志不渝为之奋斗的忠诚信仰者和实践者。宣布取消共产党领导,取消马克思主义的指导地位,就注定没有任何可能通过总结教训来挽救社会主义。这种社会主义社会必然失败,回天乏术。

做一个马克思主义者很难,做一个坚定的马克思主义者更难。我们社会主义革命已经取得了胜利,政权掌握在自己手中,不存在因为坚持马克思主义而杀头、坐牢、流血的问题。但社会主义建设绝不是坐在咖啡馆喝咖啡,高谈阔论,指点江山。对共产党人来说,革命有革命时的生与死的考验,和平建设时期有顺境与逆境的考验,改革有改革时利益关系调整中的金钱考验。从某种意义上说,改革时期的考验更大,因为它是原有的社会关系和利益关系的一次大的调整。在现实生活中,经不起市场经济考验、经不起改革开放考验、经不起地位变化考验、经不起金钱考验的"老虎和苍蝇"并不少。

在改革开放中始终坚持马克思主义方向,对理论工作者也是一个考验。改革开放是关乎中华民族命运的大事,也是对每个马克思主义理论工作者的考验。在意识形态领域,我们一定要头脑清醒,能辨别理论上的大是大非。做一个坚定的马克思主义信仰者,不仅要有深厚的马克思主义理论学养,吸取人类积累的广博的知识,而且要有关心社会现实问题和以人民利益为中心的激情和热情。曲论阿世,信口乱言,我死后管它洪水滔天的人,不可能成为马克思主义的坚定信仰者。"不管风吹浪打,胜似闲庭信步。"毛泽东在《水调歌头·游泳》中的这两句词,应该是马克思主义理论工作者的座右铭。

第三讲　哲学社会科学的历史使命

　　习近平同志在哲学社会科学工作座谈会上的重要讲话，对全体哲学社会科学工作者寄予殷切期望和郑重嘱托。他提出了"两个不可替代"的重要论断：哲学社会科学具有不可替代的重要地位，哲学社会科学工作者具有不可替代的重要作用。这"两个不可替代"实际上是不可分的。如果没有哲学社会科学重要地位的不可替代，就不存在哲学社会科学工作者重要作用的不可替代；如果没有哲学社会科学工作者同心协力、加快构建中国特色哲学社会科学的主体性，哲学社会科学不可替代的重要地位也无从体现、无从确立。因此，一切有理想、有抱负的哲学社会科学工作者都应立时代之潮头、通古今之变化、发思想之先声,积极为党和人民述学立论、建言献策,在为祖国和人民立德立言中实现自己的价值。

一、哲学社会科学的地位和作用不可替代

在当代世界,科学技术代表的不仅是科技文化,而且是一种现实的物质力量,即生产力发展水平。从一定意义上说,科学技术在生产中的运用所达到的水平,就是一个国家生产力的水平。对于一个国家和民族来说,科学技术是强盛之基,科学技术创新是社会进步的强大动力。历史表明,一个国家的社会发展水平总是与相应的科学技术发展水平密切相关的。中国封建社会经济文化发展水平在较长时间里为世界之最,科学技术也有相应的创造和发明,如造纸术、指南针、火药和印刷术"四大发明"。英国学者李约瑟以毕生之力写就的多卷本巨著《中国科学技术史》,对此有过公正精辟的论述和评价。然而,当西方社会进入资本主义时代后,中国仍然处于封建社会;资本主义生产运用新的科学技术,而中国仍然处于比较落后的手工业时代。从明朝中叶开始,中国渐渐落后于西方,其中一个重要方面,就是科学技术的落后。

新中国成立后特别是改革开放以来,我们在一穷二白的基础上制造出原子弹、氢弹、人造地球卫星这"两弹一星",研发出载人航天飞船、高铁、"蛟龙号"载人深海潜水器等等,实现了"上天游月宫,深海探龙宫",我国科技发明和技术创新取得举世瞩目的成就。屠呦呦以青蒿素的发明获得2015年诺贝尔生理学或医学奖,更令国人、令全世界华人为之振奋。当然,我国科学技术仍须努力创新,以新的科学发现和科技发明贡献世界、耀我中华。但对于中国特色社会主义建设来说,只有科学技术的发展还远远不够;科学技术单轨独进不可能持久,因为它缺乏精神动力和文化支撑。

苏联社会主义失败的历史教训表明,单靠发展自然科学与技术不

足以保证社会主义的巩固和发展。苏联的自然科学与技术不能说不发达,尤其在自然科学的基础理论和航天航空及军事科学技术领域,都能与美国一争高下。然而,苏联在哲学社会科学理论创新方面却是失败的。在指导思想上先是教条主义,后来在反对教条主义过程中逐步背离马克思主义基本原理,最后发展到公开反对和取消马克思主义的指导地位。与此相联系,全部哲学社会科学由于失去正确的指导思想而陷入混乱状态。苏联社会主义失败的原因是多方面的、复杂的,但一个重要原因是在哲学社会科学领域既缺少对现实的批判性思考和建设性成果,又缺乏抵御西方意识形态进攻的能力。如果从哲学社会科学不可替代这个角度总结,可以说,苏联的失败是因为以哲学社会科学为主要内容的意识形态大溃败。"卫星上天"与"红旗落地"并存,充分证明了习近平同志的一个重要论断,即一个国家的发展水平,既取决于自然科学发展水平,也取决于哲学社会科学发展水平。一个没有发达的自然科学的国家不可能走在世界前列,一个没有繁荣的哲学社会科学的国家也不可能走在世界前列。

当代西方发达资本主义国家的自然科学与技术最为发达,可是自然科学与技术在改变人们生产方式和生活方式的同时,也在不断使人类和人类社会自食苦果。在总体生活水平提高的同时,自然环境不断恶化,生态问题、人口问题、资源问题突出,以及城市化、市场竞争激烈带来的道德危机、价值失范和心理疾病增多,使人们认识到仅仅依靠自然科学与技术发展并不能实现幸福生活的理想。科学技术发展中的一些基本价值问题,如可持续发展问题、克隆技术中的道德问题、人工智能发展边界问题等,仅仅依靠自然科学与技术自身不可能从理论和实践上得到解决。这些问题的提出和发现,其解决的可能性和解决方式,都依赖于发展哲学社会科学。没有哲学社会科学的参与和研究,单凭发展自然科学与技术不可能解决人类面临的困境。

当然,我们也有深刻的教训。在新中国成立之初,我们不适当地取消了一些可以通过改革提高发展的哲学社会科学学科,包括社会学、人口学、政治学等,造成这些学科在我国很长一段时间处于空白期;而在"文革"中,哲学社会科学由于"左"的路线影响,对当代资本主义社会的认识、对社会主义社会的认识、对社会主义社会发展阶段及其与共产主义相互关系的认识,以及对一系列重大理论问题如生产力与生产关系相互关系规律、阶级斗争规律等的认识,思想模糊,理论界限不清。实际工作中的一些错误包括政策性错误,不能说与对哲学社会科学中若干重大理论问题认识的混乱无关。

我们党的历届领导人对自然科学与哲学社会科学同等重要的问题都作过重要论述。有关部门也通过加大经费投入和其他多种方式,积极推动我国哲学社会科学发展,并取得了重大成就。但毋庸讳言,在变化着的新的经济社会条件下,哲学社会科学发展仍然存在诸多问题。社会主义市场经济的确立,对我国经济发展起了极大推动作用。但这只"看不见的手",也会以巨大的力量对我国哲学社会科学学科及其工作者发挥"指挥棒"作用。市场经济是以货币为中介的经济,在市场经济条件下货币是普遍的等价物。市场经济对货币的崇拜容易滋生拜金主义,也会对哲学社会科学及其工作者产生不良影响。我们强调我国实行的是社会主义市场经济,就是要通过正确处理政府与市场的关系,保证市场经济的正确走向。当前,马克思主义在一些地方和领域被边缘化,一些基础学科尤其是文史哲学科被冷落,主要是由于某些部门和理论工作者单纯追求经济效益而轻视社会效益造成的。在文化和出版事业中,劣币驱逐良币的现象并不罕见;在学术研究领域,急功近利、学风不正的现象也时有耳闻。这些都不利于中国特色哲学社会科学的繁荣,不利于出精品力作,不利于出人才,都是我们在发展社会主义市场经济中必须高度关注和大力解决的问题。有理由相信,随着社会主义市场经济更加完善和成熟,自然科学技术与哲学社会科学比翼双飞、相互推动的盛况一定能出现。

二、哲学社会科学是治国理政的
重要思想资源和重要手段

治国理政与武装夺取政权的道路和方法是不同的。《史记》中记载了陆贾与刘邦关于如何治天下的一段对话:"陆生时时前说称《诗》《书》。高帝骂之曰:'乃公居马上而得之,安事《诗》《书》!'陆生曰:'居马上得之,宁可以马上治之乎?且汤武逆取而以顺守之,文武并用,长久之术也!'"可见,马上得天下,不能马上治之,这是中国的一条历史经验。刘邦听取了陆贾的建议,重用叔孙通制定政治礼仪制度,依靠萧何等人参照秦朝法律制定《汉律九章》。汉朝之所以能成为中华民族发展史上里程碑式的王朝,应该说与刘邦醒悟到"马上得天下,不能马上治之"不无关系。

其实,何止中国历史,世界历史也是一样。尽管英国资产阶级革命、法国资产阶级革命、美国独立战争各有特点,但当资产阶级取得政权后,同样面临如何建立制度和法律的问题。他们从霍布斯、洛克、伏尔泰、孟德斯鸠、卢梭、狄德罗、爱尔维修、潘恩、杰弗逊、汉密尔顿等一批资产阶级先进思想家那里吸取思想和理论,形成了反映资产阶级政治诉求的思想和观点,制定了有利于维护资产阶级长期统治的政治制度和法律制度。恩格斯曾经称赞文艺复兴时期的那些思想家,说他们是"给现代资产阶级统治打下基础的人物"。

在人类社会发展中,任何为取得政权而进行的革命,任务都比较单一、时间相对短暂。越是激烈的、暴风骤雨般的革命,时间越短。然而,治理国家和社会是长期的,必须有一套治国理政的思想理念和观念,要逐步完善各项制度和法律。无科学制度、无完善法律的统治,必然失败。无论是建都南京的太平天国,还是占领北京的李自成的农民军,他们在短暂胜利后的败亡,都说明了这一点。因此,毛泽东同志在1949年党的七届二中全会报告中说,夺取全国的胜利,这只是万里长征走完了的第一步,只是序幕。中国的革命是伟大的,但革命以后的路程更长,工作更伟大,更艰苦。熟知中国历史的他,把取得政权只看成序幕,一定认识到治国理政和制度化建设比夺取政权更加困难、更加重要。

不仅要从中外历史中吸取经验,还要从中华优秀传统文化中汲取智慧。中国是有五千多年文明史的国家,有长期的治国理政与睦邻安邦的经验。从对外说,中国人自古就推崇"协和万邦""亲仁善邻";对内则倡导以民为本、安民富民乐民,为政以德、清廉从政、勤勉奉公。中华优秀传统文化中丰富的哲学思想、人文精神、教化思想、道德理念等,都可以为我们治国理政提供有益启示,也可以为道德建设提供有益启发。

当代中国是中国共产党领导的社会主义国家。新中国成立后,我们就开始了从夺取政权到治国理政的根本性转折。尤其是改革开放以来,我们在一个有13亿多人口的大国进行中国特色社会主义建设,正在为实现"两个一百年"奋斗目标、实现中华民族伟大复兴而努力。中国特色社会主义建设是一项前无古人、世无先例的伟大事业。我们面对的是新的时代、新的国际条件,而且我国经济社会发展是一个复杂的有机体,不仅包括要正确处理人与自然关系、人与社会关系,而且包括经济建设、政治建设、文化建设、社会建设、生态文明建设等诸多方面。面对如此复杂的社会问题、如此辉煌艰巨的事业,一定要坚持以马克思主义为指导,通过哲学社会科学多种学科、交叉学科、新兴学科研究提供创造性研究成果,为决策部门的顶层设计提供理论支撑。

当代中国马克思主义是在解决时代问题中不断发展的。从发展是硬道理到科学发展观,再到创新、协调、绿色、开放、共享的发展理念;从一部分人先富起来,到强调共同富裕、依法治国、公平正义,我国经济社会发展每向前跨出一步,都会有不少理论问题需要论证和研究。可以说,中国特色社会主义道路是走出来的,不走就没有道路,也不叫中国道路。中国道路在特定阶段虽然没有详细的"路线图",但我们有"导航仪",那就是马克思主义。其中包括辩证唯物主义和历史唯物主义、马克思主义政治经济学和科学社会主义及其在当代中国的发展,有各门社会科学研究新成果的理论支撑。这是中国共产党不会走僵化保守的老路、不会走改旗易帜的邪路,不断加强治国理政的制度建设和能力建设,沿着既定目标前进的思想理论保证。

习近平同志对不断加强治国理政制度建设和能力建设极为重视。他强调:"必须适应国家现代化总进程,提高党科学执政、民主执政、依法执政水平,提高国家机构履职能力,提高人民群众依法管理国家事务、经济社会文化事务、自身事务的能力,实现党、国家、社会各项事务治理制度化、规范化、程序化,不断提高运用中国特色社会主义制度有效治理国家的能力。"这是一项艰巨而复杂的任务。中国共产党通过革命夺取政权花了28年,但花了60多年进行社会主义的制度探索和建设实践。我们有过教训,也积累了经验。近几十年来取得了伟大成就,但也遇到不少问题。当前,改革已进入攻坚期和深水区,要把治国理政的成功经验制度化、规范化、程序化,把顶层设计搞得更科学、更全面,经得起实践检验、经得起历史考验,必须繁荣发展哲学社会科学。因为改革发展每前进一步遇到的问题,都既是实际问题也是理论问题。实际问题应成为理论研究的导向,而理论研究的最新成果应成为解决实际问题的钥匙。

对担负不同方面工作的领导干部来说,应具备相应的哲学社会科学知识。各级领导干部是否具有哲学社会科学知识和素养,对于中国特色社会主义建设至关重要。不懂经济学理论的人管理经济,不懂文化理论的人管理文化,不懂管理学理论的人管理大型企业,不懂环境理论的人领导环境保护,都是搞不好工作的。有些领导干部不是不想干好,不是不想把一个地方或一个部门治理好,而是没有马克思主义的理论思维和适应工作任务的哲学社会科学知识和素养,不知道如何干。正因为如此,面对复杂多变的国际形势,面对自己承担的艰巨任务,或者"乱治",或者陷入"无为而治""懒政""惰政",陷入无计可施、无路可走的困境。恩格斯说过,"只有清晰的理论分析才能在错综复杂的事实中指明正确的道路。"这个论断,值得天天忙于事务而轻视理论工作的领导干部认真学习和思考。

三、哲学社会科学工作者要为党和
人民述学立论、建言献策

哲学社会科学不可替代的重要地位,决定了哲学社会科学工作者应充分认识自己的社会使命和责任。无论从事哲学社会科学某个专业的研究,还是从事哲学社会科学教学,只要是哲学社会科学工作者,就是中国特色哲学社会科学体系建设的主体,就承担着加快构建中国特色哲学社会科学体系的历史使命。

作为哲学社会科学工作者,我们的价值、作用和责任、贡献就体现在为之献身的中国特色社会主义伟大事业中。构建当代中国哲学社会科学话语体系,是中国哲学社会科学工作者的一项战略任务。话语权的核心是有理论支撑、有具体内涵的概念或范畴,而不是单纯的词语。中国哲学社会科学话语体系的内核,本质上是马克思主义理论体系,是中国特色社会主义理论体系通过特定话语的表达方式。如果离开马克思主义和当代中国马克思主义,所谓话语就只是一个词或词语,而且是可以表达不同内涵的词语。如自由、民主、人权、公平、正义,可以存在于各种语言中。任何人都能够应用、能够作各种解释的,不算话语而是词语;当它成为特定阶级、集团或不同政治实体使用的话语时,必定是由某种理论支撑,表达某种利益、要求或意愿,具有特定内涵的词语。因此,关于话语内涵的争论甚至斗争,不是概念的争论,不是词语的争论,而是不同理论的斗争,是对具有某种政治和意识形态内涵的话语权的争夺。

有些人总觉得为中国特色社会主义建设服务、为广大人民服务没有学术水平,没有品位,没有个性。只有"为什么而什么",诸如"为文学而文学""为艺术而艺术""为哲学而哲学",总之,"为学术而学术",

才叫水平、叫学术。似乎哲学社会科学工作者的工作没有服务对象,没有社会使命,只是为了满足自己的爱好和兴趣。这种看法是错误的。毫无疑问,研究工作需要有个人的爱好和兴趣、需要激情;没有个人爱好和兴趣,赶着鸭子上架是不行的,也是不可能获得成就的。但爱好和兴趣可以成为研究的推动力,而不是研究的目的。学术研究需要自由,需要宽松的环境,需要鼓励大胆探索;没有创新精神,不突破旧的思想理论和观念,永远在思想僵化的笼子里研究,不可能有新成果、新见解。不断重复虽然保险,但不可能创新。大家都走的路是平安大道,但不会看到新的风景。学术研究的目的在于追求真理,而独立之思想、自由之精神是追求真理、大胆探索创新、平等讨论的必要条件。这种学术自由本质上是学术民主和学术主体性能动性的充分发挥。但学术自由不能理解为可以任意发表各种奇谈怪论的自由、可以向真理发起进攻的自由。有人宣称中英鸦片战争的责任在中国,不拒绝鸦片贸易就不会有战争;鸦片战争打的是腐朽的清朝统治者,而不是中国人民。按照此说,从 1840 年起多次列强入侵,打的都是统治者而与中国人民无关;瓜分的都是统治者的国土,而与中国人民的家园无关。我们不是听见过有的论者说:越是爱国主义越是卖国主义,越是卖国主义越是爱国主义?发表这种“高论”如果也叫学术自由,这种“学术自由”还是少点好。这是伪学术自由,是向学术真理进攻时的掩体和防身的盔甲。

　　学术为个人服务、自娱自乐的观点仿佛很高尚,其实是高尚掩盖下的低俗。英国哲学家罗素讲过一段很有意思的话。他在谈到史学能够而且应该为一般读者做些什么时说,我并不认为历史是为历史学家写的,我一直认为历史是受过教育的人的学问的一个基本组成部分;我并不认为诗歌只应由诗人朗诵,也不认为音乐只应由作曲家聆听。这位大哲学家的话是对的。哲学著作并不是一个哲学家为另一个哲学家或另一群哲学家写的,小说也不是某个作家为另一个作家或另一群作家写的。没有听众的音乐,正如没有人阅读的小说一样,等于零。如果学术研究超不出学者自己的学术圈子,哲学文章和著作只是自己的独白,或至多是少数哲学家的对话,这种学说又有多少意义呢?中国特色哲学社会科学应有自己的社会功能,有自己肩负的使命。因此,我们应超出自我,超出自己的小圈子,面对社会,面对民族,甚至面对世界。在当代中国,应该为中国特色社会主义建设、为中华民族伟大复兴服务。这是为历经百年沧桑、饱受侵略者凌辱的千千万万中国人民服务,而不是为个人服务,这种服务无上光荣。这是我们哲学社会科学工作者不可替代的原因。如果社会主义中国的哲学社会科学工作者没有服务意识,无视广大人民的根本利益,无视中国特色社会主义建设事业的需要,只是单纯满足个人的需要,这样的哲学社会科学工作者,可以说"有你不多,无你不少"。

现在有些人喜欢讲中国传统文化中士的传统、士的担当精神,借题说事,似乎谁是"体制内"的知识分子,谁就是依附权贵,就是没有中国传统士的独立精神。其实,真正中国传统知识分子或士,也就是儒家讲的君子,是有标准的,这就是讲气节、敢担当。无论是《论语》中的"士不可以不弘毅,任重而道远",还是《吕氏春秋》中的"士之为人,当理不避其难,临患忘利,遗生行义,视死如归",都是对士的要求。张载的"为天地立心,为生民立命,为往圣继绝学,为万世开太平",已把中国读书人的责任提高到无可再高的地步。这才是中国传统士人的精神。

思想自由是最具吸引力、最为人们赞赏的。思想自由的本质在于思考的自由。没有人能强迫人或禁止人思考。孔子说过,三军可夺帅,匹夫不可夺志。思想最具创造力,最需要独立思考,反对禁锢。但思想自由的目的是发挥思考的创造力和创新力,发挥个人意志的能动性和爆发力。思想自由与责任不可分。有一分自由,就要承担一分责任。要自由而不要责任,不是自由而是特权。英国剧作家萧伯纳说过,"自由意味着责任,这就是为什么大多数人惧怕它的原因。"但思想自由一旦为某种势力或利益集团所独享,变为它们的工具,就不再属于思想自由范围,而是属于思想特权范围。这时,评价的标准已经不再是抽象的自由概念,而是真理。谁占有真理,谁就拥有最大的思想自由。思想自由的合理界限和责任当然应由法律规定,而不由某个人的主观意志规定。学术自由与责任的连结点是法律、是法治;学术自由与追求真理相结合,这就是学者的责任和良心。

一些人乐于谈论西方自由主义知识分子,认为他们倡导自由。其实,他们倡导的是资本主义的自由,任何反对资本主义的观点和行为都被视为反对自由。这种所谓自由主义知识分子,实际上是资本主义制度的辩护士,是资本主义理想的崇拜者。无论是《通往奴役之路》还是《开放社会及其敌人》《历史的终结》,捍卫什么,反对什么,清清楚楚。当然,以西方自由主义为旨归的所谓自由主义知识分子,在社会主义中国没有合适的生长土壤。近年来,面对西方吹来的新自由主义之风,附和者或倡导者也多有所见。不过在当代中国,这也只能算是枝头蝉鸣,很难组成一个庞大的合唱乐队,因为这不符合中国人民的根本利益。

我们处在建设中国特色社会主义的伟大时代,这是一个能够产生也应该产生伟大思想家和理论家的时代,中国的哲学社会科学工作者有广阔的展现自己才能的天地。同时,我们又处在一个充满物质利益诱惑和多种社会思潮碰撞的时代。我国哲学社会科学工作者要有坚定的立场、鲜明的旗帜、辨别理论是非的能力,还要有锲而不舍的钻研精神。马克思说过:"在科学的道路上没有平坦的大道,只有不畏艰险沿着陡峭山路向上攀登的人,才有希望达到光辉的顶点。"这应该成为我们所有哲学社会科学工作者的座右铭。

第四讲　基本原理及其当代价值

　　马克思和恩格斯是历史人物,生命是有限的。马克思和恩格斯的著作是特定时空的经典文本,写作年代是不变的。但他们的生命价值和他们的思想能超越自己的时代,在于他们著作中所包含的基本原理。一个真正的马克思主义者,决不会把马克思和恩格斯文本中的每句话奉为金科玉律,也不会期望马克思主义经典作家为他们逝世后的一切新问题留下锦囊妙计。马克思主义的当代价值,从根本上说就是马克思主义基本原理的当代价值,即它的真理性和有效性。

　　习近平同志指出:"马克思主义是在批判吸收人类全部知识的基础上产生并且随着时代、

实践和科学的发展而不断丰富发展的,是人类迄今为止最先进的思想理论体系。"在当代,除马克思主义之外,没有哪种学说能对经济全球化时代世界资本主义社会的内在矛盾和中国特色社会主义建设,从理论和方法上提供一个既具有科学性又能推动社会发展和人类解放的思想体系。

一、马克思主义的本质是共同的

马克思主义是严整的科学体系。它的核心社会理念,是无产阶级解放和人类解放;它的核心理论,是对这个社会理念的具有严密性和完整性的科学论证。马克思主义的社会理想不是基于道德原则,也不是基于信仰的宗教千年王国,而是由一系列基本原理的科学论证作为理论支撑的。马克思主义是由马克思和恩格斯创立,由他们的各国后继者继承、发展和实践的,以追求通过不同方式改变以私有制为基础的资本主义社会,最终达到无产阶级和人类解放、达到人的自由全面发展的学说。

"马克思主义"不只是一种学说的名称,而是一种学说的本质。它不是任何乐意使用的学者、学说或学派都可以使用的。凡是反对马克思主义社会理想,即不主张以无产阶级和人类解放为最终目标,不主张以社会主义社会取代资本主义社会的理论不是马克思主义;同样,凡是摒弃马克思主义基本原理,甚至以各种方式反对马克思主义基本原理的人也不可能是马克思主义者。它可以称为任何别的什么主义,就是不能称为马克思主义,因为它与马克思主义的核心社会理念和基本原理是相背离的。

马克思主义有其确定的本质。这种观点的最大障碍是唯心主义的哲学解释学。如果把马克思主义本质问题放在这种解释学视域范围内来研究,必然是多元的。因为它强调解释者的政治倾向、历史条件、时代背景以及个人的学养对确定马克思主义本质的决定意义,而否定马克思主义文本自身所蕴含的客观价值。

按照这种观点,世界上根本不存在马克思主义,存在的只是对马克思主义的不同解释。但任何一种解释都不能代表真正的马克思主义。在马克思死后发展起来的种种对马克思主义的解释中,究竟哪一种最接近他的原意?斯大林是不是马克思的唯一(甚或一个)合法的继承人?是列宁吗?是社会民主党吗?是各种各样的西方马克思主义吗?都不是。显然究竟什么是真正的马克思主义成为当今争论不休的难题,也成为一些学者否定马克思主义的"尖矛"。

"一切划时代的体系的真正的内容都是由于产生这些体系的那个时期的需要而形成起来的。所有这些体系都是以本国过去的整个发展为基础的,是以阶级关系的历史形式及其政治的、道德的、哲学的以及其他的后果为基础的。"①马克思主义作为一种思想体系同样如此。它不仅是一种文本,而且是一种实践,是一种运动。它的本质不仅表现在似乎可以任人解读的以语言为载体的文本中,而且表现在马克思和恩格斯的全部实践活动中。马克思和恩格斯的著作不是可以任意解读的文本,它是与他们所处的历史条件和时代提出的问题,与他们的全部政治活动、学术活动和无产阶级政治活动不可分离的理论结晶。马克思主义之所以成为马克思主义,与它的时代的、阶级的和文化的背景存在着因果制约性。如果离开资本主义社会的现实矛盾和时代问题,离开马克思和恩格斯理论产生的思想土壤,离开他们毕生为之奋斗的事业,离开他们全部政治和学术活动,就不可能正确理解马克思主义的本质。当恩格斯说,马克思首先是一个革命者,用各种方法推翻资本主义是他毕生的事业时,就已经从根本上规定了正确理解马克思主义本质的最主要之点。

凡属马克思主义学派的首要条件,应该是立足实践、面对问题,运用马克思主义基本原理解决自己时代面对的问题和以不同方式为实现

---

① 《马克思恩格斯全集》第 3 卷,北京:人民出版社 1960 年版,第 544 页。

马克思主义的社会理想而奋斗。把判断是否真假马克思主义放在对文本的解读上,而不是放在如何实现马克思主义的社会理想上,放在运用马克思主义基本原理解决自己时代面对的新问题上,放在实践上,只能陷于永无结论的繁琐争论。

马克思主义的本质是确定的,这并不意味着某一个国家或政党是唯一的马克思主义学派。马克思主义没有"世袭权",也没有自奉为唯一正确的"解释权"或"唯一模式"。当年苏联曾经垄断马克思主义的"世袭权"和"解释权",结果由于教条主义和后来对社会主义事业的背叛,失去了这种所谓"世袭"和"解释"的绝对权威。

事实证明,只有真正坚持马克思主义基本原理与本国实际相结合,才有资格称为马克思主义者。当我现在读到苏联原来红极一时的一些马克思主义权威们的文章,读到当代世界有些自称为马克思主义革新者们的著作,从他们以某一文本中的某段某句为依据来否定马克思主义基本原理,深感西方哲学解释论与马克思主义的实践论南辕北辙,无法在"谁是真正马克思主义者"的问题上取得一致的看法。那些以解释学为据自称的马克思主义,往往不是"龙种"而是"跳蚤"。

马克思主义肯定在不同国家和地区能有众多的拥护者、实践者并在实践中形成各具特色的马克思主义。苏东剧变后,多次世界性的马克思主义会议和世界性的共产党与工人党会议证明了这一点。但也不能把马克思主义泛化。现在理论界常说的苏联马克思主义、东欧马克思主义、南斯拉夫马克思主义、西方马克思主义或者其他各种名称的马克思主义,都还只能是个称谓,而不是实质。马克思主义的本质不是按地区、按国别划分的,而是按它是否真正属于马克思主义学派来划分的。我们应该明白,所有按地区和国别称谓的马克思主义中,具体人物的情况不尽相同。其中有马克思主义者,有对马克思主义的某一方面或某一问题做出贡献的学者,但也有以马克思主义自诩而实际上背离马克思主义的学者。毫无疑问,马克思主义的队伍需要壮大,对马克思主义表示好感和同情的左派学者日益增多,意味着马克思主义的理论影响的扩大。我们非常乐意读到西方一些学者对马克思的赞扬。我们应该充分注意其他国家和地区的工人运动和左派学者对马克思主义的贡献,吸收它们有价值的思想,但不管马克思主义的发展如何呈现多样化趋势,都不能鼓吹马克思主义本质的多元论。抽象地倡导马克思主义发展的一体多元,很容易混淆马克思主义与非马克思主义甚至反马克思主义的理论界限。

马克思主义发展的方式不是解释学的而是实践的。马克思主义的发展,从根本上说是在实践中发展。在各国革命实践中、在社会主义建设实践中,真正坚持以马克思主义为思想指导的政党都可以在不同方面推进马克思主义,使马克思主义具有时代和民族的特色。当然,理论研究也是推进马克思主义的一种方式。除了与实践结为一体的理论研究外,即使没有直接参与革命实践,但着力从马克思主义立场、观点和方法进行纯学术的研究,也可能从某一方面对马克思主义的发展和运用做出自己的贡献。马克思主义需要实践型的理论家,也需要学者型的专家。但这种学者型的马克思主义者,同样应该具有马克思主义的批判和革命精神,以自己的研究成果直接或间接服务于马克思主义伟大社会理想和实践。

二、马克思主义的基本原理应该坚持

任何一种思想体系或是学科,都有属于自己的基本原理或者说基本思想。它决定该学说的本质和学科的性质。马克思主义也是如此。马克思主义作为一个科学体系,它当然包括自己特有的基本概念、范畴、命题和最基本原理。马克思主义基本原理是马克思主义作为科学体系的理论支撑。如果没有马克思主义基本原理,马克思主义就会成为空中楼阁,马克思主义基本原理与各国实际相结合也就会成为一句空话。这不符合马克思主义发展史,也不符合社会主义运动的实际。

但究竟有哪些是马克思主义基本原理?马克思主义基本原理不是

脱离马克思主义各个组成部分,或凌驾于其上的普遍原则。在马克思主义中不存在既不属于哲学,也不属于经济学,更不属于科学社会主义而只属于作为整体马克思主义的所谓最一般的基本原理。其实,马克思主义基本原理,就是马克思主义哲学、经济学、科学社会主义的基本原理。它之所以统称为马克思主义基本原理,原因有二。

第一,对于揭示的对象而言具有普遍性。例如,马克思主义哲学原理揭示的是自然、社会和人类思维的普遍规律,它构成马克思主义最基本的规律;马克思主义经济学说,作为广义经济学揭示的是人类社会经济发展的普遍规律,作为狭义经济学,它揭示资本主义社会的经济规律,具有不同范围的普遍性;马克思主义的社会主义学说,关于资本主义社会基本矛盾和必然过渡到社会主义的学说、关于无产阶级政党、关于无产阶级与资产阶级斗争和无产阶级专政学说,等等,对于实现马克思主义的社会理想来说具有普遍性。所有这些,都属于马克思主义基本原理。离开了这些基本原理,就不存在马克思主义。试图在马克思主义学说中寻找超越马克思主义哲学、经济学和科学社会主义学说范围外或者说非哲学、非经济学、非社会主义学说的所谓基本原理是没有的。

第二,马克思主义基本原理,虽然分属于马克思主义哲学、经济学和社会主义理论,具有学科特点,但它们又从属于马克思主义整体,彼此从理论上相互支撑,相互渗透,不可分离,因此可以统称为马克思主义基本原理。例如辩证唯物主义和历史唯物主义既是马克思主义哲学,又存在于马克思主义经济学和社会主义学说之中。马克思主义哲学作为世界观和方法论,为整体的马克思主义提供世界观和方法论基础;如果从马克思主义政治经济学和社会主义学说中,拒斥马克思主义的世界观和方法论,就会失去它的马克思主义性质而沦为非马克思主义的经济学和其他形式的社会主义学说;同样,无产阶级解放和人类解放是马克思主义社会主义学说追求的最终目标,也是马克思主义哲学和经济学说的主题。如果马克思主义哲学不为无产阶级解放和人类解放服务,它失去作为无产阶级解放大脑的功能,就不是马克思主义哲学,而是思辨哲学、经院哲学。如果马克思主义经济学离开了这个主题,就往往成为为有产者辩护、为利益集团辩护的所谓"发财致富"的学说。反过来说,劳动价值论与剩余价值论不仅是马克思主义的经济学说,它也完全深入历史唯物主义和科学社会主义学说之中。离开它,历史唯物主义和科学社会主义中许多重要原理就由于没有经济学依据而失去它的科学性。列宁关于马克思主义是"一块整钢"的说法是完全正确的。

正因为如此,马克思主义基本原理很难硬性划界。例如,生产力与生产关系矛盾运动规律,既是历史唯物主义的基本规律,又是经济学必须研究的规律,也是科学社会主义学说论证两个必然性必须研究的规律。所以,马克思主义普遍原理,既具有学科特点又具有整体性。硬性规定马克思主义某一基本原理只属于某一学科是错误的。当然研究的角度和着重点可以不同。例如,关于生产力与生产关系矛盾运动规律、经济基础与上层建筑矛盾运动规律、阶级斗争规律、唯物主义和辩证法的基本规律,等等,虽然对马克思主义各个组成部分都是普遍适用的原则,但又可以从马克思主义各个不同学科角度进行具有特点的专门研究。依我看,我们当前马克思主义理论研究工作的一大缺憾就是,既存在马克思主义整体视角的缺失,彼此隔绝;又缺少各学科深入研究对马克思主义整体性研究的理论支撑。

马克思主义基本原理的普遍性不能简单化为最大公共性。实际上马克思主义基本原理的普遍性程度是不一样的。它的哲学原则是关于自然、社会和思维的普遍规律性,具有最大的普遍性。关于资本主义经济学原理的普遍性,属于资本主义社会的经济制度和经济运行的规律。科学社会主义原理,则是一种以资本主义现实为依据的科学预测,具有很大程度的科学假说性质。因此,马克思和恩格斯以资本主义高度发达为依据的关于未来社会主义特征的描述,具有它自身的严格的理论逻辑性但缺乏实证性,在不同国家的社会主义建设实践中会重新受到检验、纠正和发展。基本原理是关于马克思主义理论的性质的规定,即它适用范围的有效性问题,而不是量的规定。任何人都不可能确定马克思主义基本原理的数量,指定只有哪几条是基本原理。随着实践发展和时代需求,我们可能从马克思主义的经典文本中,从后来马克思主义者的发展中发现新的基本原理,也有些过去被错误认为是基本原理的东西,实践证明并不具有普遍性。普遍原理同样是发展的、变化的。但普遍原理的发展不能成为对普遍原理否定、甚至对普遍原理采取虚无主义态度的根据。因为马克思主义基本原理是对客观规律的理论概括。只要普遍规律和普遍规律起作用的条件仍然存在,马克思主义基本原理仍然有效。

坚持马克思主义普遍原理,并不是否定马克思主义应该发展。毛泽东曾明确指出:"马克思主义一定要向前发展,要随着实践的发展而发展,不能停滞不前。停止了,老是那么一套,它就没有生命了。但是,马克思主义的基本原则又是不能违背的,违背了就要犯错误。"①

马克思主义基本原理虽然具有某种相对稳定性,但由于它是一个开放的体系,它永远面对自己的时代而不是面对自己既有的结论。马克思主义基本理论同样要与时俱进,它要根据新的问题,总结新经验,得出新结论,必须以新的原理代替过时的旧原理。马克思主义中国化就包括对马克思主义基本原理的发展,例如,改革开放是社会主义自我完善的动力、社会主义市场经济原则、无产阶级执政党应该代表先进生产力、先进文化和最广大人民群众利益、应该坚持以人为本和坚持全面协调和可持续发展,等等,对于发展中的社会主义国家都具有一定的普遍意义,是对马克思主义基本原理的发展。任何停滞、保守和对马克思主义的教条主义态度都是阉割马克思主义的批判的和实践的精神。

---

① 《毛泽东文集》第七卷,北京:人民出版社 1999 年版,第 281 页。

三、应该重视马克思主义经典文本研究

我们应该重视马克思主义文本研究。但文本研究不能代替马克思主义基本原理的研究。反过来,马克思主义基本原理的研究也不能替代马克思主义文本研究。它们各有特点和功能,应该相得益彰。要真正区分清基本原理和个别论断,必须以科学态度研究文本。

文本的研究,偏重于马克思和恩格斯说了什么,怎么说,是在什么条件下针对什么问题说的,一本书的整体限于这一本书。而基本原理的研究则偏重于整个学说的体系,它不限于某一本书,而是贯穿全部著作的基本原则。文本的研究有助于全面、准确掌握基本原理,而原理的深入研究则有助于提高文本研究的高度。文本中包含在其他著作中以不同方式重复论述的基本原理,也包含针对某一具体问题具有时效性的个别论点;还包含在与对手论战中,由于辩论的需要而对某一方面、某一问题的过分强调。因此要真正分清哪些是必须长期坚持的马克思主义基本原理,哪些是需要结合实际加以丰富发展的理论判断,哪些是后人错误的附加和教条主义的理解,当然要研究文本,而且应该从整体角度,从文本的相互对照中研究文本。

在马克思主义文本研究中,我们可以明显发现一个特点,凡属马克思主义的基本原理,都是在马克思和恩格斯全部著作中不断重复出现的,是全部马克思和恩格斯著作中的核心观点。例如关于唯物主义原则、辩证法原则、历史唯物主义原则、劳动价值论、剩余价值论以及资本主义必然为社会主义社会所取代等等观点都是这样。当然,由于每本书写作时间和解决的问题不同、论战的对象不同、论述的方式不同,强调的重点可能不同,而且论述本身也在丰富、准确、发展,但其中有一点是不变的,即基本原理的根本原则不会变化。例如,在《共产党宣言》1883 年版由恩格斯个人单独署名的序言中,他强调"贯穿《宣言》的基本思想:每一历史时代的经济生产以及必然由此产生的社会结构,是该

时代政治的和精神的历史的基础。"①其实这个历史唯物主义的根本原则，不仅贯穿《共产党宣言》，可以说，从《德意志意识形态》开始，无论是《共产党宣言》《哲学的贫困》《资本论》《反杜林论》《家庭、私有制和国家的起源》，一直到恩格斯晚年关于历史唯物主义的著名通信，都遵循和论述了这个原则。马克思主义其他基本原理也无不如此。

个别论断不同，它往往只出现一次。例如，《1844 年经济学哲学手稿》中关于人性异化与复归的观点，《德意志意识形态》中关于共产主义社会里，任何人都没有特殊的活动范围，可以上午打猎，下午捕鱼，傍晚从事畜牧，晚饭后从事批判之类的极具浪漫主义色彩的描述以及 19 世纪中叶恩格斯关于英国即将发生社会主义革命和马克思关于资本主义丧钟已经敲响的论断等等，都是如此。它后来都为具有科学性的普遍原理所取代，如以物质资料生产方式是社会发展决定力量取代人性异化与复归的观点，以人的全面发展取代特定活动领域无需分工的浪漫主义描述的观点，以"两个决不会"取代西欧即将发生社会主义取代资本主义革命的观点，等等。这表明，基本普遍原理比个别论断具有理论的普遍适用性和实践的生命力。

在区分普遍原理和个别论断时，应该更加注意对马克思主义的错误附加。所谓错误附加，就是把具有特定场景和具体对象的个别论断，脱离特定的历史条件，当作具有普遍性的基本原理，而对其他文本中的论述不予理睬。例如，恩格斯晚年在为马克思关于 1848—1850 年法国革命所写的导言中，论述过和平过渡的可能性问题，但并不是作为普遍规律而是针对具体国家的个别论断，可它被第二国际理论家们曲解为普遍规律，为此恩格斯在给拉法格的一封信中说，有人"从我给马克思关于 1848—1850 年的法国的几篇文章写的导言中，摘引了所有能为他的、无论如何是和平的和反暴力的策略进行辩护的东西。近来，特别是目前柏林正在准备非常法的时候，他喜欢宣传这个策略。但我谈的这

————————
① 《马克思恩格斯选集》第 1 卷，北京：人民出版社 1995 年版，第 252 页。

个策略仅仅是针对今天的德国,而且还有重大的附带条件。对法国、比利时、意大利、奥地利来说,这个策略就不能整个采用。就是对德国,明天它也可能就不适用了。"①

《共产党宣言》曾经提出著名论断:"代替那存在着阶级和阶级对立的资产阶级旧社会的,将是这样一个联合体,在那里,每个人的自由发展是一切人自由发展的条件。"②这个论断被简化为"每个人的自由发展是一切人的自由发展的条件",完全撇开了具有决定意义的社会条件,即消灭存在着阶级和阶级对立的资产阶级旧社会,建立共产主义社会即自由人的联合体。没有这个前提,把抽象的个人自由当作一切人自由的前提,马克思和恩格斯就由一个共产主义者变为个人自由至上主义者。

当一个有条件的、针对具体对象的论断,被解读为无条件的普遍论断时,就是错误附加。一个马克思主义理论研究者,如果迷信哲学解释学,往往会成为错误附加的制造者。

四、正确理解当代中国马克思主义的本质

中国特色社会主义理论是当代中国马克思主义形态,但不能由此推论出应该把马克思恩格斯思想归为所谓经典马克思主义、传统马克思主义,甚至是什么原生态的马克思主义。以它产生于19世纪上半叶为由而否定它在中国共产党指导思想中的地位,割断它与中国当代马克思主义一脉相承的理论关系。

马克思主义当然是发展的,但它的发展与社会形态的发展不同。它不像社会形态的更替那样,是以一种马克思主义形态完全取代另一种马克思主义形态。马克思主义的发展可以表现出多样性和民族特

① 《马克思恩格斯全集》第39卷,北京:人民出版社1974年版,第436页。
② 《马克思恩格斯选集》第1卷,北京:人民出版社1995年版,第294页。

性,但它都是以马克思主义基本原理与每个时代和国家的实际相结合的方式发展的,是沿着马克思主义基本原理的方向发展的。正像列宁说的:"沿着马克思的理论的道路前进,我们将愈来愈接近客观真理(但决不会穷尽它);而沿着任何其他的道路前进,除了混乱和谬误之外,我们什么也得不到。"①

我们不能把马克思主义发展划分为三种形态:原生态,即马克思和恩格斯创立的马克思主义;次生态即列宁主义;再生态即马克思主义的当代形态。这种称谓和区分并不能表明马克思主义的发展的真实本质和历程,而只能引起混乱。从马克思主义基本原理来说,这种区分难以成立。我们不能断言,由于中国特色社会主义是当代中国的马克思主义,它就根本不同于所谓原生态的马克思主义——马克思和恩格斯创立的马克思主义和次生态的马克思主义——列宁主义,它与所谓原生态和次生态的马克思主义,各自拥有自己根本不同的基本原理;或者说原生态和次生态的马克思主义不再具有当代价值,这是一种变相的马克思主义"过时"论。

在艺术中,凡属原生态的东西都是指称非当代的东西,如原生态音乐、岩洞中的壁画之类。它是极为粗糙的历史的陈迹或历史化石。当代艺术家们、音乐家们都喜欢寻找原生态的东西,也就是寻找原本如此,没有受当代"污染"的东西。如果艺术领域可以这样做,在马克思主义研究中可不能这样。马克思和恩格斯创立的马克思主义可不是什么原生态,而是具有原创的思想理论体系,它是人类思想理论上的一次伟大革命,可以喻之为跃出人类思想地平线的一轮红日。

马克思和恩格斯学说中,凡属基本原理而不是个别论断或词句的思想,都既属于马克思和恩格斯的时代,又同样属于当代,具有当代价值。马克思主义作为一种学说,就其本质来说是一个整体,并不包括两个不同的部分,一部分属于当代,一部分属于非当代。马克思主义是具

① 《列宁选集》第2卷,北京:人民出版社1995年版,第103—104页。

有实践性开放性的体系,它必须面对当代。不具有当代价值的马克思主义,是马克思主义的终结。

任何一个严肃的马克思主义理论研究者都理解,当代中国马克思主义并不是根本不同于所谓"原生态"的马克思主义的另一种马克思主义。可以说,在当代中国马克思主义中,始终包括作为马克思主义缔造者的马克思和恩格斯对马克思主义基本原理的贡献。如果从当代中国马克思主义中剔除马克思和恩格斯的马克思主义,那当代中国马克思主义就不成其为马克思主义。没有马克思、没有恩格斯思想的当代中国的马克思主义,同没有哈姆莱特王子的《哈姆莱特》一样不可思议。

当代中国马克思主义的特性,不是它坚持的基本原理不同于马克思和恩格斯创立的马克思主义,而是马克思列宁主义与中国实际相结合中表现的鲜明的时代特征和民族特色,以及由此而得出的创造性发展马克思主义的新结论。

中国特色社会主义建设是在和平与发展成为时代主题,经济全球化成为发展趋势的时代背景下进行的。对于当代中国社会主义建设来说,改革开放就是具有时代性的课题。改革开放是在当代背景下推动调整我们社会主义社会内部社会基本矛盾的动力。脱离我们时代的大背景和课题,就无法理解当代中国马克思主义的新成果和创造性发展的时代依据。

当代中国马克思主义,既充分考虑到中华民族从鸦片战争以来的社会性质和社会主义革命胜利后的社会发展水平,又高度重视继承和吸收中华民族优秀文化传统,以马克思列宁主义为指导与充分吸收中国传统文化中的精华相结合,使马克思主义基本原理的应用和发展具有中华民族的风格和气派。

改革开放不仅是中国经济发展的强大动力,同样是推动马克思主义发展的强大动力。当代中国马克思主义在马克思主义发展史上的成就应该为所有马克思主义理论研究者高度重视。但这种重视不能是马克思主义发展史的断裂。任何稍懂一点马克思主义的人,都能从邓小平理论中、从"三个代表"重要思想中、从科学发展观中、从习近平同志的系列重要讲话中,读到被创造性运用于中国当代实际的历史唯物主义基本原理,读到被娴熟运用于中国实际的辩证唯物主义的世界观和思维方法原则。中国马克思主义的两次飞跃,都是马克思列宁主义与时代相结合、与中国当代实际相结合的产物。胡锦涛总书记在十七大报告中说得很明白,"在当代中国,坚持中国特色社会主义道路,就是坚持科学社会主义","坚持中国特色社会主义理论体系,就是真正坚持马克思主义。"

当代中国马克思主义之所以属于马克思主义,就是因为它在当代中国依然坚持马克思主义的基本原理。不能认为在当代中国,马克思主义中国化的时代已经结束,现在是中国化的马克思主义的时代,从德国传来的19世纪德国的马克思主义没有用,从俄国传来的列宁主义也没有用,唯一能作为指导的就是当代中国马克思主义。此说貌似高度评价中国特色社会主义理论,实际上容易架空、贬低和曲解中国特色社会主义理论的马克思主义本质。没有继续推进马克思主义中国化,何来中国化的马克思主义。把马克思主义中国化与中国化马克思主义视为可以分离的两个不同过程,既否定了马克思主义的当代价值,也曲解了中国特色社会主义的马克思主义本质。

毫无疑问,在当代中国,只有中国马克思主义而不能有别的什么主义能作为继续推进改革开放的指导思想。这里所谓别的"什么主义"指的是非马克思主义,如西方民主社会主义、新自由主义或者新儒学之类,而不是指马克思恩格斯创立的马克思主义。对中国共产党人来说,马克思列宁主义、毛泽东思想,就属于必须坚持的同一个马克思主义之内,而不是别的"什么主义"。中国共产党再三再四强调中国特色社会主义理论与马克思列宁主义、毛泽东思想既一脉相承又与时俱进,正在于强调当代中国马克思主义形态的马克思主义本质。

马克思主义中国化是一个永无止境的不会终结的过程,马克思主义与中国实际相结合是一个不断与时俱进的过程。不可能存在只要中国化的马克思主义,不要马克思主义的中国化。中国化的马克思主义一旦与马克思主义中国化相剥离,把马克思列宁主义从当代中国马克思主义中"清洗"出去,就是马克思主义在中国发展的终结。

五、马克思主义基本原理的应用的条件性

马克思主义基本原理的普遍性和它运用的条件性是相结合的。这种条件,既可以是国家和民族的不同条件,也可以是一个国家自身发展过程中不同阶段的条件。因此马克思主义基本原理的应用,应该以时间、地点、条件为转移。马克思主义基本原理的普遍性永远是与特殊性相结合的,一旦变为抽象的共性就会转变为百无一用的教条。

国家和民族条件不同,马克思主义基本原理运用必然各具民族特色。列宁说过:"只要各个民族之间、各个国家之间的民族差别和国家差别还存在(这些差别就是无产阶级专政在全世界范围内实现以后,也还要保持很久很久),各国共产主义工人运动国际策略的统一,就不是要求消除多样性,消灭民族差别(这在目前是荒唐的幻想),而是要求运用共产党人的基本原则(苏维埃政权和无产阶级专政)时,把这些原则在某些细节上正确地加以改变,使之正确地适应于民族的和民族国家的差别,针对这些差别正确地加以运用。"①这就是马克思主义和社会主义道路的民族特色问题。

即使在同一个国家,由于条件变化,对马克思主义基本原理的运用也是不同的。我们可以以马克思主义最基本原理——生产力与生产关系规律为例。列宁和毛泽东在革命时都曾经大力批判过庸俗生产力论。在俄国这种理论的主张者认为,俄国的工人阶级不应该夺取政权,不应该举行十月革命,因为俄国的生产力还没有发展到举行社会主义

①《列宁选集》第4卷,北京:人民出版社1995年版,第200页。

革命的高度。列宁曾经痛斥过这种理论,称之为庸俗生产力理论。在中国,毛泽东当年也批判党内反对中国革命的这种理论的主张者。俄国和中国最终取得革命的胜利。可是在革命胜利以后,本应该利用自己手中的政权,大力发展生产力,为社会主义新制度创造牢固的经济基础,可是,有些理论家们还以反对庸俗生产力为理由,坚持以阶级斗争为纲,把发展生产力诬为庸俗生产力论。他们完全脱离了两种不同社会环境、抛开了革命和建设两种不同任务,把批评庸俗生产力论当成永恒不变的原理。

在如何对待反对所谓庸俗生产力的问题上,列宁曾根据历史条件的变化采取完全不同的态度。在革命前坚持反对庸俗生产力论的列宁,革命后是生产力论的坚定倡导者。列宁认为无产阶级取得国家政权以后,它的最根本的需要就是增加产品数量,大大提高社会生产力。"劳动生产率,归根到底是使新社会制度取得胜利的最重要最主要的东西。"①这是列宁关于发展生产力重要性最著名的论断。前后没有几年,只是由于革命前和革命后条件的变化,列宁由庸俗生产力论的坚定反对者变为发展生产力的倡导者。

邓小平同样是把革命和建设分开的。在中国要不要进行革命战争问题上,他坚决反对庸俗生产力论,在社会主义建设问题上他坚持生产力最终决定作用的理论,极力主张大力发展生产力。1977年10月,邓小平在与美国华裔作家林光达夫妇谈话中,非常赞同列宁和毛泽东在革命时期反对庸俗生产力论的态度。他说:列宁在批判考茨基的庸俗生产力论时讲,落后的国家可以搞社会主义革命,我们也是反对庸俗生产力论,我们采取了和十月革命不同的方法,农村包围城市,当时中国有了先进的无产阶级的政党,有了初步的资本主义经济,加上国际条件,所以在一个不发达的中国能搞社会主义。这和列宁讲的反对庸俗生产力论一样。

---

① 《列宁选集》第4卷,北京:人民出版社1995年版,第16页。

在中国革命战争胜利后,在中国共产党的八大报告中,邓小平强调发展生产力,指出我们面临的主要矛盾是人民群众不断增长的物质文化需要和落后的生产之间的矛盾。在"文革"后期复出后,邓小平大力恢复经济、发展生产,被"四人帮"诬为"以三项批示为纲",鼓吹庸俗生产力论。在粉碎"四人帮"后,邓小平作为党的第二代领导核心,提出一个中心、两个基本点的建设中国特色社会主义的路线,把发展生产力放在中心地位,提出三个有利于标准,采取了与革命时期批判庸俗生产力的完全不同的态度。这是一切以时间、地点、条件为转移运用马克思主义基本原理的科学态度。

可以说,对待马克思主义所有基本原理都应该采取这种态度,这才是真正唯物辩证的态度,真正坚持实事求是和具体问题具体分析的态度。例如对待资本主义私有制、对待剥削、对待外国资本的进入等等问题都应该根据条件和情况的变化采取不同的政策。毛泽东在读苏联政治经济学的笔记中说过,我们现在消灭资本主义,将来还可以搞点资本主义。在革命时,我们反对剥削,反对帝国主义的资本输出。可革命战争胜利后,在奠定了社会主义基本制度,又可以在一定程度上允许并发展私有制,允许剥削,允许、欢迎并尽可能多的吸收西方资本的进入,这叫吸收外资,包括跨国公司和境外的私人投资。其实,这个既消灭资本主义又发展资本主义的做法,当年列宁在俄国新经济政策时就提倡过。他说,"我们要懂得,这是一种我们可以而且应当容许其存在、我们可以而且应当将之纳入一定范围的资本主义,因为这种资本主义是广大农民和私人资本所需要的,而私人资本做买卖应能满足农民的需要。必须让资本主义经济和资本主义流转能够像通常那样运行,因为这是人民所需要的,少了它就不能生活。"①

当代中国的资本主义经济成分是中国共产党在1956年全行业公私合营以后,在经历了二十多年以后自己搞起来的。当年我们党领导

---

① 《列宁选集》第4卷,北京:人民出版社1995年版,第672页。

"三大改造",反对资本主义私有制,敲锣打鼓,叫社会主义胜利,现在资本主义私人资本在整个国家经济中占有举足轻重的地位,叫中国特色社会主义的伟大胜利。真是此一时彼一时也。如果没有马克思主义理论水平,或对马克思主义基本原理采取教条主义态度是无论如何也无法理解的。这就是我们现在有些对改革开放持怀疑态度者的"理论心结"。

马克思主义基本原理运用的具体性,最根本的是规律性起作用的条件性。普遍规律当然具有普遍性,可普遍规律起作用的条件并不是普遍的,而是各具特点的,因而对普遍规律作用的认识和运用就不能脱离它起作用的条件。这个条件最集中的就是历史过程本身。规律自身不能说明自身。规律存在于历史发展过程中。应当从历史过程的分析中来发现和证明规律。不从历史发展过程的分析下手,规律的要求和作用是难以把握的。中国共产党在"三大改造"中消灭资本主义私有制,现在又重新发展资本主义私有制,只要放在中国历史发展过程来思考就容易理解。如果中国革命胜利后不消灭官僚资本主义,不进行资本主义改造,就不可能形成强大的国有经济,那以后邓小平所倡导的以公有制为主体,多种经济同时发展就没有可能和依据。因为一个没有国有经济的社会主义,就不存在以公有制为主体的经济结构的任何可能性,存在的只能是资本主义私有制一统天下或占绝对统治地位的资本主义社会。

如果不经过"三大改造",中国整个社会性质仍然没有变化,唯一的变化是共产党打败了国民党,夺取了政权。可是这种政权是不可能持久和巩固的。没有公有制的主导地位,共产党领导地位的经济基础就不存在。一个在经济上处于无权地位的阶级,在政治上不可能处于领导地位。这是最起码的道理,也是最起码的历史事实。自从人类社会进入阶级社会以来,没有任何国家任何历史中出现过经济上处于被统治地位而在政治上处于当权地位的阶级!一个阶级在政治和思想上的领导地位,是它在经济上主导地位的反映。

把生产力与生产关系矛盾运动的规律放在中国发展历史过程来考察,我们可以发现它不同于西方发达资本主义社会的特点。在解放前的旧中国,虽然生产力发展水平远远低于西方资本主义国家,但帝国主义经济、官僚资本主义经济和封建地主经济的生产关系没有可能容纳中国生产力发展的任何空间,中国除了革命以外,别无他途。因此在旧中国,生产力长期萎缩,而它的迅速发展是在生产关系改变之后。

西方生产力水平高,但生产关系容纳生产力发展的空间也大,特别是它注意不断调整自己的生产关系和分配关系,从而可以继续容纳生产力的发展。这样,由于历史条件不同,生产力水平低的中国,生产力与生产关系矛盾尖锐程度远远高于生产力高的西方。因而西方没有革命,而中国非革命不可。生产力与生产关系矛盾运动规律的本质是一样的,但历史条件不同,即规律起作用的社会条件不同,它的表现方式和结果也不可能完全相同。

中国社会主义时期,消灭了资本主义私有制又重新发展资本主义私有制,消灭了剥削又允许剥削,消灭了雇佣劳动又把几千万甚至上亿农民变为雇佣劳动者。这是不是庄子说的此亦一是非,彼亦一是非?不是。马克思主义有灵活性,它必须从实际出发制定自己的政策,但它又有原则性。灵活性是它的条件性,而原则性则体现为它的最终目的性。真正的马克思主义不会脱离实际可行性,置十三亿人民的实际生存和发展的状况于不顾,固守抽象原则。但也不会背弃无产阶级和人类解放这个马克思主义的主旨,最终建设没有剥削、没有私有资本制度和雇佣劳动制度,一切成果由社会全体成员共享的社会,建设个人自由全面发展的社会,这个社会理想和方向不会变,也不能变。但在这个过程中,或曲折或绕行,或进一步退两步都是可能的。邓小平关于社会主义本质的定义依然是正确的。我们强调"三个代表"重要思想、强调科学发展观、强调深入学习贯彻习近平同志系列重要讲话精神实际上都是在实践中国特色社会主义。这正是坚持马克思主义基本原理与坚持与中国实际相结合的范例。

发展资本主义不是我们的最终目的,社会分成私有企业主和被雇佣者不是我们的最终目的,"老板"这个称号是特定条件的产物,也会随着条件的改变而消失。我们需要资本主义是为了建设中国特色的社会主义,而不是为了在中国建设西方推荐的资本主义制度。任何把中国特色社会主义说成是通向资本主义的"跳板"的理论都是错误的。应该看到,在当代中国的民营企业是企业家,是有力推动生产力发展和创新的重要基地。

马克思主义是科学理论,是原则性与灵活性相结合的理论,不是随便玩弄的魔棍。我们不能把最终目标当成现行政策,也不能把现行政策当成最终目标。用马克思主义基本原理裁决现实和裁剪现实,都是对马克思主义教条式的理解。

六、马克思主义基本原理的当代价值

马克思和恩格斯的思想具有历史价值,19世纪中叶创立的马克思主义学说,是人类历史上的伟大变革,是思想天空出现的最耀眼的理论智慧之星。但马克思和恩格斯思想中构成马克思主义基本原理的东西,不仅具有历史价值,同样具有当代价值。马克思主义的当代价值不是语录式的价值,不是寻章摘句、咬文嚼字或对号入座。原则不是出发点。马克思主义的当代价值,突出的表现为作为观察当代问题和解决当代问题的立场、观点和方法的价值。

马克思主义基本原理当代性问题是讨论最多的问题。这个问题的本质是马克思主义基本原理是否会过时或已经过时的问题。时代会变化,会出现新特征,会出现新的问题,这不是马克思主义原理过时的原因,而是马克思主义需要与时俱进不断发展的实践根据。只要马克思主义能继续为观察和解决新的问题提供科学的基本理论和方法,它就不会过时,就没有过时。马克思主义不可战胜的力量不在于它包含所有问题的现成答案,而在于它提供的寻找答案的基本理论和方法。

马克思和恩格斯的文本具有时代特性,它的写作年代就是它的时间限定,但它的基本原理与文本不同,基本原理包含有超越文本时间限定的普遍性。它的基本原理与著作出版的时间可以是分离的。可以说,任何一本马克思主义经典著作,如果其中阐述的理论不能超出它的出版时间,就没有任何学术价值。超出的时间愈长,学术价值愈大。

当代世界,虽然发展中国家正在崛起,但仍然是以发达资本主义国家占强势的经济全球化的时代。和早期资本主义社会相比,当代资本主义当然具有新的特点。但当代经济全球化趋势和资本主义社会的内在矛盾,充分显示了马克思和恩格斯的理论观察力。资本主义全球化的扩张,是《共产党宣言》中已经预见的历史进程。资本主义社会并没有因为全球化而改变它的本性和矛盾。国内两极化的加剧和富国与穷国矛盾的加剧,资本主义危机,包括政治危机、经济危机和当前正在影响世界的资本主义金融危机,正是最强大的资本主义国家——美国内部社会生产社会性与资本主义私人占有之间矛盾激化的外在表现。资本主义矛盾和危机没有因科学技术迅速发展而消失,证明马克思关于资本主义分析的科学性。马克思《资本论》的手稿和成书是在 19 世纪中叶以后,长达 40 年,但书中所揭示的资本主义社会的基本矛盾、资本运行的规律至今仍然是我们考察和理解当代资本主义新特征的钥匙。在当代,只有马克思主义提供的理论和方法,才能超越把美国次贷危机引发的世界金融危机仅仅归结为某些高管个人的失误而深入"原发病灶"——资本主义制度的本性。在中国,我们正在建设中国特色社会主义。中国特色社会主义理论的产生和形成,同样是马克思主义当代价值的充分证明。只要我们认真学习邓小平理论、学习"三个代表"重要思想和科学发展观,深入学习贯彻习近平同志系列重要讲话精神,我们就能发现,中国特色社会主义是对马克思主义的世界观和方法论,对马克思主义关于社会基本矛盾、关于生产力最终决定作用、关于人民群众是历史创造者等一系列基本原理的创造性运用和发展。如果我们从解放思想、实事求是、与时俱进的思想路线中,从以改革开放推动社会主义基本矛盾的解决中,从"三个代表"重要思想、科学发展以及习近平同志系列重要讲话中,看不到其中的马克思主义世界观和方法论,看不到马克思主义一系列基本原理的创造性运用,就不能真正理解中国特色社会主义理论的马克思主义本质。

全部人类思想史表明,任何对人类思想做出贡献的思想,在人类文明史上具有永存的价值。至今人们仍在阅读《论语》《道德经》《庄子》,阅读柏拉图、亚里士多德、康德、黑格尔。在物质生产领域,人们可以抛弃旧的生产工具,可以以拖拉机彻底代替耕牛,以火车代替牛车;但在思想领域,人类不会抛弃已经获得的精神成果,何况是马克思和恩格斯创立的马克思主义。不用说我们当代,即使多少世代以后世界上资本主义已不再存在,马克思主义的全人类解放的社会理想成为现实,马克思主义作为精神财富仍然是人类最宝贵的文化积累,是人类发展史上永远不可能磨灭的光辉篇章,马克思主义以其真理性和文化内涵的丰富性深深融入人类的思想文化之中。

福山宣扬资本主义社会是历史的终结,但历史并没有终结,也不可能终结。苏联解体和东欧社会主义国家的蜕变,被一些西方学者视为马克思主义的死亡。但历史证明,马克思主义仍然具有最强的生命力。无论我们观察当今处于经济全球化下的世界,还是继续高举中国特色社会主义旗帜,都应该坚持马克思主义基本原理与当代实际相结合的原则。迄今为止,没有任何事实能驳倒马克思主义基本原理。在世界上,预言一再破产、声名狼藉的不是马克思主义,而是马克思主义的顽固反对者以及马克思主义阵营中一些对马克思主义教条主义的理解者。立足实践,面对时代的马克思主义,永远具有当代价值,与新世纪同行。

第五讲　哲学关注现实的方式

马克思主义哲学不应该是哲学家们的"盛宴",更不应该是哲学家个人的私语和独白。马克思主义哲学的本质与功能,它所肩负的历史使命,要求马克思主义哲学必须立足现实,面对时代,为捕捉当代世界和当代中国的问题而提供具有世界观和方法论作用的哲学视角。马克思主义哲学与现实相脱离,无异于自我放逐和自我边缘化。

对话,这是当前哲学界正在探求的走出哲学困境的一条路径。但是对话,无论是哲学范围内的对话,还是马克思主义科学体系内各学科之间的对话,只有当它有利于解决理论问题和现实问题时,才具有实质性的意义。

一、哲学要透过经济理论问题与现实对话

在马克思主义哲学研究领域，我们都在提倡"中西马"对话，这种对话对于沟通不同民族的哲学思维，尤其是现代哲学发展及其成果，很是必要。马克思主义哲学本来是开放的思想体系，封闭僵化意味着把当代中国的马克思主义哲学变为与世界文化和本民族文化相脱离的孤立自存的哲学。这种所谓的马克思主义哲学注定会枯萎凋谢。

实际上，马克思和恩格斯在创立马克思主义哲学时，就在不断与自己的思想先驱们进行对话。我们只要读读马克思 1837 年 11 月 10 日在波恩大学读书时给他父亲的信，就可以知道这一点。他读法律方面、艺术方面的著作，特别是哲学著作，如费希特、康德、最后转向黑格尔，并说自己"养成了对我读过的一切书作摘录的习惯"①。从《关于伊壁鸠鲁哲学的笔记》《克罗茨纳赫笔记》《巴黎笔记》《伦敦笔记》以及晚年的《人类学笔记》《历史学笔记》等等可以看到，这种习惯，马克思保留终身。笔记中既有大量摘录又有批注。摘录是前人的思想和问题，批注则是马克思寻求的回答。阅读笔记，是马克思与思想先驱和自己同时代思想家们对话的一种方式。

如果说，马克思和恩格斯尚且如此，当代中国的马克思主义哲学家更应该注重哲学对话。当代中国哲学领域中的状况是，西方哲学流派纷呈并不断被引介到中国，可以说是新一轮"西学东渐"；中国传统哲学的影响在经历"文革"寒流以后呈现出复苏现象，尤其是新儒学的影响更有变为强势话语之势。马克思主义哲学"一枝独秀"的时代已不存在。它亟须通过中西马对话来扩展自己的哲学视野、哲学问题和哲学范式。

但是中西马哲学对话有两大难题：一是难以形成共同认可的进行

---

① 《马克思恩格斯全集》第 40 卷，北京：人民出版社 1982 年版，第 14 页。

对话的指导思想和思维方式。虽然表面上都承认马克思主义世界观和方法论的指导,实际上一旦涉及具体哲学问题,分歧很难弥合。二是很难具有相同的问题意识。各自关注的重点不同,兴趣迥异,甚至南辕北辙。在当代中国,真正以马克思主义哲学的基本理论和方法为指导,以中国传统哲学为根,以西方优秀哲学家成果为思想资源,立足当代中国现实,形成具有中国风格、中国气魄、中国特色的当代中国马克思主义哲学,任重而道远。更何况单纯的中西马对话有它的局限性,这仍然是哲学领域中的对话,哲学家们的对话,是范畴与范畴、概念与概念、思想与思想的交流和碰撞。如果不超出纯哲学范围,那仍然是在思想的天国中徜徉。仅仅在观念王国中,思想可以复制,可以延伸,但难以有以现实问题为依据的新的创造。

《中国社会科学》杂志和上海财经大学倡议开展哲学与经济学的对话,这是一个新的思路,是一种新的对话方式。哲学与经济学对话与纯哲学对话不同。经济学面对的永远是自己生活于其中的世俗生活,或称之为市民社会。经济学理论都是为直接解决自己面对的活生生的社会经济运行和经济发展服务的。马克思在《哲学的贫困》中说,"亚当·斯密和李嘉图,他们代表着一个还在同封建社会的残余进行斗争、力图清洗经济关系上的封建残污,扩大生产力,使工商业具有新的规模的资产阶级。"[1]还说,"亚当·斯密和李嘉图这样的经济学家是当代的历史学家,他们的使命只是表明在资产阶级生产关系下如何获得财富"[2]。亚当·斯密和李嘉图,这些资产阶级生产的学术代表与他们面对的经济现实不可分。

当然,经济学同样有基本理论、有范畴、有思维方式。但哲学与经济学一个重大不同之处在于,经济学的范畴、概念和问题,具有直接的现实性,是现实经济生活的直接抽象,而哲学则是间接抽象,可以说是

---

[1] 《马克思恩格斯全集》第4卷,北京:人民出版社1958年版,第156页。
[2] 《马克思恩格斯全集》第4卷,北京:人民出版社1958年版,第156页。

对各门学科抽象的再抽象。经济学离经济基础最近,而哲学则离经济基础最远。正如马克思在同书中评论亚当·斯密和李嘉图时说的,他们"只是将这些关系表述为范畴和规律并证明这些规律和范畴比封建社会的规律和范畴更便于进行财富的生产。"①哲学家可以高踞哲学神圣的殿堂,而经济学必须关注实际的现实生活。如果说,哲学家的对话是思想与思想的对话,那么哲学家与经济学的对话则是思想透过经济理论问题与现实的对话。

因此,我们应该加强中西马哲学对话,又要超越这种对话,特别要加强马克思主义科学体系内各学科之间的对话。

二、历史提出的课题与马克思主义哲学的政治和价值取向

单纯的哲学对话,与马克思主义哲学本性是不相符的,因为马克思主义哲学是马克思主义科学体系中最重要的组成部分,它的生成、发展,具有决定意义的是它同马克思主义经济学和科学社会主义在实践基础上的互动关系。在这个意义上,在马克思主义学科内部开展哲学与经济学的对话比纯哲学领域中的中西马的对话,在当代更重要、更具迫切性。

马克思之所以能创造马克思主义哲学,就是因为他没有局限在纯哲学领域;马克思之所以是伟大的哲学家,并不是仅仅继承了德国古典哲学,而同时是由于从哲学转向经济学,并积极参与社会主义工人运动和社会主义理论构建过程。列宁说的三个来源和三个组成部分决不是一一对应的关系,而是相互作用相互影响的关系。马克思主义形成史证明,英国古典经济学、19世纪三大空想社会主义学说,对马克思主义哲学的创立和成熟同样起着重要思想来源的作用。没有英国古典经济

---

① 《马克思恩格斯全集》第4卷,北京:人民出版社1958年版,第156页。

学的劳动和劳动价值论,就很难由异化上升为异化劳动理论并经异化劳动理论而升华为物质生产方式在社会生活中起决定作用的唯物史观;没有19世纪空想社会主义的思想资源,马克思主义哲学中就会由于缺少社会主义价值取向而成为知识论类型的哲学。

马克思主义哲学是科学性与价值性的统一。它是科学的,因为它以世界客观性为依据,以实践为基础,以规律为对象,它关于世界和人类社会历史发展的规律性揭示,具有可证性;但它又具有价值性,它不是对世界和人类社会规律的纯客观描述。它关心人类的处境、关心人类解放、人的自由和人的全面发展,其中所蕴涵的社会主义人道主义的诉求,是马克思主义哲学的一个重要方面。单纯把马克思主义哲学科学化、实证化的知识论倾向不可取,它会极度弱化马克思主义哲学的吸引力和凝聚力。可以说马克思主义哲学的科学性与价值性,凝结了全部人类优秀文化遗产,尤其是19世纪哲学、经济学和社会主义学说的最丰硕成果。

在马克思主义科学体系中,马克思主义哲学不是从外引进的或附加的可以独立的部分。19世纪40年代,历史提出的课题是如何使社会主义由空想变为科学。而这一使命的实现,首先需要的是一种新的世界观,它不同于一切空想的形形色色的社会主义的那种唯心主义的和抽象人性论的世界观,没有新哲学的创立,就不可能有科学社会主义的创立。但马克思主义科学社会主义并不是哲学共产主义,它以哲学为指导但并不是哲学原则的逻辑推论,单纯由哲学前提出发是不可能推导出科学社会主义结论的。要使社会主义由空想变为科学,必须把社会主义建立在现实的基础上。所谓现实基础,就是现实的资本主义社会自身,因为社会主义无论作为理论和实践都是作为对资本主义的扬弃和否定才可能确立和产生的。而对社会主义现实基础的分析,必须分析资本主义市民社会,而对市民社会的解剖只能求之于政治经济学,因而没有经济学说就不可能形成历史唯物主义,从而也不可能产生具有整体性的马克思主义。

马克思关于历史唯物主义最著名最精炼最具概括性的论断出现在《政治经济学批判·序言》中,这不是偶然的。马克思明确地宣称,他的这些关于社会历史发展具有普遍规律性的结论,就是从对市民社会的解剖中得出的。他以自述的方式描述了如何从经济学研究中创立历史唯物主义的思想历程:"我在巴黎开始研究政治经济学,后来因基佐先生下令驱逐移居布鲁塞尔,在那里继续进行研究。我所得到的、并且一经得到就用于指导我的研究工作的总的结果,可以简要地表述如下。"①接着就是关于历史唯物主义规律的经典表述。

至于科学社会主义的规律性结论和价值理想,则是从对资本主义社会的经济分析中引导出的结论。马克思主义哲学包含价值判断,但科学社会主义并不是建立在对资本主义道德评价基础上。尽管马克思和恩格斯都对他们生活其中的资本主义社会中工人阶级状况做过道义的控诉,但他们关于社会主义代替资本主义的历史必然性是以严格的经济学分析为依据的,而不是单纯激于道德义愤。早年是如此,晚年也是如此。在逝世前第二年给维·伊·查苏利奇的复信的草稿中,马克思仍然坚持的是对社会主义代替资本主义必然性的经济学分析。他说:"资本主义生产一方面神奇地发展了社会的生产力,但是另一方面,也表现出它同自己所产生的社会生产力本身是不相容的。它的历史今后只是对抗、危机、冲突和灾难的历史。结果,资本主义生产向一切人(除了因自身利益而瞎了眼的人)表明了它的纯粹的暂时性。"②尽管历史并没有实现马克思的预期,西方资本主义世界在经历过国内对抗、经济危机、世界战争冲突和灾难后,通过调整仍然处于相对稳定时期并进入发达阶段。但二战以后,西方发达资本主义国家的民主社会主义、第三条道路思潮的兴起,暗含的隐喻信号是明确的:生活在发达资本主义社会的政治家和思想家仍为资本主义社会种种弊端所困扰,

---

① 《马克思恩格斯选集》第 2 卷,北京:人民出版社 1995 年版,第 32 页。
② 《马克思恩格斯全集》第 19 卷,北京:人民出版社 1963 年版,第 443 页。

寻求改善资本主义的新的出路。当然,从科学社会主义观点看,资本主义可以改善但不会因改善而永存。资本主义社会经济基础中的内在矛盾决定它过渡到新的更高的社会形态的必然性。这种过渡的方式、时间,以及从哪里开始,我们现在无法预料,但资本主义社会决不会因民主社会主义、或所谓第三条道路而终结。社会形态发展的历史辩证法是不可抗拒的。

马克思主义各个组成部分作为学科的独立性是相对的,它们存在着不可分割的内在联系,彼此支撑彼此促进。一旦分割,就会失去由整体性赋予它们的马克思主义本质。在我看来,我们现在一些所谓马克思主义哲学研究或马克思主义哲学的论文失去了马克思主义哲学的特性,是西方哲学或中国传统哲学在马克思主义哲学名称下的变形。我并不反对马克思主义哲学家研究西方哲学或中国传统哲学,但我们是用马克思主义哲学来研究它们,而不是用西方哲学或中国传统哲学来重构马克思主义哲学,这两种路径和结果是完全不同的。

马克思主义哲学的本性,要求它不可能纯学术化,在政治和价值取向上,它必须关心社会现实问题,直接或间接与无产阶级和人类解放的历史使命相联系。在当代中国必须关注中国特色社会主义经济建设中的哲学问题,否则就会把马克思主义哲学从整体中分裂出来,变为名为马克思主义哲学实为思辨哲学的哲学。同理,如果马克思主义经济学,不以马克思主义世界观和方法论为指导,不以社会主义共同理想为目的,那就不是马克思主义经济学,而是恩格斯在《政治经济学批判大纲》中关于资本主义经济学说所说的那种为资产者"发财致富的科学";当然,科学社会主义学说,一旦没有马克思主义哲学指导,又不以中国当代经济现实分析为依据,只能陷于空想社会主义或其他什么社会主义,决不可能是马克思主义的科学社会主义。马克思主义内部学科的适当分工,不能成为彼此割裂的理由。

马克思主义完整性形成的历史过程,也就是理论上相互促进、相互论证,逐步融为一体的理论过程。这个过程,实际上也就是马克思主义创立、成熟和发展的过程。马克思主义形成中具有标志性的著作《1844 年经济学哲学手稿》，是转向解剖资本主义市民社会的第一部著作。它的明显特点是以异化劳动和私有财产为中心，通过对资本主义社会的资本、利润、工资的分析，对私有财产制度的产生、异化和异化扬弃的分析，把经济学、哲学和共产主义学说结合在一起。虽然这种结合还是初步的、不成熟的，但它是马克思主义体系完整性的雏形；而《资本论》则是它的成熟形态。《资本论》既是对资本主义社会形态剖析的经济学著作，又是大写的逻辑，是马克思主义历史唯物主义卓越运用的典范，同时是宣布资本主义私有制由于其内在矛盾必然被超越的社会主义理论的科学论证。恩格斯在评论《资本论》第一卷的价值和意义时说："马克思打算以批判迄今存在过的全部政治经济学的形式，总结自己多年研究的结果，并以此为社会主义的意图，奠定直到现在为止无论傅立叶和蒲鲁东，亦无论拉萨尔，都不能为它奠定的科学基础。"①还说，"任何人，不管他对社会主义采取什么态度，都不能不承认，社会主义在这里第一次得到科学的论述"。② 因此《资本论》并不只是经济学著作，而且是马克思主义哲学和科学社会主义著作，是融三者为一体的马克思主义著作。

当代中国特色社会主义理论体系，从根本上说，同样体现了马克思主义的整体性，其中包括哲学、经济学和科学社会主义原理与中国实际的结合。从中剔除任何一个部分都没有中国特色社会主义理论。只要仔细体会一下邓小平关于什么是社会主义和如何建设社会主义的理论，关于发展生产力、解放生产力、消灭剥削、消除两极分化，最后达到共同富裕的社会主义本质的定义，就体现了哲学、经济学和社会主义社会理想三者的统一。如果没有实事求是、从实际出发的哲学思维方法，没有关于所有制与分配、计划与市场、公平与效率关系等等方面的新的

① 《马克思恩格斯全集》第 16 卷，北京：人民出版社 1964 年版，第 242 页。
② 《马克思恩格斯全集》第 16 卷，北京：人民出版社 1964 年版，第 411—412 页。

经济学思考,没有科学社会主义关于消灭剥削,建立人与自然、人与人和谐、共同富裕的社会理想,中国特色社会主义理论就不可能产生。科学发展观同样是如此。

三、以整体性的马克思主义多视角地考察市场经济问题

哲学与经济学彼此分裂是极端有害的。当前马克思主义哲学研究的困境,一定程度上在于它脱离社会实践,特别是缺乏经济学的理论基础,总是停留在纯哲学概念范围,同时也与科学社会主义理论与实践相脱离。有些哲学家把马克思主义哲学为社会主义建设服务简单斥之为"工具主义",或者说"意识形态化",认为马克思主义越纯粹,就越具有学术性,这实际上是阉割马克思主义哲学的批判性和革命性本质。我们只要读读某些哲学文章,从术语到文风,都能感受到这种空泛给读者带来的对马克思主义哲学的疏远和厌恶。

说句实在话,没有经济学研究基础,要真正弄懂马克思主义哲学,尤其是当代中国的马克思主义哲学是不可能的。马克思主义哲学要面对现实,可社会生活中具有基础性、决定性的现实是经济现实,是在一定的物质生产方式基础上确立的政治和意识的结构。根本不研究经济学,不理解当代中国社会的经济结构,不理解以经济为依据的社会分层,就无法理解当代中国社会思潮多元性,不能理解社会现象的本质。在我看来,没有经济学理论的支撑,哲学社会永远浮在社会的表层,不能进入社会的深处,流于空论。

我不相信,一点不懂经济学的哲学家对当代中国社会基本矛盾及其运动规律,对当代中国社会的人民内部矛盾,对人类解放或人的主体性问题,能做出科学的具有说服力的分析。不管哲学家怎样强调哲学就是人学,哲学应该研究人,研究人性,但如果根本不懂在人类的活动中最根本的是生产实践活动,是生产满足人类生存需要的物质产品,因

而经济活动是人类最重要的活动,其他一切活动都是在物质生产建立起来的历史平台上展开的,离开物质资料生产及其形成的各种社会性关系,就不可能真正能够理解人和人的本质。离开经济学,哲学家的"人"就会永远吊在半空中。

而我们的经济学说当前最缺乏的是什么?在我看来是缺乏马克思主义哲学的基本理论和方法论指导。经济学当然有自己的特有范畴和分析方法,诸如实证的、数学的、或统计的、模型的等等。但马克思主义经济学最根本的指导原则应该是辩证唯物主义和历史唯物主义。我不相信一个不承认社会经济形态理论、不承认生产力与生产关系、经济基础与上层建筑理论,反对辩证思维理论和方法的经济学家,能成为卓越的马克思主义经济学家。特别是对创建具有中国特色的社会主义经济学说来说,背离马克思主义哲学特别是历史唯物主义指导,只能是缘木求鱼。

事实上,哲学和经济学本来是不可分的。不以一定的哲学思维方法作指导的经济学家是没有的。经济学思维并不单纯是实证思维,它需要抽象,需要运用范畴和概念,需要有哲学支撑点。著名的英国古典经济学家亚当·斯密写过《国富论》,也写过《道德情操论》。但他的哲学与经济学理论之间存在矛盾。在《道德情操论》中的人是具有道德心同情心的人,而在《国富论》中的人则是利己主义的人。它的看不见的手,就是以"经济人假设"为依据的。这种矛盾造成双重危害:在道德领域中,人的情感缺乏经济利益的基础;而在经济学中的"经济人"则缺乏道德同情心和道德自律。"看不见的手"虽然揭示了市场经济规律,但"经济人"这个关于人的本性的哲学前提,排除了社会主义市场经济建立的可能性。

在马克思主义体系中,不存在哲学与经济学的矛盾,不存在哲学思维方法与经济学理论的分裂。因此对马克思主义经济学家而言,最大的危险是来自对马克思主义哲学尤其是对历史唯物主义的蔑视。如果说,马克思没有历史唯物主义,就不可能揭示资本主义经济运行规律,写不出《资本论》;列宁没有唯物主义辩证法就不可能写出《帝国主义论》,列宁的《帝国主义论》与《哲学笔记》之间就存在同样的辩证思维方法的联系;毛泽东没有矛盾论,就写不出《论十大关系》;邓小平没有实事求是和从实际出发,不坚持实践是检验真理唯一标准的哲学思想,就不可能倡导一系列新的经济政策,为确立社会主义政治经济学打下基础。

在当代中国,马克思主义经济学排斥马克思主义哲学,完全倒向西方经济学,无论在理论上或是实践上都是有害的。只有马克思主义哲学家才能对当代中国社会主义市场经济中种种经济现象给予正确的哲学分析。

市场经济问题,就不单纯是纯经济学的问题,不能简单地把市场经济只看成是资源和劳动力的配置,而且包括哲学问题、科学社会主义问题。它必须从作为科学体系的马克思主义进行多视角的考察。

为什么自20世纪上半叶南斯拉夫开始探险,然后是波兰、匈牙利,随后是苏联戈尔巴乔夫、叶利钦,都进行过以市场为导向的改革,结果原有的社会主义国家一个一个改变颜色,中国却能成功地实现从计划经济体制向市场经济体制的根本性转变,使经济得到持久迅速的发展,而社会主义制度自身在实现这种转变中又得到不断完善呢? 根本问题不是不应该进行市场经济的改革,而是以什么样的指导思想进行市场经济的改革,进行什么样的市场经济的改革。当改革者采取新自由主义的方针,把市场经济改革与全面推行私有化相结合,必然改变原有的社会主义生产方式,从而导致社会结构的根本变化。而中国特色社会主义理论坚持社会主义基本制度与社会主义市场经济改革相结合的原则,坚持社会主义的基本制度,充分发挥市场经济在资源配置中的基础性作用,调动各种所有制参与市场竞争的积极性,以利于解放生产力和发展生产力,从而达到既迅速发展经济又实现社会主义自我完善的最佳效果。

有的西方学者难以理解,为什么实行市场经济体制的中国,在上层建筑领域中仍然坚持共产党的所谓"一党专政"、坚持马克思主义在意识形态中的指导地位。按他们的看法,既然实行市场经济,那政治制度应该实行多党制、议会制,在意识形态领域实行指导思想的多元化,实行资本主义的自由、民主、平等,那才符合市场经济原则。他们期待中国,或者改革按照市场经济原则改变整个上层建筑,或者由于所谓"威权的"、"专制的"政治制度束缚中国市场经济的发展,从而必然为市场经济的积极力量所冲垮。认为只有这样才符合经济基础与上层建筑相结合的历史唯物主义。这是对历史唯物主义关于经济基础与上层建筑理论的曲解。邓小平说过,计划不等于社会主义,资本主义也有计划;市场不等于资本主义,社会主义也可以有市场。这说明无论是计划或市场都不是社会制度的本质,都不能构成独立的经济基础,而是经济运行和管理的一种方式。

按照历史唯物主义原则,经济基础是生产关系的总和,核心是所有制。资本主义社会的经济基础是以资本主义私有制为核心的生产关系的总和;而处在社会主义初级阶段的当代中国,它的经济基础是以公有制为主体、多种经济成分同时发展的基本经济制度。我们国家的社会主义上层建筑是与这种经济基础相符合的。当然也会存在不相适应的矛盾,因而必须通过改革不断调整这种矛盾,但上层建筑中共产党领导的多党合作制度、民主制度和马克思主义指导地位的依据,是以公有制为主体的社会主义基本经济制度,而不是市场经济。市场经济并不是社会主义中国的经济基础,而是与我国社会主义基本经济制度相结合的经济运行方式。它对上层建筑不起决定作用,起直接决定作用的是社会主义经济结构。市场经济的运行方式、作用和范围,要受社会主义基本经济制度和政治制度的制约。

当然,从历史唯物主义观点来看,我们并不忽视市场经济的运行方式从经济基础到上层建筑对社会主义社会的社会结构所可能带来的深远影响。市场经济既有利于调动所有社会成员参与经济活动的积极性,推动生产力的迅速发展,但又可能导致两极分化,拉大贫富差距。

而且它有可能浸入到政治领域,引发钱权交易;有可能浸入思想道德领域,引发价值观念的混乱和道德水平的下降。如何在充分发挥市场经济积极效应的同时,防止它消极方面作用的扩大和泛化,就不是单纯政治经济学一个学科能够解决的问题,而必须把政治经济学对市场经济的研究放在整个马克思主义理论体系中,放在与哲学和科学社会主义理论相关联的体系中展开研究。

在社会主义基本制度下推行市场经济改革,应该是用社会主义制度来制约和规范市场经济,而不是用市场经济来改变整个社会主义制度。一个是基本的社会经济制度和政治制度,一个是在这种社会制度下经济活动的方式。我们奉行的是马克思主义的科学社会主义,是实行社会主义市场经济,而不是奉行市场社会主义,用全盘市场化的改革来改变社会主义基本制度。

对市场经济运行特点的分析,我们不仅要有经济学观点,同样要有哲学观点。市场关系是把人与人的关系物化,货币成为人与人关系的纽带。这一点,资本主义市场经济和社会主义市场经济会具有某些共同点。历史唯物主义充分认识到,货币不只是发挥交换、流通、价值尺度,或储藏的职能即一般等价物,它蕴藏着许多经济学问题和哲学问题。从哲学来看,当人与人的经济关系以货币为中介时,很可能带来拜金主义和价值观念的颠倒。马克思在《1844 年经济学哲学手稿》中对货币有过许多精彩的分析。他说,"货币,因为具有购买一切东西、占有一切对象的特性,所以是最突出的对象。货币的这种特性的普遍性是货币的本质的万能;所以它被当成万能之物。货币是需要和对象之间、人的生活和生活资料之间的牵线人。但是在我和我的生活之间充当媒介的那个东西,也在我和他人为我的存在之间充当媒介。对我说来他人就是这个意思。"①"它是有形的神明,它使一切人的和自然的特性变成它们的对立物,使事物普遍混淆和颠倒;它能使冰炭化为胶

---

① 《马克思恩格斯全集》第 42 卷,北京:人民出版社 1979 年版,第 150 页。

漆。""它是人尽可夫的娼妇,是人们和各民族的普遍牵线人。"①"货币的这种神力包含在它的本质中,即包含在人的异化的、外化的和外在化的类本质中。它是人类的外化的能力。"②当然,这些论述中包含道德性的评价,它与马克思关于货币在人类社会和人类文明发展中的积极作用不是相对立的。社会主义社会能消灭货币吗? 不能消灭货币、消灭商品、消灭市场,纯粹是一种乌托邦。但是,我们必须明白,即使是在社会主义社会,以货币为中介的经济活动有可能对人与人的各种关系产生消极影响。在实行社会主义市场经济过程中,必须在哲学理论上对此有清醒的认识,从而在思想文化建设中注重道德建设,反对拜金主义和极端利己主义。

市场经济是资本运作的经济。如何看待资本的本质,在社会主义市场经济中同样是个重要的哲学问题。在社会主义条件下,资本同样不是物,而是以物为载体的人与人的关系。我们不应该讳言,在不同的资本属性中存在不同的人与人的关系。在各种形态的私有制的资本中,资本所有者和劳动者的关系是资本与雇佣劳动的关系。在考察资本主义资本形态时,抽象掉资本所有者和劳动者的这种关系是违背历史唯物主义的。

马克思曾说过,资本没有劳动,比劳动没有资本活得更长久些。当然,在资本主义社会,资本有它自身的逻辑,有它运行的规律,即对利润的追求和对劳动的强势地位,包括在政治领域中对政治权力的攫取和控制,在意识形态领域中通过对传媒的占有而对思想的控制。在社会主义条件下,资本运行的条件发生了变化。社会主义的经济制度和政治制度,会按照法律限制资本对劳动的优势权利,保护劳动者的权利,使两者得到适当的平衡。要防止资本对政治权力的入侵和用金钱制造的话语霸权。这是社会主义基本制度本身所要求的。但我们应该警惕

---

① 《马克思恩格斯全集》第42卷,北京:人民出版社1979年版,第153页。
② 《马克思恩格斯全集》第42卷,北京:人民出版社1979年版,第153页。

这种可能性。在这个问题上,哲学会比单纯的经济学看得更远。

完善社会主义市场经济是进一步推进改革的重中之重。但完善市场经济,并不意味着把整个社会生活市场化,而是使市场经济的运行机制健康有序,使市场经济有利于构建社会主义和谐社会,有利于建设中国特色社会主义。完善社会主义市场经济就包括完善宏观调控,完善社会主义基本经济结构,正确发挥社会主义国家的经济和政治职能。这次四川汶川县大地震的救灾活动,充分说明社会主义国家负有社会经济和政治职能,不可也不能单纯依靠市场经济来配置一切。十万解放军和数千医生奔赴灾区,物资的调拨,老百姓的无私捐助,体现的是社会主义制度的优越性和国家宏观计划的功能,而不是单纯依靠看不见的手。不仅在经济活动中,会发生"市场失灵";在涉及全体人民利益的经济和政治活动中,更容易发生"市场失灵"。在经济学中考虑市场的作用问题时,不能脱离科学社会主义的基本原则,不能离开历史唯物主义关于社会主义国家的学说。

有些经济学家总是讳言我国私营经济的资本主义属性,讳言存在剥削,乐意把它称为民营经济或民本经济。在我看来大可不必。当代中国的资本主义经济成分是中国共产党在1956年全行业公私合营以后,在经历了二十多年发展后自己重新搞起来的。当年我们党领导三大改造,反对资本主义私有制,敲锣打鼓,全行业公私合营,叫作社会主义伟大胜利;现在资本主义私人资本在整个国民经济中占有举足轻重的地位,又叫中国特色社会主义的伟大胜利。这真是此一时彼一时。如果没有马克思主义历史唯物主义观点,或对马克思主义基本原理采取教条主义态度是无论如何也无法理解的。

资本主义经济在中国的再生和迅速发展问题,不仅是个经济学问题,同样也是个哲学问题。离开生产力与生产关系、经济基础与上层建筑相互关系作用的规律,就很难理解这种变化。1956年的社会主义改造是必要的,不如此,就没有强大的国营经济,也没有以强大的经济力量为基础的新生的人民民主政权。从生产力到生产关系、经济基础到上层建筑,除了共产党执政外,与夺取全国政权前的旧中国没有根本性的变化。如果这样,就没有后来进行改革发展多种经济成分的经济基础和政治基础。

问题是中国在进行资本主义改造并形成比较强大的国有经济以后,在很长一段时期,国有经济独占独大,而且在计划经济体制下片面强化上层建筑对经济基础的作用。这就造成生产力与生产关系、经济基础与上层建筑诸多不相适应的矛盾。在消灭资本主义经济以后又重建资本主义经济,出现多种经济成分并以市场经济作为社会资源和劳动力配置的方式,有利于解放和发展生产力。因此改革本质上是调整社会主义社会的基本矛盾,是社会主义制度的自我完善。只有站在历史唯物主义高度,从调整社会主义社会基本矛盾着眼,才能理解资本主义经济在新时期的地位和作用。用不着改变资本主义私有制的名称,也用不着讳言存在剥削,更用不着修改劳动价值论和剩余价值理论。只要我们懂得真理是具体的,抽象真理是没有的。资本主义私有制、剥削、剩余价值并不是在任何条件下都是绝对坏的东西。当恩格斯写《英国工人阶级状况》时,资本主义在英法矛盾重重,可在德国资本主义还被当成初升的朝阳受到欢迎。

列宁在俄国实行新经济政策批评一些怀有"左"的僵化思想的共产党员时说,"'我们'直到现在还常常爱这样议论:'资本主义是祸害,社会主义是幸福。'但这种议论是不正确的。因为它忘记了现存的各种社会经济结构的总和,而只从中抽出了两种结构来看。"①列宁强调,"我们要懂得,这是一种我们可以而且应当容许其存在、我们可以而且应当将之纳入一定范围的资本主义,因为这种资本主义是广大农民和私人资本所需要的,而私人资本做买卖应能满足农民的需要。必须让资本主义经济和资本主义流转能够像通常那样运行,因为这是人民所

---

① 《列宁选集》第4卷,北京:人民出版社1995年版,第510页。

需要的,少了它就不能生活。"①

在经济学研究中如果坚持马克思主义哲学指导,懂得历史唯物主义,懂得一切依时间、地点、条件为转移,就不必要讳言私营企业的资本主义性质。应该懂得,按照社会主义发展的阶段和我国的社会发展水平,处于社会主义基本经济结构中的资本主义企业,它的地位和作用不同于没有强大公有制为主体的私人资本主义。在社会主义基本经济结构中,它可以发展社会生产力,增强综合国力,解决就业,增加供给;剩余价值既可以增加社会财富总量,又可以满足私人资本逐利的活力;私人企业主,可以以他们的资本、管理经验和技术创新,对中国特色社会主义建设做出贡献。不要在名称上争论,是企业家还是资本家;是剩余价值还是资本收入,对哲学家来说没有多大意义,马克思主义哲学不是语义哲学。它要求对任何问题都要放在一定的时空背景下进行分析。

我们丝毫不否认,公有制与私有制之间、资本与劳动之间、富裕与贫困之间的社会矛盾肯定会存在的。社会主义上层建筑,即国家当然要发挥它的调控功能。这是构建社会主义和谐社会需要解决的矛盾。如果矛盾处理不当,社会基本经济制度中各经济成分的结构失衡,甚至让私有化的思潮成为主流,当然会危及社会主义制度。如果我们不把发展资本主义经济问题,不把多种经济成分同时发展问题,放在中国社会主义初级阶段的社会结构和社会基本矛盾运动中来考察,是会不得要领的。历史唯物主义是我们经济学家决不可缺少的锐利认识武器。

其实,不仅哲学与经济学要加强对话,同样要加强马克思主义哲学学科与社会主义学说理论研究的对话。社会主义学说,如果脱离马克思主义哲学和经济学,不可能是科学社会主义。当年马克思和恩格斯创立科学社会主义学说如此,当代中国同样如此。有的学者认为社会主义首要的是价值观念,把所谓价值性置于社会主义理论的科学性之上,片面强调自由、平等、人权、和谐、公正之类的价值首要性。可是他

---

① 《列宁选集》第4卷,北京:人民出版社1995年版,第671页。

们忘记了马克思主义哲学和经济学的最基本原则:任何一种社会价值都不是悬空的,它都依存于它借以产生和存在的社会经济制度和政治制度。恩格斯曾经尖锐批判资产阶级思想家掩盖资本主义经济制度和政治制度的本质并把价值放在首位的观点:"有产阶级胡说现代社会制度盛行公道、正义、权利平等、义务平等和利益普遍和谐这一类虚伪的空话"。①

　　这个历史唯物主义原则,同样适用于科学社会主义学说。我们提倡社会主义核心价值观念、提倡以人为本、提倡自由、公平、正义、和谐,这是因为我们的社会是社会主义社会,它的经济基础和政治制度为这些价值观念的逐步实现提供了经济的和政治的基础。如果不以经济建设为中心,没有生产力的高度发展,没有以共产党为领导的人民民主制度,一句话没有社会主义基本的经济制度和政治制度,所有价值目标都会变成无法兑现的空头支票。科学社会主义不同于空想的乌托邦的社会主义,它的双脚始终稳稳地站立在经济基础之上,认为归根结底物质资料生产方式在社会形态中具有决定意义。当年马克思和恩格斯在历史唯物主义和剩余价值学说基础上建立了科学社会主义学说,而我们今天,反而要把中国特色社会主义理论塞进新康德主义价值观的理论框架中,岂不怪哉!

　　我重点强调的是马克思主义内部各学科的对话,这种对话对消除马克思主义内部各学科的分裂,对坚持和发展作为完整科学体系的马克思主义是极其必要的。但是,我并不排斥马克思主义与非马克思主义的对话。例如,在经济学方面,我们一些学者对法国后现代主义者鲍德里亚的符号经济学的研究取得了很多的成就。很显然鲍德里亚关于资本主义消费社会的批判,对我们很有启发,但它的理论出发点很难与马克思主义历史唯物主义沟通。物质资料生产是社会存在和发展的基础,这是普遍规律。任何社会即使高度发展的资本主义社会如果停止

---

①　《马克思恩格斯选集》第3卷,北京:人民出版社1995年版,第338页。

生产,哪怕是几个星期都是不可能存在的。根本不存在一个不以生产高度发展为基础的消费社会。马克思在《政治经济学批判·导言》中关于生产、分配、交换、消费的分析,以生产为起点是完全正确的。虽然随着社会生产的发展,当产品匮乏消失,消费会越来越超越人类自身需要的水平,满足人类生存的需要转变为一种奢侈,这是必然的,但它的基础仍然是生产。

从文化角度来考察消费可以是一种新视角,但它不能取代生产在社会中的基础性地位。消费可以有符号意义,因为需要和满足需要的是人的生活方式的内容,而生活方式就是文化的载体。从来消费就不仅是物质的,而且具有符号意义。在封建社会,衣服的式样或颜色都是身份的标志,例如黄色代表皇族。在资本主义时代,这种限制随着封建社会的灭亡而消失,但衣着代表高贵、时尚、新潮、先锋或反世俗、叛逆的符号意义更加强化。但符号意义是文化意义,它不能改变历史唯物主义的本质。

同样,消费中的异化倾向在资本主义时期就已经出现,马克思在《1844 年经济学哲学手稿》"第三手稿"关于"需要、生产和分工"中已经开始批判资本主义的消费观。指出在资本主义生产中,"产品和需要的范围的扩大,成为非人的、过分精致的、非自然的和臆想出来的欲望的机敏的和总是精打细算的奴隶。私有制不能把粗陋的需要变为人的需要。它的理想主义不过是幻想、奇想、怪想;没有一个宦官不是下贱地向自己的君主献媚,并力图用卑鄙的手段来刺激君主的麻痹了的享乐能力,以骗取君主的恩宠;工业的宦官即生产者则更下贱地用更卑鄙的手段来骗取银币"。① 这种消费异化表现为人成为消费品的奴隶,这种消费异化的根源在于资本主义生产制度本身。因此马克思在指出资本主义消费异化的同时,还指出资本主义同时存在消费需求不足,即人的需要的"牲畜般的野蛮化"现象。当今资本主义社会并不是一个

---

① 《马克思恩格斯全集》第 42 卷,北京:人民出版社 1995 年版,第 132—133 页。

普遍高消费的社会。无论资本主义生产如何发展,总体财富如何增加,普遍生活水平如何提高,但只要仍然存在资本主义私有制、存在剥削、存在贫富对立,各个阶级和阶层的消费水平仍处在不同层次上。资本主义强势的广告宣传和商业文化攻势,可以使高消费成为资本主义社会一种普遍追求的文化观念,但不会使普遍高消费成为全民的客观事实。

尽管我们可以不同意鲍德里亚以符号经济学取代马克思主义政治经济学的观点,但他指出当代资本主义消费观念日趋处于主导地位的看法,对我们如何在社会主义现代化进程中,提倡合理消费、科学消费、文明消费,使对需求和消费的满足有利于社会主义社会人的素质的提高和人的全面发展,具有某种警示作用。我们目前主要矛盾仍然是消费不足和消费水平不平衡。发展生产,满足人的不断增长的物质和文化需求仍然是我们的主要任务。但同时应该防止消费主义的滋生和膨胀。我们应该接过西方学者提出的问题,去寻找另一种答案。其他与各种旗号的西方马克思主义的对话,也应该采取这种态度。

总而言之,哲学处于"冰冷"状态,应该加强对话,尤其是应该加强马克思主义科学体系内部的对话。马克思主义哲学不能虚,不能脱离实际生活,特别是经济生活;反过来,经济学不能太实,太微观,而必须以马克思主义哲学为指导,以有利于促进社会主义制度的自我完善为目标,真正体现马克思主义经济学功能;而社会主义学说,必须双脚牢牢站在马克思主义哲学和经济学的基础上,而不能朝抽象人性论和唯心主义价值论靠拢。如果我们能把哲学与经济学的对话逐步扩展到哲学、经济学、社会主义学说彼此间的对话,肯定对坚持和发展作为完整科学体系的马克思主义、对从哲学、经济学和社会主义学说统一角度理解中国特色社会主义理论体系的丰富内容,具有推动作用。马克思主义哲学可以在加强哲学对话中走出自我放逐和自我边缘化的困境。

第六讲　坚持意识形态中的指导地位

在社会生活中,意识形态具有最广泛的影响力和行动支配力。坚持马克思主义在意识形态中的指导地位,并不限于纯意识形态领域,而是包括经济、政治、文化诸多方面的指导作用。之所以强调马克思主义意识形态的指导作用,因为只有坚持意识形态领域中的指导,才有可能通过意识形态辐射到其他领域,真正确立其在社会主义社会的指导地位。马克思主义在意识形态领域的边缘化和失语,往往是政治领域、文化领域和经济领域危机的先兆。

一、为什么要坚持马克思主义指导地位

习近平总书记在庆祝中国共产党成立95周

年大会上的讲话中强调:"指导思想是一个政党的精神旗帜。""马克思主义是我们立党立国的根本指导思想。"从政治上说,坚持马克思主义指导地位,是关系到坚持中国共产党的先进性,从而也是关系社会主义前途和命运的问题。当年毛泽东说过:"领导我们事业的核心力量是中国共产党,指导我们思想的理论基础是马克思列宁主义。"①毛泽东是把党与党的指导思想紧密结合在一起的。可以说是"一荣俱荣、一损俱损"。任何政党从本质上说都有两个基础:一是阶级基础,即它代表哪个阶级或集团的利益;另一个是指导思想,即贯穿它全部政治活动的宗旨、目标一以贯之的理论指导原则。西方资产阶级政党都掩盖它的阶级性,自称代表全体社会成员的利益、全民利益;它们也否认有任何指导思想,只有具体的政治主张和政治诉求。其实,任何资产阶级性质的政党,无论是两党制还是多党制,它们的指导思想都是以各种最有效的方式维护资本主义制度,坚持资本主义核心价值观念。它们的这一指导思想以各种方式贯彻在轮流上台执政的具体的方针政策中,往往是隐性的。政党可以轮替,但坚决维护资本主义制度的思想原则不会轮替。

对中国共产党来说,情况完全不同。指导思想问题是关系党的性质的根本问题,是旗帜问题,是道路问题,必须毫不隐晦。《共产党宣言》开宗明义就宣布这一点。列宁当年在《我们的纲领》这篇为创立俄国共产党进行思想理论准备的文章中就明确宣称:"我们完全以马克思的理论为依据,因为它第一次把社会主义从空想变为科学,给这个科学奠定了巩固的基础,指出了继续发展和详细研究这个科学所应遵循的道路。"②

列宁缔造的伟大的苏联共产党后来蜕变,自我宣布解散,丧失政权,社会主义陷于失败,原因虽然很多,但其中一个具有决定作用的因

---

① 《建国以来毛泽东文稿》第 4 册,北京:中央文献出版社 1990 年版,第 554 页。
② 《列宁专题文集·论马克思主义》,北京:人民出版社 2009 年版,第 94 页。

素就是放弃马克思主义指导地位,由抽象人道主义泛滥发展到公开打出所谓民主的人道的社会主义的旗帜,然后公开宣布以新自由主义为指导进行所谓"改革"。对于共产党来说,放弃马克思主义指导必然改变党的性质;对于处于执政地位的共产党来说,放弃马克思主义指导,必然会在失去理论领导权的同时,丧失政权。这是社会主义运动的一个沉痛教训。

中国共产党公开宣布自己的阶级基础是代表工人阶级和全体中国人民的利益,而且明确宣布坚持马克思主义的指导地位。这是中国共产党的先进性、劳动人民当家作主的地位永不丧失的保证,也是社会主义制度在中国得到巩固、发展和不断自我完善的根本保证。马克思主义不仅必须处于指导地位,而且能够处于指导地位。马克思主义之所以必须处于指导地位的问题,并不仅仅因为中国共产党是执政党,因而它的思想理论"必须"处于指导地位。不单是"必须",而且是"能够",因为马克思主义是科学的世界观和方法论。它自身的科学性和实践性决定它"能够"处于指导地位,"能够"指导实现中国共产党人承担的伟大民族复兴的历史使命,并逐步实现人的全面发展和人类解放的伟大社会理想。历史和现实证明,在当今世界就其科学性和实践性而言,没有任何思想理论能与马克思主义处于同一高度。这是近百年来中国历史证明了的真理,也是从当代世界各种理论学说发展状况中得出的结论。

马克思主义是一个完备严整的科学体系。它的哲学世界观为我们科学地理解世界的客观本性,理解人与世界的关系,理解自在自然与人化自然的辩证关系,提供具有普遍规律性的论断。特别是辩证唯物主义的历史观,通过对人类历史发展规律和人在历史发展中的地位和作用的揭示,使我们能从理论和实践相结合上深刻理解和把握人类社会发展规律、社会主义发展规律和共产党执政规律。对这三大规律的认识和运用,为中国共产党不致重蹈苏联的覆辙,跳出"历史的周期率"提供理论保证。

马克思主义的经济学说不仅为我们观察当代世界资本主义经济发展，包括金融危机和资本主义社会的基本矛盾，而且为中国特色社会主义经济建设，包括正确处理生产、分配、交换、消费各个环节的关系，处理市场与计划的关系以及关于如何保持经济平衡、协调可持续的关系，提供了科学的经济理论。马克思主义的社会主义学说，对我们坚定建设中国特色社会主义的理想和信仰，以及对当代世界发展趋势的观察，具有指导意义。马克思主义是一个整体，马克思主义以其整体性和科学性，在人类实践和现实生活中以各种方式发挥作用。从意识形态来说，无论是坚持社会主义先进文化还是坚持社会主义核心价值观念，都必须坚持马克思主义指导。

在当今世界，无论是对一个国家社会自身的发展还是国际交往，文化都越来越显示出重要作用。可是，文化作为一种软实力，究竟是起着推动社会进步和促进国际间正常文化交流和友好往来的软实力，还是单纯起着维护统治者的利益和国际霸权的软实力，这是大相径庭的。在这种区别中起着关键作用的是贯穿其中的指导思想。文化软实力作为综合国力的组成部分，它的性质和作用取决于文化的根本属性和内涵。软实力只能说明文化的作用，而文化的社会属性和内涵才能说明这种软实力的先进性。我们重视社会主义文化，正因为它是一种体现社会主义制度本质和以马克思主义为指导的先进文化。改革开放以来，党中央一直关注社会主义先进文化建设问题，有过多次决议并采取加强社会主义先进文化建设的实际措施。2013 年 12 月，习近平总书记在中央政治局第十二次集体学习时指出，提高国家文化软实力，关系我国在世界文化格局中的定位，关系我国国际地位和国际影响力，关系"两个一百年"奋斗目标和中华民族伟大复兴中国梦的实现。

从世界范围看，文化是多元的；从国内来看，文化有多样性。既然社会主义文化是先进文化，就有个重大理论问题，即文化的先进性是否存在判断标准？我们认为有。文化问题上相对主义和绝对主义都是片面的。我们说中国特色社会主义文化是先进文化，它不仅体现社会主义制度的先进本质,而且表现为它是以马克思主义科学世界观为指导的文化。在当代中国,坚持先进文化,发展有中国特色的社会主义文化,加强社会主义精神文明建设,必须以马克思主义为指导。只有坚持马克思主义在文化建设中的指导地位,才能真正以科学态度继承中国文化的优秀传统和吸收外国文化的积极成果,才能引领国内多姿多态多样的文化思潮,使其有利于社会主义主流文化的发展。尤其是我们正处在社会转型期,由于国际国内大环境和小环境的变化,各种思潮极其活跃。如果不坚持以马克思主义指导文化建设,就不可能真正有效地建设社会主义先进文化。

在社会主义先进文化建设中,既要发展文化产业也要发展文化事业。这两种文化实体有区别但也有共同性。文化产业的经济效益,往往要依赖先进的科学技术的承载。西方发达国家之所以能在世界上宣传它们的价值观念,在很大程度上是借助它们的先进科学技术。这样,它们在取得最大经济效益的同时,又在意识形态领域占有某种强势地位。西方文化产业,不单纯是谋利的文化企业,同时又是意识形态的阵地。对我们来说,无论是文化产业还是文化事业,虽然它们在产权和管理方面存在区别,但它们都是社会主义制度下的两种文化单位,因此文化企业的经营者和文化事业的领导者,都应该以不同方式树立以马克思主义为指导的思想观念。在文化产业中,我们在谋求经济效益的同时,必须充分意识到文化产品的价值内容。即使在国际上,我们同样应该使我们的文化产品承载中国文化的特有价值观念;不能像西方政治家嘲讽的那样,中国只能出口电视机而不能出口电视剧。如果社会主义的文化产业不管社会效益,只管经济效益,以媚俗、低俗而成为资本主义价值观念的"宣传员"甚至伤害国格人格以卖丑为看点迎合西方的需要,这肯定背离了以马克思主义为指导的文化建设方针。这种文化产业不能称为文化产业,更不能称为社会主义文化产业。当然,我们强调文化产业以马克思主义为指导,指的是指导经营方针和经营者的价值理念,而不是说文化产品都是硬邦邦的马克思主义意识形态的话语。如何使文化产品喜闻乐见和具有吸引力,同时又坚持我们自己的价值观念,传播社会主义先进文化理念,这是衡量文化产业经营者的马克思主义理论水平的尺度。

因为只有坚持马克思主义在社会主义核心价值中的指导地位,才能体现这种价值观念的社会主义本质,充分发挥社会主义核心价值引领社会思潮的导向作用。社会主义核心价值观念吸取了中国传统文化的优秀成果,吸取了世界文明的积极成果。但如果离开了马克思主义指导,就无法区分社会主义核心规范与非社会主义价值规范的差异性,而只看到同一性。例如,爱国主义不仅中国有,外国也有;不仅古代有,近代也有。但爱国主义之所以属于社会主义核心价值,就是因为它以马克思主义为指导,这种爱国主义不是狭隘民族主义也不是民粹主义,而是与热爱社会主义不可分的。再如荣辱、自由、民主、平等、和谐等规范,作为社会主义核心价值体系的规范,肯定具有社会主义性质。尽管自由、平等是普遍使用的概念,但社会主义自由观显然不同于资本主义自由观,社会主义平等观不同于资本主义的平等观。如果社会主义核心价值观念体系中除掉马克思主义指导而只保留一些抽象规范,社会主义核心价值就失去它的质的规定性和导向性。

有些人之所以把资本主义核心价值作为普世价值,就是因为脱离每种价值观念体系的指导思想和实在内涵,把它变为没有具体内容的抽象规范。的确,在社会主义核心价值体系中,我们会发现一些人类共用的概念,但并不因此改变它的社会主义核心价值的本质。其实,公平、正义、自由、平等、和谐、爱国、荣辱,都不是一个超越时代和社会制度的共有的抽象概念,而是具体概念。在社会主义核心价值观中,每个概念都包含着以马克思主义为指导,以社会主义制度为实质和内容的尚未展开的判断。它的社会主义内容正凝结在每个概念尚未展现的特有的判断之中。因此,我们只有坚持马克思主义在社会主义核心价值中的指导地位,才不会落入西方普世价值的理论圈套。

二、坚持创造性的马克思主义指导作用

马克思主义自产生之后,一直是争论不休、最受攻击的学说。受到各种政治倾向、各种学派拥抱的最公正最无意识形态性的所谓"马克思主义",肯定是机会主义或修正主义的别名。坚持马克思主义指导地位,一定要区分"龙种"与"跳蚤",一定要反对那种宣称马克思以后的马克思主义与马克思思想对立的理论。

恩格斯在 1890 年 8 月 27 日致保·拉法格的信中说,马克思不承认自己是"马克思主义者"还说马克思引用海涅的话,说自己播下的是龙种而收获的却是跳蚤。① 这显然是马克思对 19 世纪 70 年代法国一些自称为马克思主义者的人的不满,也是恩格斯对当时德国一些党内自命为马克思主义者的大学生的不满。马克思不承认自己是马克思主义者,这是对跳蚤们不满,羞与为伍。可见,在马克思和恩格斯的时代,所谓"马克思主义者"就有龙种与跳蚤之分,并非始于当今。按照恩格斯的说法,所谓"跳蚤",就是被歪曲得面目全非的马克思主义。

当代西方有些学者把马克思主义与马克思(当然也包括恩格斯)对立分割开来,鼓吹马克思以后的马克思主义是与马克思对立的另一种学说,他们不区分龙种与跳蚤,根本不承认马克思之后存在一个以马克思思想为依据的马克思主义学派。当代中国马克思主义也被归为"打左灯、朝右走"的所谓马克思主义。这种说法,如果不是理论的无知,就是别有用心。要是这个论断能成立,那马克思以后就没有马克思主义。这种说法表面上是推崇马克思,实际上是使马克思后继无人,使马克思主义根本不成其为当今世界最具影响力的思潮和学派,是否定马克思思想的当代价值。

不错,在当代几乎所有标榜自己钻研马克思主义的学者都自称为

---

① 《马克思恩格斯选集》第 4 卷,北京:人民出版社 1995 年版,第 695 页。

马克思主义者。但是他们的观点可以不同,甚至相互对立。有的学者根本不承认马克思主义,认为究竟什么是马克思主义,取决于人们对马克思不同发展阶段写出的书籍、小册子、论文和书信做出的解读。按照这种说法,根本不存在马克思主义,只存在对马克思的不同解读。我们承认,当代存在对什么是马克思主义的不同理解,但这不能成为否定存在真正马克思主义的理论根据。

马克思主义作为一种科学体系,它的内容并不取决于人们的主观解释,而是取决于它的客观内容和科学本性。弄清什么是马克思主义,对于正确理解和完整掌握马克思主义基本观点而言是至关重要的。毫无疑问,马克思的著作和文章是在不同时期写作的,它们会显示出马克思发展过程的差异性。因此,衡量是否是马克思主义的方法论原则,不是对某个文本或文本的某句话的不同解读,而是对贯穿全部马克思著作(当然包括恩格斯的著作)的那些反复论述不断出现的具有规律性的论断的解读,而且从他们对历史和现实问题的实际运用中得到证明。这是马恩著作中稳定的一贯的成熟的思想,它们构成马克思主义科学体系的硬核。例如辩证唯物主义和历史唯物主义的世界观、对资本主义社会形态和基本矛盾的经济学分析、追求无产阶级和人类解放的社会主义和共产主义理想。如果一个学者或学派自称为马克思主义,又反对辩证唯物主义和历史唯物主义世界观,为资本主义制度的永恒性辩护,否定社会主义可以不同方式取代资本主义的必然性和必要性,那就不可能是马克思主义。它可以称为任何主义,就是不能称为马克思主义,因为马克思主义从根本上说是一种解决资本主义社会的基本矛盾、为无产阶级和人类寻求解放的学说。

马克思主义是与时俱进的学说,马克思和恩格斯的后继者,在实践中肯定要创造性地发展马克思和恩格斯的思想,因此,不同国家、不同地区、不同时间活动的马克思主义者会显现出各自的特色。马克思主义在各国的实践没有唯一的模式,更没有一个标准的模式。但不能由此得出结论,当代马克思主义理论与马克思基本原理可以截然不同,是两种完全不同的体系。马克思主义理论是普遍的,而实践则是具体的,特殊的。当具有普遍性的理论与实践相结合时,肯定会有特点和新的创造与结论。因此,马克思以后的马克思主义,肯定会与马克思存在由于时代而产生的差异性。但是发展了的马克思主义仍然是马克思主义。马克思主义与马克思的思想既一脉相承又与时俱进。一脉相承是同,必须坚持马克思主义基本原理,而不是文献中的个别论断,否则它就不能称为马克思主义。但它必须与时俱进,因而具有时代特点、地区特点、民族特点。异中有同,就是只要自称为马克思主义,就必须具有马克思思想的基本特征,遵循马克思创立的基本原理和为无产阶级和人类寻求解放的主题。但同中有异,异是时代特征和民族特征的理论凝结。抽象地说马克思主义与马克思的思想不同,难以判定其正确与否,而一定要弄清它们所谓同异之处何在。

在当代中国,坚持马克思主义就要坚持当代中国马克思主义;坚持当代中国马克思主义,也就是坚持马克思主义。当代中国马克思主义始终包括作为马克思主义缔造者的马克思和恩格斯对马克思主义基本原理的贡献。任何马克思主义理论工作者都能从邓小平理论、"三个代表"重要思想、科学发展观以及习近平同志系列重要讲话中读到被创造性地运用于中国当代实际的辩证唯物主义和历史唯物主义基本原理,读到被娴熟运用于中国实际的马克思主义经济学说和社会主义学说。如果从当代中国马克思主义中剔除马克思和恩格斯创造的马克思主义基本原理,当代中国马克思主义就不成其为马克思主义。反之,在当代中国,如果马克思主义不与中国实际相结合,不发展为当代中国马克思主义,这种所谓马克思主义就是教条主义,而教条主义会断送中国革命,断送中国社会主义。

我们应该正确理解,在当代中国,只有中国马克思主义而不是别的什么主义能作为继续推进改革开放的指导思想。这里所谓别的"什么主义"指的是反马克思主义或非马克思主义的思想(如西方民主社会主义、新自由主义或者新儒学之类)而不是指马克思列宁主义。对中国共产党人来说,马克思列宁主义、毛泽东思想是属于必须坚持的同一个马克思主义体系之内的理论,而不是别的"什么主义",它就是当代中国马克思主义思想理论的源头。中国共产党之所以再三强调中国特色社会主义理论与马克思列宁主义、毛泽东思想既一脉相承又与时俱进,正在于既强调马克思主义与时俱进的本质,又强调中国特色社会主义理论的马克思主义本质。没有两种马克思主义,只有一种马克思主义。这就是由马克思和恩格斯创立并由后者创造性发展的马克思主义。把坚持马克思主义与坚持当代中国马克思主义割裂开来是极其有害的。习近平总书记在庆祝中国共产党成立 95 周年大会上的讲话中说:"我们要以更加宽阔的眼界审视马克思主义在当代发展的现实基础和实践需要,坚持问题导向,坚持以我们正在做的事情为中心,聆听时代声音,更加深入地推动马克思主义同当代中国发展实际相结合,不断开辟 21 世纪马克思主义发展新境界,让当代中国马克思主义放射出更加灿烂的真理光芒。"

马克思并没有结束真理,而是为真理开辟了道路。沿着马克思的道路前进,我们会接近真理;如果背离马克思,就只能走向泥坑。所谓背离马克思当然是指根本观点,而不是个别结论。列宁在批判波格丹诺夫时说过,如果在哲学上同马克思主义基础已经彻底决裂的人,后来又支吾不清,颠倒是非,闪烁其辞,硬说他们在哲学上也是马克思主义者,硬说他们和马克思差不多是一致的,只是对马克思学说稍稍作了点补充,那么,这实在令人十分讨厌。

龙种与跳蚤的区分并非搞关门主义。在当代以马克思主义为研究对象的学者并不少见。任何以严肃科学态度对待马克思和马克思主义的学者都应该欢迎,即使有不同意见也应该重视。例如特里·伊格尔顿在《马克思为什么是对的》一书中坦言:"我对马克思的一些观点是持保留意见的。但是,马克思对他所生活的那个时代中一些重要问题的真知灼见足以使'马克思主义者'成为一个令无数人心向往之的标签。弗洛伊德学说的真正支持者不会迷信弗洛伊德的全部观点,也没有一个阿弗雷德·希区柯克的影迷会认为这个大师的每一个镜头和每句台词都完美无缺。马克思也并非无懈可击，而我只想展示马克思的合理之处。"①作者对西方典型的否定马克思主义的观点进行了反驳。即使伊格尔顿对马克思的某些思想有不同意见，但这种以创造性态度对待马克思主义的学风还是值得赞赏的。

如果根本否定马克思基本原理而又自称为马克思主义者应该归为跳蚤之列，那么，在马克思仍然是公认的世界伟大思想家的当今时代，跳蚤的出现是不可避免的。弗兰索瓦·佩鲁也说过："毫无疑问，马克思激起了人数众多的诠释者的灵感，他们中有一小部分人亲自研究了马克思本人的出版物，但绝大多数是依据种种解释、复述和使之通俗化的评论进行诠释工作的。因此在某种程度上出现了马克思思想的退化现象，这种退化同马克思原来的见解相比，毫无精确性可言——这是具有丰富创造力的学说都无可奈何，必须忍受的一种命运。"②不能阻止马克思主义中有跳蚤出现，也不能因为有跳蚤就断言马克思之后的马克思主义与马克思本人的思想存在断裂。如果坚持马克思之后的马克思主义根本不同于马克思，以跳蚤混同龙种而反对马克思主义，这应该视为当代反对马克思主义的诡辩"策略"。

三、坚持马克思主义意识形态的重要意义

从当代意识形态领域的理论斗争来看，在马克思主义中最受攻击的是历史唯物主义，可以说它是受攻击的重中之重。被诬为经济决定论、宿命论或机械决定论之类，罪名不可胜数。各种批评声都力图推翻历史唯物主义关于历史规律性的观点。历史唯物主义被推翻了，马克思关于资本主义经济分析也宣告被推翻，随之而倒的就是社会主义学

---

① ［英］特里·伊格尔顿：《马克思为什么是对的》，北京：新星出版社 2011 年版，第 1 页。

② ［法］弗朗索瓦·佩鲁：《新发展观》，华夏出版社 1987 年版，第 68 页。

说。马克思主义中最受有产者痛恨的是社会主义学说,可要驳倒社会主义,就必须推翻马克思对资本主义的经济分析,而推翻马克思的《资本论》,就必须首先驳倒历史唯物主义。因此历史唯物主义从一开始就成为斗争的焦点。这一点,连伯恩施坦都承认。他说过:"没有任何人会不同意,马克思主义的基础中的最重要环节,也可以说是贯串整个体系的基本规律,是它的特殊的历史理论,这一理论被命名为唯物主义历史观。整个体系在原则上是同它共存亡的。在这一理论受到限制时,其余的环节彼此相对的地位也相应地要随之受到影响。因此对马克思主义正确性的任何探讨,都必须以这一理论是否有效这一问题为出发点。"①不管对伯恩施坦如何评价,他对历史唯物主义在整个马克思主义中的地位的论述还是很有见地的。

在马克思关于历史唯物主义的论述中,最受质疑的是他 1859 年的《〈政治经济学批判〉序言》(以下简称《序言》)。在全部马克思和恩格斯的著作中,它是唯一一处以类似公理的形式相对集中论述了历史唯物主义基本原理的作品。它简短、凝练,都是论断式而非论证式,没有展开,没有实例。正因为这样,它不可避免地有局限。它的全部论断的着力点都是从历史唯物主义角度环环相扣,从生产力最终作用观点出发,论述人类社会发展的动力和社会形态更替的连续性、阶段性。至于生产关系对生产力、上层建筑对经济基础反方向的作用、社会形态发展可能的多样性,则没有涉及,因而经常遭受诟病和质疑。确实,马克思这篇序言并不是对历史唯物主义的全面论述,它是从经济学研究中对长期处于统治地位的历史唯心主义的宣判和决裂,它的确具有恩格斯晚年总结的过于着重经济基础决定作用而对上层建筑的作用存而不论的缺点。但不可否认的是,《序言》的确是对历史唯物主义理论核心观点的总结。没有《序言》提纲挈领式的论述,我们很难把握历史唯物主义的核心观点。

毫无疑问,全部马克思主义包括历史唯物主义都应该是创造性的

---

① 殷叙彝编:《伯恩施坦读本》,中央编译出版社 2008 年版,第 221 页。

理论,都应该根据时代和实践经验不断丰富和发展。但发展是一回事,篡改、歪曲、修正则是另一回事。我们要反对形形色色的马克思主义的跳蚤们。我们应该看到,随着改革的深入,意识形态领域的斗争显得更为激烈。在理论领域,我国的确存在少数人反对毛泽东和毛泽东思想的非毛化思潮,反对和攻击社会主义的反社会主义思潮。少数人在重新评价毛泽东,不断揭露改革前社会主义的所谓专制和黑暗面,公开宣称只有民主社会主义才能救中国,宣称中国30年来的成就来自资本主义的发展,而不是来自社会主义制度的优越性。这种种混淆是非的说法很容易迷惑没有理论修养的人。放弃单一的公有制而促进多种经济成分同时发展,能等同于放弃公有制主体地位吗?在中国共产党领导下的有目的有计划地利用资本主义经济,应该归功于中国共产党的领导和社会主义制度的包容性,还是应该归功于资本主义制度?是体现社会主义制度的优越性,还是体现资本主义制度的优越性?其实,对于一个稍具马克思主义基本常识的人,这种区别就很容易分辨。

毋庸讳言,我们意识形态领域面临的形势仍然是严峻的。从国际上说,西方自由主义思潮,尤其是以个人主义为核心,以维护资本主义私有制为最终目的的所谓自由、民主和人权思潮,在全球化背景下,随着各个领域中交往频繁而具备多种渠道的传入方式。所谓人权外交、价值观外交,就是西方国家利用其强大军事和经济力量为后援的思想渗透和政治压力。从国内来说,由于经济成分的多样化和利益多元化而必然产生思想的多样化、多种利益诉求甚至不同的政治诉求。如果不加引导,就可能发展为对主流意识形态的冲击。尤其是市场经济诱发的拜金主义和极端利己主义思潮,极其有利于西方自由主义思潮的传播和渗透。还要注意,由于社会分配不公、贫富两极分化、官员腐败以及食品安全和道德滑坡引发的群众不满情绪,会从另一个方面引起思想混乱,不利于年轻人树立关于改革开放的正确认识,不利于当代中国马克思主义作为指导地位的树立和巩固。

近年来,党中央开展马克思主义理论建设工程,大力提倡和宣传社会主义核心价值观念,重视当代中国马克思主义理论研究,都是为了树立马克思主义在意识形态中的指导地位,防止重蹈苏联的覆辙。苏共执政 70 年,亡党失政;中国共产党建党 95 年,执政 60 多年,依然朝气蓬勃,在中国特色社会主义道路上奋勇前进。我们有自己的经验,有苏共的教训。中国共产党和中国人民一定能对人类、对世界社会主义运动做出自己应有的贡献。

坚持马克思主义指导地位不会导致学术贫困化、理论一律化。把坚持马克思主义指导地位,说成是"罢黜百家,独尊马术"是完全错误的。马克思主义是开放的思想体系,马克思自己就主张学术自由,主张学术争鸣。他说过,我们既然不能要求玫瑰花与紫罗兰散发出同样的芳香,怎么能要求最丰富的精神世界只能有一种存在形式呢? 他还说过,真理像燧石,只有敲打才能发出火花。

中国共产党提倡坚持马克思主义指导地位,但同时强调要在学术领域贯彻"双百"方针。在这个问题上我们曾经有过"左"的错误和干扰,但这不是党的方针。中国共产党在文化科学和艺术方面的方针是"双百"方针。有人说,既然强调坚持马克思主义指导地位,那只能是一花独放,一家独鸣,何来百花齐放、百家争鸣呢? 指导思想的一元性问题与学术中的各种风格流派的多样性问题是两个不同层次的问题。一个是用什么样的世界观和方法论作为研究指导的问题,一个是具体的学术观点和流派的问题。我们提倡学术研究要努力学会应用马克思主义的世界观和方法论作为研究的指导,但决不排斥其他研究方法,也决不提倡用抽象的马克思主义原则代替具体的学术研究和艺术流派。当然,坚持"双百"方针决不是否定意识形态领域可能出现分歧和斗争。既然坚持马克思主义指导地位,那么,对重大的错误思想和思潮当然不能漠然置之,而必须发挥马克思主义的革命的批判的功能。我们不能放弃理论的批判功能,放弃意识形态领域中的马克思主义阵地。但这种批判必须是说理的,有说服力的。越是说理,越能巩固马克思主义意识形态的指导地位。真理的力量在于真理自身。

第七讲　当前研究需注意的几个问题

　　马克思主义研究是个大题目,也是一个最有理论深度和高度的难题。我在这里谈一些个人的体会,谈一些当前研究中大家共同探讨的、具有普遍意义的实际问题。

一、马克思主义研究者应该
自尊、自信、自强的问题

　　我是在 20 世纪 50 年代开始学习马克思主义哲学的。在我们那个年代,马克思主义的威信是最崇高的、政治课教员是受尊敬的。我们对事业、专业、职业充满自豪感。从 20 世纪最后 20 年,苏联解体以及中国改革开放后思想理论的多元,都在不断冲击马克思主义,与信仰危机伴随而行的是马克思主义存在被边缘化的危险。因而在这个领域中从事研究和教学的人,首先面临着对自己专业的理论自信、自强和职业的自尊问题。虽不普遍,但就我所知,在一部分人中情况还是很严重的。我认为,不管别人如何看待马克思主义,看待我们马克思主义理论工作者,我们自己应该自尊、自信、自强。

应该懂得,我们从事的是一项重要的工作。作为研究者,在这个领域中如果能取得某些成就,它的价值决不次于其他任何领域;作为高校教员,一个优秀的马克思主义理论教员的责任和贡献,决不逊于任何专业学科的教员。我们的教学面对的不是某一个学科的学生而是全体学生。专业知识可以影响人的就业,可在职业选择多样化的市场经济条件下,不一定人人从事本专业的工作;专业知识可以因职业选择不符而被搁置,甚至无用武之地;而我们的研究成果和教学,可以影响人的思维方法、价值取向和整体素质,甚至人生道路的选择。谁能回答我:这个工作不重要吗? 对培养合格的德才兼备的学生,它比哪门纯专业课程不重要? 只有目光短浅的人才会这样看。

对于社会主义国家来说,没有任何一个学科比我们的专业更关系到国家的命运和前途。科学技术包括军事力量,对保卫社会主义国家非常重要,是国之干城。可是再强大的科学技术不可能保证社会主义不变颜色,也不能用军事力量强迫人从内心深处确立对社会主义基本制度的认同。对社会主义基本制度的价值认同,既要靠社会主义制度自身优越性的充分发挥,也要靠思想、理论、信仰的教育。没有价值认同的社会制度,是不稳固的。社会主义在苏联的失败,不是因为没有原子弹、没有航母、没有先进飞机。从赫鲁晓夫全盘否定斯大林以后,苏联在意识形态和理论阵地被撕开了一个颠覆马克思主义的缺口。这个缺口没有及时堵住而是不断扩大,直到最后宣布取消马克思主义指导,取缔共产党。通过苏联解体,在理论上我形成一个看法,要维护社会主义基本制度的稳定、发展和改革,其中一个最重要的条件是理论和信仰的力量,是对社会主义基本制度的价值认同。

事实证明,一个社会主义国家如果不坚持马克思主义指导地位,广大人民不能取得对社会主义基本制度的价值认同,是非常危险的。懂得这一点,就懂得马克思主义理论工作关系社会主义国家的命运和前途。我们的职业和岗位是从事马克思主义理论研究和理论教学,我们同时是在构筑捍卫社会主义事业的思想万里长城。

当然,我们马克思主义理论工作者的自尊、自信应该建立在我们自强的基础上。在这个领域中,无论是从事研究还是从事教学,要做出成绩来,要拿出成果来。我们上要顶天、下要立地。顶天,就是要认真学习、阅读、钻研马克思主义经典著作。如果我们从事马克思主义研究和教学,连马克思、恩格斯、列宁、毛泽东的重要经典著作都没有读,都不读,对中国特色社会主义理论的创造性发展也不甚了然,讲起来就没有理论深度,就不那么理直气壮;立地,接地气,对马克思主义极其重要。马克思主义时代化、民族化、大众化,就是接地气。时代化,接世界之气;民族化,接中国本土之气;大众化,接大众之气。马克思主义必须时代化、民族化、大众化。在这个过程中,我们应该立足实践,面对当代世界和中国特色社会主义建设中的重大理论和现实问题,直面群众中存在的问题。如果既不读原著,又不研究现实问题,我们的理论研究和教学怎样会有成效呢?只有自强,加强自身的理论修养和对实际问题的了解,我们才有理论自觉的认知、理论自尊的资本、理论自信的底气。

二、关于马克思主义研究的学术性问题

有一些人瞧不起马克思主义研究,说研究马克思主义没有什么学术性,仿佛只有研究中国哲学、西方哲学,研究海德格尔、胡塞尔才有学术性。这种观点是不对的。研究中西马各种哲学都会有各自的学术性问题。但马克思主义学术性不是单纯的学术性,它是与实践性、与科学性相结合的。

　　马克思主义的学术性，不是玩弄概念，不是纯逻辑推演，而是来源于实践又能指导实践具有真理性的研究。对马克思主义来说，任何称得上是学术研究的工作，都必须具有双重特点。一是回答现实的实际问题而不是伪问题。因此研究的问题必须是确实的问题，而不是假问题。研究上帝是否存在，以及对上帝存在的证明，研究一个针尖上能站几个天使之类，不是学术问题，而是信仰领域中的问题。它既不能证实，也不可能证伪。对信仰者它就是真的，对无神论者，它就是彻底的谎言。二是它必须能有助于正确指导实践活动，并能在实践中得到验证。只有这种研究才能称得上是马克思主义的学术研究，也只有这种理论研究才具有学术性。毛泽东在《整顿党的作风》中专门论述过什么是理论研究、什么是理论家的问题。他说："我们所要的理论家是什么样的人呢？是要这样的理论家，他们能够依据马克思列宁主义的立场、观点和方法，正确地解释历史中和军事中所发生的实际问题，能够在中国的经济、政治、军事、文化、科学问题上给予科学的解释，给予理论的说明。"对于我们从事马克思主义研究的学者来说，如果既不能解释历史和现实问题，又无助于人们的实践活动，只求满足自己的思辨爱好、兴趣，建构这个体系，那个体系，貌似吓人、仿佛庞大的学术建筑，实际上是一淋雨就满是漏洞的纸房子。这种所谓学术性只能是吓唬外行的稻草人。

　　马克思主义最具有实践性和学术性。马克思主义的产生，除了马克思和恩格斯参与实践活动外，最重要的一个原因就是他们的学术研究。马克思和恩格斯终生都在从事学术研究。恩格斯说过："社会主义自成为科学以来，它要求人们把它当作科学看待，要求人们去研究它。"马克思和恩格斯以毕生之力从事马克思主义科学体系的创造，这是人类历史上最艰巨最困难的学术工作。他们留下的卷帙浩繁的著作和手稿，以无可辩驳的事实证明了这一点。

　　马克思主义研究不仅是一个严肃的学术研究工作，而且是最具实践性的学术研究工作。在人类思想史上，从来没有一种学说像马克思主义这样曾经改变和正在改变整个世界的格局,改变一个社会的社会结构,改变人类学术思想的理论思维方式。英国的学者特里·伊格尔顿说得对:"与政治家、科学家、军人和宗教人士不同,很少有思想家能真正改变历史进程,而《共产党宣言》作者恰恰在人类历史发展进程中发挥了决定性作用。历史上从来未出现过建立在笛卡尔思想之上的政府,用柏拉图思想武装的游击队,或者以黑格尔的理论为指导的工会组织。马克思彻底改变了人类对历史的理解,这就是连马克思主义最激烈的批评者也无法否认的事实。就连反社会主义思想家路德维希·冯·米塞斯也认为,社会主义是有史以来影响最深远的社会改革运动;也是第一个不限于某个特定群体,而受到不分种族、国别、宗教和文明的所有人支持的思想潮流。"

对于马克思主义的信仰者来说,马克思主义学说是一座高山,世界各国的马克思主义实践者和理论工作者都在攀登马克思主义这座山。这座山有高峰,有险峰,但没有顶峰。马克思主义是永远发展着的学说。我始终相信马克思主义是真理。如对当代世界出现的种种问题,从西方的资本主义社会向何处去、文化危机、金融危机,到一些国家的贫困落后、到苏联解体东欧剧变,到中国特色社会主义理论、道路和制度的建设,如果不以马克思主义作为分析的基本理论和方法,当代有哪种学说能担当这个任务呢?没有。马克思主义中国化是马克思主义的中国化,而不是别的什么学说的中国化。对于那些反对和攻击马克思主义的政治家和学者来说,马克思主义同样是一座高山,是挡住去路无法逾越更无法绕过的高山。可是从马克思主义产生以来,没有任何理论家,包括所谓伟大思想家能够达到推翻马克思主义的目的。日裔美国学者福山的《历史终结论》不仅为事实推翻,还因撞上历史唯物主义关于社会形态理论这座大山而破产。

我可以说,在当今世界,没有一种社会理论和学说能像马克思主义这样仍然具有解释世界和指导改变世界的理论能力,如若不服,请举出哪一种理论在当代具有马克思主义这样的理论力量?没有。说没有学术性完全是无知者的妄言或偏见。只不过马克思主义的学术性，不是停留在抽象思辨王国中的那样的学术性。追求非意识形态化的所谓纯"学术性"，与马克思主义的本质是不相容的。

三、马克思主义研究要避免抽象化、经院化、概念化

不要写那种貌似吓人，实则空洞无物的文章。一定要立足实践，因为问题存在于实践之中，问题产生的秘密存在于实践之中，解决问题的方法和途径也存在于实践之中。没有问题，不回答问题的文章，肯定空洞无物。但要从实践中发现问题、提出问题，必须要有理论素养。为此必须扩大知识面，尤其是要学点历史。马克思和恩格斯都非常重视历史，他们说自己比任何学派，甚至比黑格尔都更重视历史。

历史是人类智慧的大海。人类的全部创造，从物质到精神无不包含于历史之中。从思想史角度看，人类的种种思想和文化都积淀于历史之中。而我们哲学工作者可以从历史中，尤其是哲学史中总结和发掘哲学智慧。

我经常关注报纸杂志上发表的哲学文章，从中青年学者的文章中确实学到不少东西。可当我看到学术界为某个概念式的问题争得不可开交，十分热闹时，总是会涌起一种想法：何不求助于历史呢？历史自身会为概念注入具体内容。历史对脱离历史的抽象哲学概念具有天生的"敌对"性。任何没有可能得到历史证明的范畴和概念都是悬在思辨太空中的"死魂灵"。其实，关于公平正义，关于人性的争论，我们可以看到一个缺陷，这就是停留在抽象概念和范畴内的争论，而没能跨出纯抽象的王国。只要把这些本来从历史实践中产生的概念放回历史和现实中去考察，问题就不难回答。全部人类历史证明了没有抽象的人性，人的社会特性会随着社会性的变化而变化，人的善恶观念也会发生变化。马克思说的"整个历史无非是人类本性的不断改变而已"的论断，完全为历史和现实所证明。哲学家们、伦理学家们在寻找永恒的正

义、永恒的公平。世界上并没有永恒不变的正义和公平,它们都具有历史性。在奴隶社会,连亚里士多德这样伟大的思想家都认为使用奴隶是正义的。在他那著名的《尼各马科伦理学》中说,对自己的所有物,无所谓公正不公正。奴隶与尚不到年龄的孩子,正如自己身体的一部分,谁也不会有意来伤害自己,从而对他们不存在不公正的问题。奴隶是物,是排除在公平、正义之外的。我可以说,任何从历史发展中产生的概念,如果离开历史发展过程就是抽象的,只有返回历史才能得到正确的理解。任何概念、定义,如果抽去它的历史内容,就必然是僵死的、空洞的,仿佛普遍适用,实则一无所用。黑格尔是最喜欢并善于运用概念的哲学家,可他又最强调概念不是抽象的普遍,而自身还包含着特殊东西的丰富性的普遍。黑格尔是概念哲学家,可又是最尊重历史的哲学家。

历史和哲学确实可称为人类智慧的双眸。哲学给人以人类思想智慧,历史给人以人类实践经验。理论、现实、历史三者的结合,是我们理论工作者树立自尊、自信、自强的正确道路。

第八讲　历史唯物主义的史学功能

唯物主义历史观是我们观察当代一切问题的立场、观点、方法，也是我们研究历史的基本理论和方法论。在当代，如果对任何国际和国内问题的分析，没有坚持历史唯物主义的观点就很难得出正确结论，对历史问题的研究同样如此。一个人，如果不具备分析现实问题的能力，也很难期待他在历史研究中有重大建树。因为一个学者对眼前发生的现实问题都缺少判断力和分析力，怎么能期待他对几百年、几千年前已经湮没的不可直接接触的历史事件和人物发表中肯的评论和见解呢？不可能。有些人对历史之所以敢于胡说，就是因为认为历史反正是已经过去了的事，死无对证。如果这样对待历史研究,那除了戏说和虚构外,不可能有严肃认真的科学研究。一个不理解现实的人也不可能理解历史。历史观之所以重要,就在于它确立了对待历史的态度。不同历史观不能改变历史既成事实,但它能决定如何书写历史,即把客观历史事实转变为完全不同的历史著作。不同历史观下的历史书写肯定不一样。这就是我们倡导重视历史唯物主义的原因。也是笔者之所以在"历史唯物主义与当代中国"为主题的论坛上,没有把发言放在现实问题上,而放在史学功能问题上的原因。因为近些年来,随着唯物主义历史观被边缘化,历史事件和历史人物的翻案之风盛行,凸显了历史观的混乱。

历史唯物主义不是历史学,它不可能提供任何具体的历史知识,但这并不说明它对历史没有认识价值。任何哲学都不能提供具体知识,但哲学并不因此而失去它的重要作用。沃尔什在《历史哲学导论》中论及自然哲学时说:"即使哲学家不能以任何方式增加我们对于自然界知识的总量,或者增加我们对自然过程的理解,他还是科学思维的特点和前提,对于科学观念的确切分析和科学的某一分支与另一分支的关系,可以说出某种有用的东西,他对逻辑技巧的掌握可想而知是会有助于澄清科学工作中的实际困难的"。① 这个论断同样适用于历史唯物主义。历史唯物主义既包括对历史过程的本质的认识,即我们通常说的历史本体论问题;也包括我们如何认识历史,即历史认识论、历史方法论和历史价值论问题。二者在历史唯物主义中是统一的,不存在西方的思辨历史学与批判历史学对立的问题。

我不可能全面讨论历史理论中的全部问题,仅就其中一个问题,即历史事实、历史现象和历史规律的问题谈点看法。根据历史唯物主义观点,可以概括地说,历史事实具有一次性、历史现象具有相似性、历史规律具有重复性。不能正确理解历史事实、历史现象和历史规律各自

---

① W.H.沃尔什:《历史哲学导论》,何兆武、张文杰译,北京:北京大学出版社2008年版,第15页。

的特点及其内在关联性,就不能确立正确的史学理论。

一、历史事实的一次性

历史事实的本质是人类的实践活动,它突出地表现为重大历史事件和历史人物。历史事实的最大特点是不可重复性,它构成一个国家和民族的独特的历史。希腊有伯罗奔尼撒战争,中国没有;中国有赤壁之战,希腊罗马没有。他们有苏格拉底、柏拉图、亚里士多德,我们没有;我们有孔孟老庄,他们没有,诸如此类。你有的历史事件和人物我没有,我有的你也没有。这叫历史事件和人物的不可重复性。不仅不同国家、不同民族历史事件和人物不可重复,就是同一国家、同一民族的不同时期也是不可重复的,都是一次性的。中国决不会有两次相同的赤壁之战、两个毛泽东、两次井冈山斗争。时间和空间是历史运动的客观因素。任何历史都是特定空间和时间发生的事件。无怪苏轼的《念奴娇·赤壁怀古》开头就是:"大江东去,浪淘尽,千古风流人物。"足见中国古代诗词中的怀古之作感叹相同。时间的一度性和空间的具体性,决定历史事件和人物的不可重复性。

什么是历史事实?历史有事实吗?有的哲学家和历史学家说,历史事实都是历史学家眼中的事实,是过滤过的经过筛选的所谓事实,而不是客观历史自身的事实。历史自身的事实是无法知道的,知道的都是进入历史学家眼中的事实,这些事实只能说是历史学家的事实。也就是说,历史事实是经历史学家书写以后才成为事实。人类历史上有多少人和事湮没无闻,不成为历史事实。如果没有《三国志》的记载,曹操、刘备、孙权以及赤壁之战能成为历史事实吗?历史上的人和事,只有通过历史学家的书写才成为历史事实。因此结论是历史根本不存在本来面目的问题。正如世界没有本来面目而只能是人眼中的世界一样,历史事实也只能是历史学家眼中的事实。这种说法只强调历史书写的主体性,而忽视历史事实的客观性。

其实,历史事实以两种不同方式存在:一种是人类历史的全部客观过程。这是尚未被全部发现或被书写的历史事实,是一个有待不断发掘和永远研究的领域。另一种是被书写的历史事实。被书写的历史事实我们可以称之为历史史实。历史史实不能仅仅是某一历史学家眼中的所谓事实,仅仅是某一学者眼中的所谓史实并不能就认为是历史事实。历史书写中的历史史实不能仅仅是个人的,而必须是具有共识和确切证据的历史事实。这一点,沃尔什也承认。他说:"一个历史学家所引证的事实如果确切可信的话,就在任何意义上都不是他个人的所有物,倒不如说是每一个有理智的人如果进行调查的话,都必定要同意的那种东西。法国革命爆发于 1789 年,并非对于与英国人相对立的法国人才是真实的,或者对于那些拥护法国革命的人才是真实的,而对那些厌恶它的人就不真实了;它只不过是一桩事实而已,无论我们喜欢不喜欢它。"①E.H.卡尔也反对那种完全否认历史事实,片面强调解释决定事实的观点。他说:"不能因为从不同角度去看,山会呈现出不同的形状,就推论出山在客观上是没有形状或有许多形状。并不能因为解释在建构历史事实中起着必要的作用,也不能因为现有的解释不是完全客观的,就推论出这一解释同另一解释同样好,就推论出历史事实在原则上没有服从客观解释的义务。"②这些看法比起克罗齐、柯林武德的观点,应该说更客观一些。

当然,客观的历史事实必须经过历史学家的发掘和整理才能为人所知,但书写的历史史实应该包含历史事实的真实性。我们不可能完全做到这一点,但历史研究应该以此为立足点。历史事实应该具有客观性、共同性,它对所有历史学家都应该是事实。但历史学家的共识只能是其条件之一,而不是历史客观性的唯一标准。如果存在历史事实的真伪之辨,在确证之前不能称之为历史事实,而只能称之为历史书写

① W.H.沃尔什:《历史哲学导论》,何兆武、张文杰译,北京:北京大学出版社2008年版,第176页。
② E.H.卡尔:《历史是什么?》,陈恒译,北京:商务印书馆2007年版,第112页。

中假定的所谓历史史实。这种事实不见得是历史事实。历史学中的伪造、歪曲、无中生有的所谓历史史实并不罕见。我们只要看看当前流行的关于毛泽东历史著作中的所谓揭秘,其中有多少是历史事实? 有多少是一些人捕风捉影甚至蓄意伪造的所谓历史事实? 我们应该注意分辨历史事实和历史书写中的所谓历史史实。应该追求历史书写中的史实尽量接近、比较真实地反映历史客体,即历史事实。

从历史唯物主义的认识论来看,历史史实与历史事实应该具有同一性。根本没有历史事实根据的所谓历史史实,是不足信的。这种书写的历史,不可能是信史。但并不是所有历史上发生过的历史事实都会成为史学中的历史史实。只要它成为历史学中的历史史实,肯定有它的重要之处,因为历史学不是有闻必录。例如下雨,是最常见的自然现象,并不是都具有历史认识价值。可雨在秦末陈胜吴广起义中成为大事。这当然是由于延误戍期当斩的秦朝苛法,成为陈胜吴广被迫起义的诱因,因而遇雨延期被司马迁写入《陈涉世家》,成为重要的历史事件。如果没有遇雨延期当斩的秦朝苛法,雨不成为加速陈胜起义的诱因,就不会成为司马迁所记载的历史史实。杨玉环因白居易的《长恨歌》而著名。后宫佳丽三千留名者只此一人,当然是由于记载,可是如果杨贵妃不是唐玄宗因安禄山造反奔蜀、她成为平息马嵬坡六军爆发兵变的牺牲品,也不可能为历史所记载。自古以来有多少后宫佳丽,无名无姓者比比皆是。但是如果马嵬坡兵变、杨玉环被绞杀根本不是历史事实,也不可能成为历史史实。由于有事实而被记载,由于被记载而彰显事实,因此历史事实并不是单纯因记载而成为历史史实,而应该确有其事实才成为史学事实。

有人说,历史事实确有其事只能是假说,历史事实如康德的物自体一样永远无法知道,知道的只能是书写中的历史史实。这种说法是不对的。被书写的历史史实不能是某一个人主观认定的,它必须有文献资料根据,有考证学、甚至考古学的根据。尽管考古发掘也可能有争论,例如关于河南安阳安丰乡高穴村曹操高陵墓的真伪就有争论,但只要发掘的实物与历史文献中的记载吻合,就可能是真实的。孔子重视文献作为历史史实根据的价值。他说过:"夏礼吾能言之,杞不足徵也;殷礼吾能言之,宋不足徵也。足,则吾能徵之矣。"当然,对某些历史事实的真实性会存在争论,这可以通过举证和其他多种历史研究方法来解决。怀疑、存疑,不能成为把历史事实归为历史物自体的哲学根据。如果以怀疑论眼光观察一切,昨天的自然界是否存在也可以怀疑,因为昨天已经过去,昨天的存在状态已无法验证。当然,史学中的历史事实不应该也不可能是客观历史的全部。如果追求事无巨细、完备无遗的真实,历史学永远不能成为科学。因为历史中的一枝一叶、详细的细节是无法知道的,也不一定要知道。

对历史学来说,历史的真实性有两个层次:一个是事实的真实性,一个是规律的真实性。在第一个层次上,我们不可能达到完全真实,历史事实会不断消失在历史自身的发展进程中。我们不是当事人,我们根据史料、文献、文物、档案来重构过去。如果我们追求绝对真实性,必然会争论不休。在这个层次上,我们要求的是具有重大历史价值的事件和人物的真实性,而不是全部细节的真实性。是不是有"七月七日长生殿,夜半无人私语时",让文学家去想象、去构造,它不是历史学的工作,但安史之乱、玄宗奔蜀、马嵬坡兵变和杨玉环成为平息兵变的牺牲品,则应该是历史事实。第二个层次的历史真实性是规律的真实性。历史学不是单纯事实的叙述,而应该同时是对事实的解释,是对事实相互间关系的理解。解释不仅仅问"是什么?"而要问"为什么?"解释"为什么"就是探索原因,必须进入因果关系领域;必须从事情发展的多种可能性,研究为什么可能性是这样实现,而不是那样实现?必须分析可能与现实、必然性与偶然性及其相互关系,这就进入对历史规律发掘的深层次探索。规律是在历史事实发展过程和动因的深处,历史学应该在事实真实的基础上做出规律性的解释。历史学并不是单纯研究历史规律的学科,它是历史学而不是历史哲学,但它离不开历史规律。要使历史史实的选择、过滤与安排中包含的解释具有合理性和可理解性,就必须包含对历史事件和历史过程的因果性、必然与偶然、根据与条件、可能与现实、历史人物的作用与局限等历史原因和发展的合理解释。许多戏说之类的电影之所以不真实,不仅在重大事实上不真实,在规律这个层次上显然更不真实。皇权至上的封建社会,不可能有康熙、乾隆如此微服私访,亲民、怜民、爱民的帝王。这种构建在影视范围内一定程度上允许,但它不是正史,所以决不能也不应该充当历史知识的传播者。必须使观众明白这是戏,而不是史,以免误导。

历史学本质上不同于文学。尽管历史的书写可以具有高度的文学色彩,特别是中国文史哲高度结合的传统更使史学具有文学特色。但史学不同于文学。史学追求的是历史真实,而文学追求的是艺术真实。历史真实不能虚构,因为它的真实是合乎历史事实的,而艺术真实可以想象,艺术的真实是合乎情理,即合情合理的。如果历史艺术化、文学化,就会失去史学的功能与价值,它至多是文学的变种。确实,凡是持这种主张的学者都把历史与文学归为一类,历史不是科学也不可能是科学,它只能是学者对所谓事实的主体描述和艺术创造。史学家创造历史就是最具代表性的说法。其实,历史学中的史实,在多大程度上反映客观历史事实,是衡量一本历史著作科学水平的尺度。一部根本违背历史事实的所谓历史书,只能称之为对历史的伪造或戏说。可以肯定,对历史真相的追求不容易,但历史最起码应该尊重事实,尽量不歪曲事实。如果历史违背事实,其他一切都免谈。就这一点说,在历史科学中,历史事实与在自然科学中的事实同样重要,只是更难把握而已。只有忠实于事实才能忠实于真理。没有事实就没有任何科学,历史要成为科学同样如此。

我们并不否认,由于历史的特点,它是已经过去的甚至非常久远的年代。由于时空间隔,历史科学就其被书写的历史来说不可能把握全部事实。客观历史是无数历史事件,包括重要和不重要的、决定性和不具有决定性的事件和人物。历史科学不可能详尽无遗地包括全部历史的客观过程。这不可能,也无必要。如果要求历史书无所不包,那就不是历史书,而是客观历史本身。可历史本身不经过研究、不经过书写是不可能为人所知的。我们所知道的历史都是书写后的历史。历史应该经过书写,但书写的历史应该力求符合历史事实。这是历史科学中的困难之处,也是科学历史观之所以重要的原因。

历史学追求的是被书写的历史事实的客观性,而不是全部历史的客观性。自然科学也不例外。任何一门自然科学都只能有限地把握对象而不能全部囊括对象。天上的星星无穷无数,真正被天文学发现并命名的只是无限宇宙中星体的极少的一部分,难道天文学中的星星只是天文学家眼中的星星,而不是客观的星体吗?任何科学包括自然科学都是科学家对事实的过滤、选择,剔除一些、留下一些。为什么?因为科学研究的是问题,是发现问题、提出问题、解决问题,不是无穷的细节。关键是支撑提出和解决问题的事实是不是真实的,而不在于它是否经过选择和过滤。科学不是举例,必须概括、归纳、提升,这样它必然有所取舍,而不是事无巨细、有文必录。历史学更是如此,它对材料会选择、会过滤,会按照自己个人的意图使用这些材料,但材料的使用不能是主观的、随意的。列宁说过:"在社会现象领域,没有哪种方法比胡乱抽出一些个别事实和玩弄实例更普遍、更站不住脚的了。挑选任何例子是毫不费劲的,但这没有任何意义,或者有纯粹消极的意义,因为问题完全在于,每一个别情况都有其具体的历史环境。如果从事实的整体上、从它们的联系中去掌握事实,那么,事实不仅是一顽强的东西,而且是绝对确凿的证据……如果事实是零碎的和随意挑出来的,那么它们就只能是一种儿戏,或者连儿戏都不如。"①

实证主义史学家强调让事实说话,有一定合理性,但也有片面性。事实不会说话,让事实说话的是史学家。但史学家说话也不能是自说自话,如果没有事实根据,就是胡说。我们不仅要尊重历史事实,而且要善于理解事实,理解事实之间的内在联系。这同样要求科学的历史观。

---

① 《列宁全集》第28卷,北京:人民出版社1990年版,第364页。

在历史学中,历史事实和价值判断是结合的,因此有学者认为,史学中没有事实,而只有对历史的价值判断。这种说法不对。历史有事实,因为历史的本质是人的追求目的性的活动。人的活动,无论是经济活动、政治活动或文化活动都是群众性的、真实的、客观的、为人们经验能观察到的、具有可见性的活动。历史事件或历史人物就是历史活动中的事件和人物。只要承认历史是人的活动,活动必然有过程有结果。过程和结果,就是历史实实在在的内容和事实。如果作为人类活动成果的历史不是事实,同理,当前人的活动也不会是事实。因为我们现在的活动,就是明天的历史,而我们今天称之为历史的东西,就是昨天的现实。一切都是过程,一切都会成为历史。如果历史不可信,那就等于现实也不可信。否定历史的客观性就是否定现实的真实性。

毫无疑问,历史学中的历史事实往往容易与历史的价值判断纠缠在一起。在自然科学的研究中,自然科学家同样有自己的理想追求、有热情、有欲望,甚至功利心。自然科学研究会有既成的理论框架、思维模式、科学认识。在自然科学研究中,科学家的价值观可以成为助跑的动力,但不能进入研究的结论之中。自然科学的结论的真理性必须具有可证性、实验具有可重复性、被证明为真理的原理具有公共性,而且可以通过技术转化获得实践的有效性。

历史价值观不同于自然科学的价值观。历史价值观影响对历史资料的选择和安排并最终影响对历史事件的解释和结论。当客观历史变为历史叙述时,不同的历史学家可以有多种写法、多种观点和多种结论。我们必须强调书写可以多方式、多角度,但其依据的历史事实必须是真实的。如果以历史的书写代替历史的事实,只能重新坠入以历史的叙述取代历史事实的实用主义历史观。

任何历史学的记载或对历史事实的叙述,都会包含某种价值倾向,价值判断中可以有事实,而且事实叙述中也会有价值评价。我们应该学会区分而且可以区分哪些属价值判断,哪些属事实叙说。E.H.卡尔在《历史是什么?》中,虽然承认历史事实的客观性,但还是更偏重价值对事实选择作用的过滤性。他批评那种认为"历史学家可以在文献、铭刻等等诸如此类的东西那里获得事实,就像在鱼贩子的案板上获得鱼一样",强调"相信历史事实的硬核客观独立于历史学家的解释之外的信念是一种可笑的谬论,但也是一种难以根除的谬论"。① 历史事实是客观的,是不以研究者的意志为转移的;而历史事实变为历史史实当然要经过历史学家的选择。历史学家的价值选择只与自己书写的历史史实相关,而与历史事实的客观性无关。历史是以往人类活动的既成事实,是任何历史学家无法改变的。能篡改伪造的是被书写的历史史实,而不是历史事实。不同的价值评价属于历史学,而不是属于客观历史本身。历史事实即使一时被遮蔽终究会被揭示。

历史价值评价具有主体性、多元性,但任何具有科学性的评价不能是单纯的一己之见,不能是个人的主观认定,它必须具有事实依据。南京大屠杀是历史事实,有争论的是人数的多少而不是事件的有无和事件的性质。人数多少属于量的规定性,而屠杀属于质的规定性,是对整个南京大屠杀性质正确把握的基础。南京大屠杀是经过"远东国际军事法庭的调查报告"以及"远东国际军事法庭"确认的,并对大屠杀的元凶、甲级战犯"松井石根处绞刑,谷寿夫被引渡给中国政府处死"。多少年来,日本军国主义残余侵略势力一直在大造翻案"舆论",声称"南京大屠杀"是"中国人捏造的谎言"。历史事实并不会因为价值判断不同而不同。日本少数右翼历史学家可以把自己价值观主导下的所谓事实编入教科书,但终究不能改变历史事实。不能因为存在不同评价而认为历史无事实,只是一连串的价值判断。我们之所以能分清戏说和正史就是基于历史有事实。历史与现代的关系是多义的。从历史进程看,即从客观历史发展看,现代是历史的继续和延伸。没有历史就没有现在。现在中国的许多问题,能从中国历史传统中得到某种历史说明。历史的时间向度是由过去到现在。可从历史学的角度,即从历

---

① E.H.卡尔:《历史是什么?》,陈恒译,北京:商务印书馆 2007 年版,第 90、93 页。

史书写的角度,却是从现在到过去。因为历史的书写都是后代对前代历史的书写,它们的视角、兴趣、观点,都会受到所处时代的制约。克罗齐说"所谓一切真正的历史都是当代史",只有在这个意义上才具有某些合理性。因为历史学家总是在自己时代下书写历史,因而历史书写具有时代特征,但这不是指历史事实可以不断改写(除非是发现原有历史史实的错误和发现新的历史材料),而是指对历史事实的评价可以提出具有时代特征的新的看法。历史学家站在当代评述过去,尽管价值评价可以有变化,但必须尊重历史事实,而且对事实的叙述必须有历史意识和历史感,即把历史事件、历史人物,放在特定历史条件下来认识,尽量通过新的评价更真实地显现历史具有的真实情况,而不是以作者的当代意识代替历史事实。我们反对影射史学和史学中的实用主义。如果以当代代替历史,按当代来重构历史,这就叫没有历史意识和历史感。即使像有些学者主张的那样把历史看成历史学家与历史的不断对话,这种对话也应该是愈来愈接近真实,接近真理,而不是与事实渐行渐远。历史唯物主义的科学性与价值性的统一要解决的正是这个矛盾,它把历史事实的真实性和历史评价的可变性合理地结合在一起,力求评价越来越接近现实,而不是无视事实的任意翻案。

当然,完全可以有很多事实不清的悬案,但经过不断的发掘、考证、研究,可以逐步达到对事实的一定的把握。历史之谜,正是历史科学要研究的。追求破解历史之谜,就是寻找历史事实。至于发现新事实,纠正前人的失误的重写,不能成为否定历史真实性的根据,恰好证明史学应该尊重事实,否则无必要正误。纠正历史史实中的错误,是从反面证明历史应该尊重事实。

中国历史著作有个好的传统,就是在史学著作中事实与评价有适当区分。陈寿《三国志》在重要人物的传记后都写一段"评曰",表达作者的观点。作者对曹操父子的评论显然不同于拥刘反曹正统史观的小说《三国演义》。史学不同于文学。史学追求信史,这是中国史学的一个好传统。《史记》有太史公曰,《资治通鉴》有臣光曰,都是着重把事实与评论分开的,并不以评论代替事实。古代史书的纪传篇,叙事和议论是分开的。某些编年体史书和郡志也有这种体例。当然,由于中国儒家的伦理特色,受儒家思想主导的历史评价,往往着重人物或事件的道德评价,因而对历史事件和人物的作用和地位的正确认识,往往为道德的瑕疵所掩盖。毫无疑问,道德可以作为评价历史人物行为的一种尺度,但不是主要的更不是唯一的尺度。道德评价往往着重历史事件人物的道德教训,而不是放在整个历史进程中考察它的作用和地位,这种评价有其"唯道德论"的局限性。

历史人物的价值评价,特别是杰出人物的评价往往受政治因素的左右。斯大林逝世后,从赫鲁晓夫直到叶利钦对斯大林的评价,为了标榜自己开辟不同于斯大林的新时代,都极力贬低斯大林,甚至恶毒谩骂斯大林。相反,斯大林的原来对手反而对斯大林怀着比较客观和公正的评价。丘吉尔可说是最坚定的反苏反共的领袖性人物,可是他称赞斯大林"是个卓越的人物,令我们残酷的时代敬仰,他在其中奉献了自己的一生"。还说,"在经受岁月艰难考验时领导俄罗斯的是位天才,是不屈不挠的统帅斯大林……他接手的是用犁耕地的俄罗斯,留下的是原子武器装备的俄罗斯。不,无论是我们说他什么——历史和人民不会忘记这样的人的。"连被俄罗斯共产党赶下台的临时政府总理克伦斯基都说:"斯大林使俄罗斯从灰烬中振兴起来,使它成为一个伟大的强国,粉碎了希特勒,救了俄罗斯和人类。"①斯大林似乎已经预料会发生这种事,他说:"我知道,在我死后有人会把一堆垃圾放到我的坟墓上,但历史之风会无情地刮走它的!"②在敌人包围下一个领导第一个社会主义国家建设社会主义的领导者,专横甚至专权都是可能的,错误也不会少。对斯大林有不同评价可以理解,但历史人物的评

① 尤·瓦·叶梅利亚诺夫:《斯大林:未经修改的档案——在权力的顶峰》,石国雄、袁玉德译,南京:译林出版社2006年版,第610页。
② 尤·瓦·叶梅利亚诺夫:《斯大林:未经修改的档案——在权力的顶峰》,石国雄、袁玉德译,南京:译林出版社2006年版,第617页。

价必须有历史感,即把他放在他所处的历史条件下来进行评价。任何超越历史的评价都是非历史的。

在历史评价中排除事实只有所谓价值判断,是一切历史虚无主义的理论依据。历史虚无主义就是否认历史事实的客观性和共有性,把一切历史的论断转变为价值判断。而价值判断又完全可以是与事实无关的主观认定。在这种历史观下,各种否认历史的虚无主义就可以乘虚而入。我们在中国当代所见到的否定一百多年来中国革命运动、否定中国共产党、否定领袖性人物历史功绩的现象,都是以所谓重写历史为幌子。所谓重写并不是由于发现新的史料,更科学地更实事求是地书写历史,而是以价值重估为号召恣意歪曲历史。这种所谓重估,往往作的是翻案文章,具有极强的政治意图和意识形态性质。金无足赤,人无完人。任何历史事件和历史人物都会具有不足之处。问题是本质是什么?主流是什么?它在历史中处于何种地位?如果采用以管窥天的思维方式,攻其一点,不及其余,任何杰出的历史人物和伟大历史事件都会被弄得面目全非。这种历史观只能导致历史虚无主义。

二、历史现象的相似性

历史现象不同于历史事件。历史事件不可重复,但历史现象可以具有相似性。尽管历史事件不可脱离它产生的历史条件,但不同历史条件下的历史现象可以有相似之处。中国没有亚历山大大帝,但有秦始皇;没有列宁,但有毛泽东;没有波拿巴第三政变,但有袁世凯和张勋之流的复辟闹剧。这说明只要时代需要,不同时代都会有自己的历史人物和事件。这就是历史现象的相似性。

每个民族都有过战争、有过革命,都会有或大或小的思想家,他们不是苏格拉底,不是孔子,也不一定有他们那么大的贡献,但各民族都会有自己的文化和文化代表人物。每个民族的发展都经过原始时期,有过母系社会、父系社会,有过杂婚,没有一个社会是一步到位的;人类进入阶级社会都存在阶级斗争,《共产党宣言》一开始,就通过列举从奴隶社会到资本主义社会的阶级斗争表明了阶级社会阶级斗争的相似性。总之,各民族和国家的历史事件是独特的,这样才有多样性,但历史现象会有相似性。历史现象的相似性是普遍存在的。从这个意义上说历史事件具有不可重复性,但历史现象具有相似性。马克思说过:"人体解剖对于猴体解剖是一把钥匙。反过来说,低等动物身上表露的高等动物的征兆,只有在高等动物本身已被认识之后才能理解。"这讲的就是资本主义经济关系与前资本主义社会经济关系存在某种相似性,"因此,资产阶级经济为古代经济等等提供了钥匙。"①资本主义关系的分析之所以有助于理解前资本主义社会,就是因为不同社会形态中的现象有某些相似性。

历史现象相似性的根据是什么?有人说是由于人性的普遍性。例如,因为人性贪婪,因此贪污腐败为各朝各代各国所共有,根本不可能消灭。其实,在历史唯物主义看来,个人主义、贪污腐败的相似性,根源于私有财产制度的相似性。不管是哪种私有制度,生产资料和财富的积蓄属于私人这一点是共同的。以各种方式积累财富是私有制社会生产的目的,也是一种生存状态和生活方式。

经济、政治、道德各个领域中之所以存在某些相似性,不是人性共同性的表现。用人性的共同性解释社会现象的相似性是不对的。人性不能解释历史的相似性,相反人性要由历史来解释。人性所表现出来的某种共性,恰好要由社会的共性来解释。只要有私有制,就会出现阶级、出现剥削,就会出现贪污腐败;只要有社会作为社会存在而不是孤立的个体,在政治上就会有社会组织、社会制度,否则社会就不能运转,要运转就会有大大小小的头头,有最高头头。不管名称是酋长、是法老、是皇帝、是总统,都无所谓,总之有社会就有组织,有组织就有大大小小的头头,就有总头。只要是社会就会有人与人的各种关系,从一般

---

① 《马克思恩格斯选集》第 2 卷,北京:人民出版社 1995 年版,第 23 页。

人际关系,到夫妇关系与亲属血缘关系,就会有调节这些关系的伦理和道德规范。诸如此类的相似性,只能从社会本性及其历史发展得到合理的解释。

对历史现象相似性的认识就比对单一历史事件的认识进了一步。有相似性才可以从相似性中发现规律。从历史现象相似性中发现规律是历史唯物主义的重要方法。马克思强调历史有相似性,但在强调相似性时,同时反对简单的历史类比,强调历史相似性的原因在不同历史条件下会出现不同的结果。所以马克思在强调资产阶级经济关系与前资本主义经济的某些相似性时,又深刻指出:"决不是像那些抹杀一切历史差别、把一切社会形式都看成资产阶级社会形式的经济学家所理解的那样。人们认识了地租,就能理解代役租、什一税等等。但是不应当把它们等同起来。"①马克思同时强调对这种相似性加以研究、加以比较,并注意它们的差异性,从相似和差异中,就能发现理解这种相似性及其不同结果的钥匙,即发现规律性。如果历史现象根本没有相似性,彼此毫无任何共同之处,规律便无从谈起,发现规律也无从谈起。对社会现象相似性和差异性的分析,是走向发现历史规律的必经之门。因为社会历史规律都是长时段规律,它不是支配个别历史事件,而是存在于历史过程中。

三、历史规律的重复性

历史规律又不同于历史现象,它不是相似性,而是历史现象之间的本质联系,是可重复性,而且是不断的重复性。为什么不同民族都在母系、父系社会后,随着私有制产生才会产生阶级,才能进入文明社会。而这一切都与生产力的发展、生产工具的改进不可分。没有一个社会能够不生产自己需要的生活资料就可以生存,因此生产成为一个社会

---

① 《马克思恩格斯选集》第2卷,北京:人民出版社1995年版,第23页。

存在和发展的基础,这是普遍的、每时每刻重复的,这就是规律。为什么历史上有杰出人物,有组织者、领导者,因为任何社会要正常运转,就不能是无政府状态,即没有任何社会组织。社会将来可以没有国家、没有君主、没有总统,但决不会没有组织者、领导者和管理者,否则,社会就不能存在。至于它们如何产生,决定于不同的历史条件。如果世界上有一个国家或民族,从来没有私有制、没有阶级、没有过战争、也没有剥削,这表明它仍然处在原始社会阶段,没有进入文明社会。规律就是历史现象之间的本质联系或称为重复性。

历史规律论与历史决定论有内在联系。因此承认历史规律论,往往导致历史决定论与非决定论之争。有些学者害怕使用历史决定论,似乎承认决定论原则就是目的论、宿命论和机械论。

其实,否定决定论的理论和实践的错误导致的唯意志论后果一点也不比承认决定论的错误少。历史唯物主义不是在决定论与非决定论的对立中思维,它是在历史的必然性和偶然性、历史规律的客观性和人的活动选择性活动中思考决定论问题。因此,历史唯物主义是历史决定论者,但它是辩证决定论,因为它把社会作为一个整体,从必然性与偶然性、规律与人的活动相关联中考察历史决定论问题。

有人说,既然是从必然性与偶然性相连中考察历史决定论,那就不能承认历史决定论。这种说法是不对的。因为历史受众多偶然性的影响,历史发展会显出曲折性、多样性和出现各种具有个性的历史人物与各具特色的历史事件。这是真实的历史。可是,所有偶然性对历史的作用,都不可能超过一定时期的生产方式和经济发展水平对社会总体状态的制约作用。恩格斯形象地把生产方式称之为历史波动的中轴线。全部偶然因素的作用都是以它为中心上下摆动。大量偶然性的存在使必然性的实现更为丰满和多样,因此历史的色彩从来是丰富的斑斓多样的。但这不会改变社会生产方式起最终决定作用的原则。历史周期越长,生产方式最终的决定作用越明显。在历史唯物主义中,决定论的本质是承认在影响社会的多种因素中,有一种因素是起最终决定作用的主导因素,这就是物质资料生产方式。

人与规律关系是一个争论不休的难题。有些论者说,历史既然是人们自己的活动,是人们自己创造的,就不能强调历史必然性,而应该强调人的自由选择,这样人才不会成为必然性的奴隶,才能真正说历史是人们自己创造的。他们还特别强调,既然历史是人创造的,因而历史研究应该研究人的特别是个人的动机。没有个人动机的历史是不可想象的。毫无疑问,历史人物的心理动机,甚至情感、脾气、性格、精神状况乃至年岁、身体健康状况都能成为影响历史进程的因素。但这些对历史的影响作用是暂时的并非恒定的、永久作用的因素。它可以延缓或加速历史进程,但不能根本改变历史的方向。如果由于这些而发生历史方向的改变,那肯定有一个更大的力量在起作用。无论是赫鲁晓夫、戈尔巴乔夫或叶利钦的个人性格或其他专属个人因素,都不足以解释苏联解体和资本主义复辟的决定性原因。

历史人物的内心动机,是很难捉摸的。对历史人物来说最现实最重要的是他们的行为,而支配行为的是动机。没有无缘无故的动机,也没有不表现为行为的动机。研究心理动机,就必须研究产生动机的原因及其在行为中的表现。因此对伟大历史人物进行心理研究,与其说是研究他的主观心理动机,不如说是研究推动他们行动的动因。恩格斯曾经专门谈如何研究历史人物的动机问题。他说:"如果要去探究那些隐藏在——自觉地或不自觉地,而且往往是不自觉地——历史人物的动机背后并且构成历史的真正的最后动力的动力,那么问题涉及的,与其说是个别人物、即使是非常杰出的人物的动机,不如说是使广大群众、使整个整个的民族,并且在每一民族中间又是使整个整个阶级行动起来的动机"。并且指出,研究这些动机"是能够引导我们去探索那些在整个历史中以及个别时期和个别国家的历史中起支配作用的规律的唯一途径"。① 所谓整个阶级的动机即群众性的动机,实际上就是

---

① 《马克思恩格斯选集》第4卷,北京:人民出版社1995年版,第249页。

社会思潮。社会思潮往往比个别历史人物的所谓内心心理动机重要得多。社会思潮往往是推动整个阶级而不是个人行动的动机,而社会思潮的产生肯定有其原因,因而对一个时期社会思潮的研究,就有可能探索到当时历史人物的动机,因为杰出人物的动机往往以浓缩的、鲜明的、突出的形式反映社会思潮。透过对一个处于变革时期社会思潮的原因的分析,就能引导走向发现历史的规律。如果只停留在历史人物个人纯主观动机特别是所谓内心心理,是不可能真正解释历史的。列宁曾批判过旧历史理论的两个缺点,其中一个就是"以往的历史理论至多只是考察了人们历史活动的思想动机,而没有研究产生这些动机的原因,没有探索社会关系体系发展的客观规律性,没有把物质生产的发展程度看作这些关系的根源"。① 心理史学是研究历史的一个角度,但如果把历史学变为心理学,就无法走出唯心主义历史观动机论的困境。

历史是人创造的与历史的规律性如何能不陷入悖论呢? 我们是否只能选择其中之一:要不承认规律否认历史是人的自我创造,要不承认人的自我创造否认历史的规律? 其实,这种所谓悖论是学者思维方式自身的矛盾,而不是历史自身的矛盾。客观历史就是这样的,人既创造历史,成为历史的剧作者,又是演员,成为历史舞台中的角色。

人怎么可能既是剧作者又是演员呢? 这可以从两个不同层面来理解。第一,从代际关系说,历史是一个过程。历史是人创造的,人是剧作者,可是任何一代人都不是在自己选择的条件下进行活动的,而是在先辈留下的生产力和文化传统条件下进行的。也就是说,人的自主创造活动的结果成为下一代人的活动的出发点。这种条件对于后代来说是既成的、给予的,具有某种制约作用。这是每个时代的传统与当代问题。从这个意义上说,人在总体上既是剧作者又是演员。马克思在《路易·波拿巴的雾月十八日》中对拿破仑三世作为政变角色以及对

---

① 《列宁选集》第 2 卷,北京:人民出版社 1995 年版,第 425 页。

传统作用的分析就贯穿这个原则。第二,从同时代说,可以比喻性地把历史看成一个大舞台。人都是自己时代历史活动的参与者,都是能动的剧作者,可是由众多合力形成的条件和规律,又成为任何个人活动的限制,人成为不能超越自己社会关系决定的演员。这说明,从一个时代来说,人既是剧作者又是演员。

当然,剧作者和演员具有形象的比喻意义。人在社会领域中并不是不能更改台词变换角色的演员。每代人受制约于传统又以自己的活动改变传统并创造新的传统;每个人既受制于合力又以自己的活动参与形成新的合力。这就是主体的选择性活动。人面对历史传统和社会条件,可以在多种可能性中进行选择。例如,19世纪下半叶的中国逐渐形成三种可能性:一是仿效日本明治维新走西方资本主义道路;二是走清王朝为挽救大厦倾倒而口头许诺的君主立宪道路;三是走苏联十月革命道路。前两种可能性行不通。尽管有些人主张全盘西化,但没真正西化过,因为西方资本主义阻止中国发展自己的资本主义,而中国又没有比较强大的民族资产阶级承担起在中国发展资本主义的任务;第二条路也走不通,因为清政府不可能真正推行君主立宪。它要维护的是清王朝的专制体制,仍然维护中国社会的封建社会本质,因此维新运动被镇压,洋务运动也成效甚微;结果只有第三条路。第三条路不是无主体的历史必然性的自我实现,而是经过中国共产党人几十年浴血奋斗,牺牲了无数先烈得到的。历史提供的永远是可能性,必然性的实现总是要通过由可能性变为现实的过程。可能性是历史条件决定的,而可能性的实现和以何种方式向现实转化,决定于人的能动性的发挥和正确的抉择。

人的创造性与历史规律性是不是绝对对立的?认为既然人是历史的创造者,一切决定于人,历史发展就不可能也不应该有规律。这种说法是不对的。人的活动与历史规律并不是直接的创造与被创造关系。规律的载体不是人的实践活动,而是在实践中形成的不以人的意志为转移的社会关系。社会规律是社会运行的规律,社会关系在人的实践活动中一旦被创造出来,就具有不依赖于任何个人的特性。私有财产制度当然是人创造的,它不是自然界原来就有的,可私有财产制度一旦产生并成为社会的经济基础,它的运行就会按照私有制度特有的规律运行。只要有私有财产制度,就不可能阻止与它相关的阶级存在,阻止维护私有制度的国家存在,阻止贫富对立、阻止两极分化。再如纸币是印币厂印出来的,可只要投放市场,它就受货币流动规律支配,当纸币发行超过需求,就会通货膨胀。大量发行纸币又想企求物价稳定,两者得兼是不可能的。国民党当年在大陆发行金圆券,一麻袋钱买盒火柴就是如此。机关枪大炮也阻止不了社会规律起作用。社会历史规律同样是不以人的意志为转移的,意志支配的是人的活动,而人类活动的创造物一旦产生出来就按它自身的规律运行。人的活动是创造性的,可这种创造物运行的规律并不取决于创造者,而是取决于被创造物自身本性及其相互关系。这就是为什么人创造了制度又会成为自己创造的制度的被奴役者的秘密所在。

历史事件、历史现象、历史规律三者紧密相连。没有历史事件,就没有历史事件的相似性,没有历史事件的相似性,就没有规律的重复性。重复性存在于相似性中,相似性存在于单个不可重复的事件中。历史事件和历史人物的产生都具有某种偶然性;而历史相似性表明,这种偶然性中存在某种必然性,否则不会有历史的相似性。正是从历史相似性中发现历史规律,发现历史的重复性。马克思在《给〈祖国纪事〉杂志编辑部的信》中对相似性与规律性的关系作过深刻论述。他说,"极为相似的事变发生在不同的历史环境中就引起了完全不同的结果。如果把这些演变中的每一个都分别加以研究,然后再把它们加以比较,我们就会很容易地找到理解这种现象的钥匙"。① 历史事件即历史事实是最根本的;相似性是它们之间的共同点,而规律是从共同点分析中发现的。一个个孤立的历史事实不可能理解,它只有在相似性

---

① 《马克思恩格斯选集》第 3 卷,北京:人民出版社 1995 年版,第 342 页。

中才能理解;而相似性和差异性的原因,则从规律中才能得到合理的解释。

　　历史唯物主义关于历史事实的客观性、历史现象的相似性和历史规律的重复性观点,能为我们在当代思辨历史哲学和批判历史哲学的对立中,确立一个正确对待历史研究的科学视角。史学功能不应成为历史唯物主义理论工作者遗忘的角落。我们既要重视现实,也要重视历史。

第九讲　事实评价与价值评价

一、历史的重要性与价值评价

事实评价是强调历史事实的客观性,历史上发生的重大历史事件和历史人物,都是曾经发生过、存在过的具有客观性的历史真实。历史是不可伪造的、不可篡改的。历史的价值评价则是指对历史事件和历史人物的作用和意义的评价。从我们的存在来说,没有历史我们自身就失去了存在的任何可能性,当代是由历史发展而来的。从后人可以从历史中吸取经验和教训来说,历史的重要性在于,我们的智慧来自历史的继承,是积累性的智慧,是一代一代人的经验和智慧的结晶。

毛泽东说,历史的经验值得注意。我们经常说,忘记过去就是背叛。这讲的都是历史自身包含的经验的重要性。历史虽然已经成为过去,但不是成为"无",而是人类社会进步的积累——物质财富和精神财富的积累。恩格斯说,没有奴隶社会就没有当代西方文明。他讲的就是这个意思。没有传统的历史中国,就没有当代中国、社会主义中国,没有前三十年就没有后三十年。历史如长江之水,是不能切割的。这是历史唯物主义的观点。

历史作为人类创造性活动和产物,包含从物质到文化多方面的意义。而历史价值观则是对历史事件和人物的不同评价。历史价值观具有主体性特点,它主要与自己的立场和历史观不可分,它也受个人偏爱、成见、先入之见与传统观念的影响。历史自身蕴含的实际作用是客观的,而历史的价值评价并不都能与客观历史相合。这种背离,就是价值评价的失衡或混乱。在历史研究中,应该区分历史的重要性与价值评价,否则历史无法研究,而且也不可能有正确的历史评价。

从历史自身来看,正面人物与反面人物、英雄和奸雄、忠臣与奸臣、创业之主与亡国之君在历史上都不能缺位,都是历史的重要人物。宋史中的岳飞与秦桧、太平天国革命史中的曾国藩与洪秀全都是历史的重要人物,正如第二次世界大战中的希特勒、东条英机、墨索里尼与罗斯福、丘吉尔、斯大林同样重要。中国革命中的毛泽东与蒋介石也是如此。历史就是历史,历史人物一方失去另一方就不称其为历史,这是历史事实,并非历史价值评价。历史重要地位是指他们各自成为他们时代历史舞台中的主角,而评价则对他们各自的地位和作用做出或褒或贬,或褒中有贬、贬中有褒的分析性评价。

任何具有重要影响的人物都重视对自己的评价。中国更是如此,素来有所谓"一字之褒,荣于华衮;一字之贬,严如斧钺"之说。中国有影响的人物非常重视自己的历史定位。

在历史研究中,不可能排除历史价值观。历史已经消逝,历史学的复原即历史的书写,必然要根据史料和记载去构思。这与工匠修复破碎的花瓶或文物不一样。花瓶是完整的残存的原物,它的复原标准就是花瓶自身。而历史要靠史学家依据材料重构,历史的书写必然有史学家价值观的参与,从材料的选择到解释到评价,都会受到书写者的时代、政治立场、理论水平的制约。史学、史才、史德、史识的不同,会使同一类著作呈现不同的水平。历史学中不存在价值中立。历史认识的这个特点决定了历史认识论和历史价值论是不可分的。历史认识中包含历史的评价,伪造历史的事很常见。历史认识的可靠性往往会受历史价值观的制约,只叙述而不解释的历史学是没有的,只摆事实而不讲道理的史学不是史学而是史料学。可纯粹史料的安排也会渗透史料编选者的观点,价值观的错误往往会导致不真实,甚至有意伪造历史、歪曲历史。

历史价值观中对同一历史事件和人物评价的矛盾,有学术水平问题、历史功力问题,但更多是表现不同利益的矛盾。即历史研究者自觉或不自觉代表某种利益。所有的历史学家都认为自己是公正的、客观的,特别是那些所谓纯学者更是如此标榜。除非御用的史学家,有意歪曲历史的学者是很少的。但我们应该明白,在学术领域中阶级性往往是看不见的手,是现实的阶级和阶级状况、政治观点以一种不声不响的方式长期浸润和濡化的结果。我们只要看看日本历史教科书的编著者对待日本侵华战争和南京大屠杀的立场,看看我们有些历史学家指责太平天国革命的愚昧、痛斥义和团装神弄鬼和极端民族主义的立场,就可以知道,在他们自以为公正的后面,往往隐藏着错误的历史观。

这当然不是说历史价值评价是二元对立的,只能说好或只能说坏,好就是一切均好,坏就是坏到一无是处。真正与科学性相结合的价值观应该受科学理性支配,对历史和人物采取分析的态度。太平天国的成就、失败及其经验可褒可贬,曾国藩的事功道德文章同样有可褒可贬之处。但这不是半斤八两、调和折中,而是有分析、有态度,把它们放在特定的历史条件下加以评价。马克思对资产阶级革命和资本主义就有过赞扬之词,中国共产党人对太平天国的腐败、内斗和对待中国传统文化的错误态度有过批评,对曾国藩个人道德文章并非一概否定。毛泽东年轻时就非常服膺曾国藩。

科学历史价值观和宗派主义的狭隘性并非同义语。但在清政府极端腐败临近灭亡之际,太平天国农民革命给予其沉重一击对历史来说是一个推动。曾国藩可以是清王朝的中兴名臣,但不是中华民族的救亡中兴名臣。同样,义和团反映的是对西方殖民主义的民族义愤,它以迷信方式组织和发动群众、以血肉之躯抵抗洋枪洋炮,这是民族的悲哀,而不能归罪于义和团的愚昧。只要看看印第安人、看看非洲一些民族以弩箭和符咒反对、抗击殖民者的屠杀就知道了。当代中国历史学家有权利居高临下扮演一个事后聪明人的角色,对太平天国、对义和团片面进行指责吗?无论在中国还是在外国,历史学家似乎具有随意书写历史的权力。历史学家按照什么样的价值观以评价历史和人物?这在形式上是自主的,实际上是被他的历史观和政治立场决定的。历史学家并不是站在历史之外,他就在历史之中,处在他书写历史的现实时代的环境之中。卡尔在《历史是什么?》中说,历史学家毕竟是单个的人,像其他单个人一样,历史学家也是一种社会现象。他不仅是其所属社会的产物,而且也是那个社会自觉或不自觉的代言人。历史学家是历史的组成部分,历史学家在队伍中的位置就决定了他对待过去的视角。可以说,历史学和历史学家自身也是一种历史现象,只有以历史的视角评价历史学家,才能理解历史学家的历史定位。

二、历史学与历史的价值评价

历史学有三个重要元素:叙述、理解、解释。叙述是指对历史事实的清理,在史学中它面对的是各种历史资料。研究历史必须从事实出发,资料力求真实、全面。恩格斯说过,历史研究,只说空话是无济于事的,只有靠大量的、批判地审查过的、充分掌握的历史资料才能完成。可只有资料并非史学,即使编年、年谱的编著也有指导原则。因此,理解和解释是以事实为依据的史学中的思想之光。

宋人吴缜有很精彩的论述。他说:"夫为史之要有三:一曰事实,二曰褒贬,三曰文采。有是事而如是书,斯谓事实。因事实而寓惩劝,斯为褒贬。事实褒贬既得矣,必资文采以行之,夫然后成史。至于事得其实矣,而褒贬文采则阙焉,虽未能成书,犹不为史之意。非乃事实未明,而徒以褒贬文采为事,则是既不成书,而又失为史之意矣。"应该说,这个论述充分表现了中国史学的优良传统,以及著史应该以事实为据的实事求是原则。

理解和解释与历史事实的关系,实际上就是历史学中价值与事实的关系。在历史学中,价值中立是不可能的。所谓客观性不是价值中立,而是科学性,如实地揭示历史真相。可要如实地揭示真相,必须有立场,即有观察问题的价值观念。在社会生活中,没有一个人可以超然世外,总是同情与自己相同处境的人,憎恨压迫自己同类的人,总是会为自己和所属阶级的成功而喜悦,为他们的不幸而悲伤。历史学家也是如此,称太平天国为洪匪、义和团为拳匪、共产党为赤匪的历史学家,不可能揭示历史的真相。

历史学家企图非意识形态化是不可能的。只要看看中日之间为教科书而争论就可以明白这一点。罗素说过,历史学家对他所叙述的事件和他所描述的人物应该怀有感情。当然,历史学家不应该歪曲事实,这是绝对必要的。但要他不偏袒他著作中所叙述的冲突和斗争的某一方,则并无必要。一个历史学家对一个党并不比另一个更为偏爱,而且不允许自己所写的人物中有英雄和坏人,这个意义上的不偏不倚的历史学家将是一个枯燥无味的作家。如果这会使一个历史学家变得片面,那么唯一的补救办法是寻找持有相反偏见的另一位历史学家。罗素的话有一定道理。我不怀疑,历史的价值判断会导致历史学家对历史事实的倾向性选择,只选择能说明自己的观点的所谓材料、而排斥相反的材料,也就是说价值判断使历史学家只看到自己愿意看到的东西,甚至一叶障目而不见泰山。这种情况会有,但这不是也不可能是从历史学中清除价值判断的理由。历史学像其他社会科学一样应该提倡百家争鸣,而不是定于一论。

历史学当然不只是关于过去发生过什么的记载,而应该同时包括对原因的探索,从中发现有益于后人如何行动的经验教训。历史学不只是叙述而必须同时是解释。叙述是事实的陈述,而解释则是对历史事件的理解。如果单纯着眼于解释,自然可以说任何史学家都可以有自己的解释,没有人能说自己的解释是唯一的最后的解释。可从事实的叙述来说,又必须强调同一事件的事实叙述不能彼此完全不同甚至矛盾。同一事实陈述多样说明事实不清,于事无凭则于理无据。这种事实不清的历史不可能是信史。历史学始终应该追求事实与价值的统一,为现在而研究历史和为现在而篡改历史,两者是根本不同的。我们往往将它们混为一谈。历史研究的特点是回溯性研究,后人对自身时代的关怀和需要产生研究前人的兴趣,而不是为前人的需要而研究前人。后人研究前人,事实必须求真,理解必须求理,没有人敢公然倡导伪造历史。

历史学中价值中立更不可能。从来不存在一个没有立场的历史学家和历史著作,史书不可能避开关于历史事件、人物和意义的评价问题。历史价值评价是主体性的,它依评价者的立场、观点、方法不同而有完全不同甚至对立的评价。我们以美国当政者如何评价朝鲜战争和越南战争为例,就可以极其鲜明地认识评价的主体性。《光明日报》上发表的《战争纪念碑上的美国》对我很有启发。在美国华盛顿的中心广场上,以庄严、古朴的林肯纪念堂和方尖塔形的华盛顿纪念碑为中轴线,与之垂直,在这条线的左右侧,分别矗立着美国越战纪念碑和美国朝鲜战争纪念碑。朝鲜战争纪念碑的主体是一组真人大小的不锈钢士兵的群雕像,士兵都戴着钢盔,披着雨衣持枪前行,他们的表情很警戒也很紧张。碑文写道:我们的国家以它的儿女为荣,他们响应召唤,去保卫他们从未见过的国家,去保卫他们素不相识的人民。文章还介绍了中轴线另一侧的越南战争纪念碑。在美国当政者看来,这两场战争都是保卫自由、民主的战争,把为美国的侵略政策充当炮灰的士兵塑造成为自由民主而牺牲的勇士,历史完全被颠倒了。这种评价,是与事实完全不符的价值评价,它体现的是一种错误的历史观。但是他们决不会以为错。

事实评价与价值评价不能等同。事实是属于客观的历史进程,价值评价是关于事实价值的主体判断。但真正具有价值的有教育意义的评价,必须尊重事实,以事实为基础。任何建立在歪曲事实、伪造事实基础上的所谓价值评价,是最没有价值的价值评价。如果以历史价值多元性为掩护,歪曲中国历史,甚至反对毛泽东、丑化中国共产党,散布历史虚无主义,必须对此进行批判。因为价值多元性属学术观点,而反毛反共属于政治问题,是以历史价值为掩护的违法违宪行为。价值评价的主体性不能归结为历史学家个人的主体性。个人的评价只是一种方式,而且具有极大局限性,因为它容易为个人的条件和既得利益所限。真正构成评价主体的应该是广大人民群众,广大人民群众的人心所向、他们赞成不赞成、满意不满意应该成为历史学家价值评价的依据。在当代,不能以历史学家之是非为是非,而应该以广大人民的是非为是非。

历史价值观非常重要。历史不会自动教育人,它总要通过历史的书写即历史学总结历史经验,发挥它的教育作用。这就是历史学的作用,是史学的功能。所谓一切历史都是当代史,如果是重写历史事件,甚至是杜撰、戏说,这都是历史虚无主义和历史唯心主义。事实不能杜撰,但历史的意义和教训可以加深,可以有新理解。时代在变化,认识可以深化。任何倡导历史重写,都应该是更接近事实,更接近真理,而不是单纯做翻案文章。

中国历史学有一个优良传统,就是把历史事实和历史评价区分开来。历史事实属历史本身,而历史评价属历史书写者本人,是分开的。我们从《史记》中的《秦始皇本纪》和贾谊的《过秦论》可以看到这个特点。"太史公曰"的议论是放在每篇末尾,与纪实是分开的。即使是以史论为特点的文章,在涉及历史时仍然要尊重事实。《过秦论》不同于《秦始皇本纪》,它以政论为特色,仍然以史实为据不是放空炮,贾谊的评论同样是放在后面,虽然比较偏于道德评价,仍然是很有见解的评论。"论"应该从史出,而不是"史"从论出。如果以理性主宰世界、一切历史都是思想史或一切历史都是当代史为指导研究历史,这种所谓历史是一种什么样的历史?不想可知,它不是历史,而是每代人对历史的重建。在重建中,历史事实变为漂浮不定的泡沫。

历史研究不可能先把事实收集完备再解释,而是相互促进的过程。一个历史观点的形成往往要经过多年的研究,这是理论解释不断深入和事实收集不断完备的过程。解释不能代替事实,解释应该建立在事实基础上。

三、历史的道德评价

历史价值的评价既包括历史定位的评价,也包括道德评价。当然重点应该是历史事件和历史人物在社会发展中作用的评价,即对于国家和民族的发展起推动作用还是阻碍作用。当然,历史也不能完全排除道德评价。

历史人物的道德评价,不能拘于小节而无视大节,或者说苛求私德而忘却公德。卡尔在他那本名噪一时的《历史是什么?》中反对把道德评价引入历史研究。他说,毋庸置疑,当今已不要求历史学家对其笔下人物进行道德的审判,历史学家的立场与道德家的立场不必一致。亨利八世或许是一位好丈夫,却是一位坏国王。这当然可能,正如希特勒是杀人魔王,可与爱娃却情深爱笃。难道希特勒能称为道德高尚吗?卡尔也知道完全排除道德评价在历史研究中的地位是不合适的,因此他加上一个条件:当一种品质对历史事件产生影响时,历史学家才会对他的这一性格发生兴趣。假如他的道德过失像亨利二世一样对公共事务并没有产生多大的明显影响,历史学家则不需要关注这个问题,不仅恶行如此,而且美德也是如此。巴斯德和爱因斯坦在私生活方面是人们的榜样,但是假设他们是不忠的丈夫、狠心的父亲、寡廉鲜耻的同事,那么会削弱他们的历史成就吗?这个说法有道理,历史学家不应关心与历史事件无关的私德,可当他们的残忍和暴虐与反历史的罪行结合在一起时,道德评价则是正当的,是清算罪行的一部分。第二次世界大战后的东京审判,既有战争罪行的事实依据,也有对战争罪犯反人类罪的道德谴责。牟宗三先生在《历史哲学》中说:"历史判断既非道德判断,亦非科学方法之下的认知判断。道德判断足以抹杀历史,科学判断则是把事物理化使之成为非历史。但光道德判断固足以抹杀历史,然就历史而言,无道德判断亦不行。盖若无道德判断,便无是非。所以,在此,吾人只就道德判断予两者之对比而融和之皆予以承认。"对历史做过杰出贡献的人物也会涉及道德评价问题。这种评价是重公德而不能拘小节,道德瑕疵不能掩盖他们的历史贡献。金无足赤,人无完人。对历史杰出人物道德的过分苛求,把历史变为道德教科书不是研究历史的正确方法。中国古代历史观和历史书的一个不足就是把道德评价摆在首位。王朝之盛衰治乱、天下之得失兴亡,似乎都系于统治者一人之道德水平,此种看法言之过当。

对伟大人物的理解不能单纯聚焦于他个人,而必须是他的时代需要和文化背景。这样我们才能理解他何以产生、为什么会产生。就伟大人物个人研究个人,不可能真正理解个人,因此必须提出个人与时代的关系。某个具体人物的出现是不可预测的,也无需预测。这个论断的认识论价值,是使我们不会陷入对英雄人物的天命论和神秘主义。我们不可能在毛泽东之前断言一定会出现一个毛泽东。说没有某某人也会产生另一个人物,这是以历史条件和时代需要为据说的,只要历史和时代有需要就会产生相应人物。至于是谁当然取决于个人的才能和某些历史的偶然性。无数的历史偶然性和个人生活经历中的偶然性对于某一具体伟大人物出现都会有影响,但历史人物不能超越时代的需要则是必然性的。

　　历史人物的产生是时代和历史的需要。既然是历史人物,对他们的评价当然不能离开历史。伟大历史人物就是历史的一部分,对历史人物的评价也就是对这一时期历史的评价。邓小平在讲到对毛泽东的评价时说:"对毛泽东同志晚年的批评,不能出格。因为否定这样一个伟大的历史人物,意味着否定我们国家的一段重要历史。"邓小平坚持对毛泽东的公正评价,现在我们可以看到它的重要意义。要是全盘否定甚至丑化毛泽东,中国已经不再是现在的中国。

　　一篇并非中国大陆作者关于毛泽东的评价文章标题很有意思:《假如中国没有毛泽东》。这里运用"假如",不是对历史的否定而是一种论证方式,其意是中国当代的现实证明:不能没有毛泽东。文章说:诸多网友对毛泽东有不同的看法,有崇拜他的,有憎恨他的。但是我认为评价一个人有一种比较客观存在的办法,就是把一个人从历史上抽走,假如这个人在历史上不存在,看人类社会过去与现在比较。如果更好一些,那么这个人起正面作用;而如果更差一些,那么这个人起的是负面作用。对制度也是一样。论者在这个前提下,列举了如果没有毛泽东将如何:首先中国共产党不会有机会执政。因为,像王明那样"左"或像陈独秀那样"右"都不行。然后论者还列举了许多条,如中国版图不是今天这个样子,外蒙已由国民党同意独立,而新疆和西藏都会爆发独立,吸毒将泛滥全国。国民党禁毒禁不住,云贵川成为世界最大的毒品生产基地,黑社会和匪患也到处泛滥,直到现在台湾也没有彻底剿灭黑社会。中国的工商业发展将长期受到外来资本的打击而萎靡不振,中国将长期不会造飞机、汽车、轮船。在列举了许多条之后,作者总结说:总之,如果没有毛泽东,那么中国现在就是菲律宾或者印尼的样子。因此,世界上的事情就是这样,鱼与熊掌不可得兼。你要避免"文化大革命"和反"右"就避免不了艾滋病、吸毒泛滥成灾,国家没有强大的国防而四分五裂。你要一个没有吸毒、没有嫖娼,没有拐卖妇女儿童,没有美军在大街上任意强奸妇女,没有土匪、没有绑票的有着强大国防的社会,那么你就要承受知识分子去打扫厕所、当官儿的经常受到迫害及相当长时间受到美国军事包围和经济封锁使百姓们也不大富裕这样的代价。究竟喜欢哪样？诸位网友看着办！

作者看法不一定全面准确，中国"文化大革命"及某些"左"的错误不是取得成绩必须付出的代价，而是必须总结的教训，不能再犯。但是作者的主导思想是正确的，毛泽东在中国的历史地位是不能否定的。

如果没有毛泽东当然是一个"假定"，这个假定的实质并不是真正没有毛泽东，而是反证中国当代历史现实包含毛泽东领导的不朽功勋。毛泽东不是个人，他是中国共产党第一代领导集体核心。当然，我们可以说，如果没有毛泽东，中国只要有革命要求，迟早会有人出来领导最终会取得革命战争的胜利。但会长时间在黑暗中摸索，会有更大的牺牲，更多的曲折。这就是中国人民敬仰和怀念毛泽东的原因。

毛泽东当年写过一首七律《读〈封建论〉呈郭老》实际上是坚持一种历史唯物主义对历史人物评价的历史观。当时正当批儒评法，毛泽东关于孔学的评价、关于十批判书的评价具有鲜明的时代烙印，是否正确可以有不同看法。我感兴趣的是毛泽东对秦始皇评价所表现的一种历史观，对伟大人物的肯定评价应该是把他对民族、对后世的开创性的无可替代的功绩放在首位，还是把道德的评价放在首位？通过道德的审判而对杰出历史人物采取否定态度，这是历史观问题。

毛泽东对秦始皇的评价，不是放在历代有些学者扭住不放的焚书坑儒上，而是把他放在统一六国、书同文、车同轨、实行郡县制上。这对中国的统一、对中国行政制度、对中华民族的发展都具有不可磨灭的历史贡献。没有大一统观念和中央集权制度，不可能确立中国人至今拥有的中华民族共同情感和认同。如果这样，世界上这个人口最多、拥有56个民族、多种语言和民族文化的国家巩固统一难矣哉。秦始皇对中华民族这个功绩岂是焚书（儒家经典）坑儒（据说有四五百人之多）的过错所能掩盖和抹杀的。单纯从儒家仁义道德角度看，可以说他是暴君。可从历史进步角度说，他的行为代表的是中国统一和制度改革的历史前进方向。

道德判断是由判断主体的道德观念决定的。单纯道德评价的最大局限，是它以道德规范为尺度评价历史人物的行为，而不顾及这种行为的长远历史影响和作用。几乎没有一个开创时代的人物没有道德瑕疵，能经得起纯道德的审判。无论纳粹分子如何从道德上美化希特勒，都无法改变希特勒的罪恶和他对人类犯下的罪行。正如不管一些人如何在道义上评价斯大林，都无法改变斯大林在苏联社会主义巩固和发展、苏联卫国战争胜利、苏联摆脱贫困落后崛起为超级大国的历史作用。

我们有些学者在对毛泽东的评价中，同样存在这个问题，甚至以极其肮脏的语言不断泼脏水。这已经不是道德评价，而是卑劣的政治手段。我不是说历史人物无须道德评价，胜利者不受道德约束的观点是不正确的，但道德评价必须是第二位的，它不能超越历史人物的历史功绩。我们不能把道德的批判变为道德的审判，把历史研究变为道德的法庭，尤其是不能以错误的道德为评价标准。如果以儒家的孝悌爱民为标准，我可以说，在中国历史上没有多少皇帝在道德上是合格的。秦皇汉武、唐宗宋祖、一代天骄成吉思汗，终究是历史的英雄人物，哪一个符合儒家的道德标准？他们的英名在于事业的辉煌，而不在于所谓道德的高尚。况且道德的评价是对历史人物的行为的评价，它必须是具体的，即符合社会公认的道德原则的评价，而不能是以抽象的公平、正义、善良、人性，诸如此类存在歧义的概念作为标准的评价。

历史价值评价包括道德评价，但不能归于道德评价。例如资本主义社会代替封建社会，工业生产方式取代农业生产方式，工业化、城市化、市场化的进程会伴随传统道德与价值观念的变化、人际关系的变化。其中主导方面是社会进步，同时也是社会某些方面的后退。人类不能因此阻止历史的脚步，重新回到封建社会，回到温情脉脉的所谓"人情社会"。历史进步是要付出代价，但代价论不能变辩护论，这就在保持社会进步方向的同时，克服历史进步的消极面。

改革开放三十多年的功绩是有目共睹的，但代价也不小，我们的正确看法应该是坚持改革开放,但要正视改革中出现的问题,要对问题有清醒的认识和处理方法。我们不能抽象地说改革中的问题是因为改革不到位,也不能抽象地说改革中的问题要在深化改革中解决,而应该明确哪些不到位,问题出在哪里,应该具体深化改革方案,反思改革中成功与存在的问题,总结得失。这才是对待改革的郑重的马克思主义态度、实事求是的态度。充分肯定成绩,明确问题,继续坚持改革开放,坚持正确方向的改革开放。这是中国特色社会主义发展的历史大方向。

历史价值评价着眼点就是历史的大方向和历史的进步。从事伟大变革的历史人物,如果他的行为推进社会进步,就应该是肯定性评价;如果站在历史潮流的反面阻碍历史进步,就是否定性评价。在这个社会历史进步方向问题上,历史评价的尺度就是历史发展自身的大方向,而不能以道德评价取代历史评价。

马克思写过一篇名为《道德化的批判和批判化的道德》的评论文章,其中就讲到关于历史的道德批判问题。他批评一些所谓道德批判,往往是把激昂之情同庸俗之气滑稽地结合在一起,自称只关心问题的本质,但又经常忽视问题的本质,庸夫俗子以自己的道德高尚而自鸣得意。马克思强调,历史的进步从旧道德观念看来往往是不道德的。例如各国人民的宗教幻想把无罪的时代、黄金时代列在史前时期,从而辱骂了整个历史。又如在轰轰烈烈的革命战争时代,在强烈的、激情的否定和背弃的时代,出现了以停滞状态的田园生活来同历史的颓废相对抗的有素养、作风正派的盖斯纳之类的色鬼。在马克思看来,历史的进步有时会表现为对传统的亵渎。可见,在道德评价历史人物和历史事件时,必须认真考虑自己运用的道德标准,如果以遗老遗少的心态评价社会变革,当然不可能有公正的评价。

第十讲　马克思主义发展的必由之路

一、马克思主义在当今世界上
仍具有鲜活的生命力

一种学说的生命力取决于三个因素：一是是否有社会需要，这种需要，不仅是它产生的社会原因，还是它能继续存在和发展的社会原因；二是是否包含真理性因素，具有超越自己时代的价值，经得起历史的考验；三是有无实现这种学说的力量和传人。我从这三方面来分析马克思主义的生命力。

首先，马克思主义的产生有其深刻的社会原因和社会需要。马克思和恩格斯创立马克思主义,就是为了适应19世纪40年代无产阶级开始登上政治舞台的需要。无产阶级需要一种科学理论来指导自己实现历史使命。当时存在的各种社会学说,包括19世纪三大空想社会主义学说都不可能承担起这个任务。因此,必须创造一种新的学说来满足无产阶级革命需要。

马克思和恩格斯非常清楚这种社会需要。恩格斯在1845年1月20日致马克思的信中说:"目前需要我们做的,就是写出几本较大的著作,以便给许许多多非常愿意干但自己又干不好的一知半解的人以一个必要的支点。你的政治经济学著作,还是尽快把它写完吧。即使你自己还感到有许多不满意的地方。这也没有什么样关系,人们的情绪已经成熟了,就要趁热打铁。"马克思发表在《德法年鉴》上给卢格的几封信中也对当时的社会需要讲得很明白。

当年毛泽东同志在《反对本本主义》中讲到马克思主义为什么能在中国传播和生根时明确表示,因为中国革命有对马克思主义的需要。

那么,产生于19世纪的马克思主义,到了21世纪还有支撑它存在的社会需要吗?答案是肯定的。因为马克思主义学说不是对一时、一地、某一事件的判断,而是规律性的判断。马克思和恩格斯提出的资本主义基本矛盾,无产阶级的历史使命,社会主义取代资本主义的历史发展走向,人类走向公平、正义、共同富裕的要求等,在世界范围内仍是一系列有待实现的任务。不仅西方发达资本主义国家有这种需要,社会主义中国同样有这种需要,因为我们正走在建设公平、正义、共同富裕的社会的道路上。我们会遇到人类历史上前所未有的问题,需要马克思主义领航指路。

其次,马克思主义理论能够满足当今时代对它的社会需要。马克思主义不是"天书"、"推背图",也不是一经背熟就可以包医百病永恒不变的教条。它是科学的学说。虽然产生于19世纪上半叶,但马克思主义的科学性和真理性,使它能超越产生自身的历史条件。这种超越自己时代的东西不是对某事、某人或某种条件下应该采取的措施的具体判断,而是对规律的揭示。这种具有规律性的判断,对我们来说就是能在实际中应用的基本理论和方法。尽管当代马克思主义"过时论"一再沉渣泛起,但一次次破产;尽管苏联解体、东欧剧变使社会主义遭遇重大挫折,但马克思依然被西方评为"千年思想家"。马克思主义并没有被遗忘,而是在所谓的"挫折"中愈加显现其真理的光辉。

当代世界需要马克思主义提供基本理论和方法。当代世界向何处去?如何认识当代资本主义?如何认识当代社会主义?特别在经济全球化背景下,如何处理当代资本主义尤其是发达资本主义与新兴社会主义之间的关系?如何解决人类面临的生态文明问题、贫富对立问题、公平正义问题?可以说,对这些问题的科学认识和合理解决都离不开马克思主义的指导。英国学者乔纳森·沃尔夫在《当今为什么还要研读马克思》中说:"无论从理论还是从实践方面来看,马克思的影响都是无法估量的,没有至少是对马克思思想的粗线条的评价,我们将根本无法把握当今世界,以及当今思想界的很多方面。光这一点就足以证明应当对马克思的思想予以密切关注。"

最后,马克思主义是人类思想史上最具实践性的学说。不仅马克思主义学说传遍全世界,马克思主义理论的实践者也遍及整个世界。仅就中国而言,中国共产党作为世界上最大的马克思主义政党,有8700多万党员,众多的马克思主义理论工作者分布其中。在当代世界,马克思主义是信仰者和实践者最多的学说。实践者最多,说明它拥有在实践中与时俱进的发展力;信仰者最多,说明它拥有在理论上继续发展和持续传承的创造力。没有一种学说像马克思主义这样,在马克思和恩格斯逝世后出现众多杰出的马克思主义继承者、发展者和实践者。

在当代,尽管国际形势的变化使世界社会主义运动遭遇挫折,但与马克思主义有关的活动在西方经常举行。马克思主义并没有被打倒,也不可能被打倒。在苏联解体、某些西方反马克思主义者得意忘形额手称庆时,邓小平同志就说过:"马克思主义是打不倒的,因为它是真理,它代表了全世界大多数人的利益。"在中国,90多年来马克思主义

155

的不断胜利、60多年来的社会主义发展成就、近40年改革开放的伟大成就,都证明了马克思主义在当代中国的生命力。"世界马克思主义大会"在中国召开,是马克思主义在中国生命力的表现,也是对中国马克思主义理论、实践和创造性发展的一种认可。

二、马克思主义中国化有什么重要意义? 应当如何评价其产生的巨大作用?

对于中国共产党来说,要体现马克思主义哲学与时俱进的理论品质,最根本的就是要把马克思主义和中国实际相结合,使马克思主义中国化、时代化和大众化。其中,中国化处于核心地位。

中国之所以需要马克思主义,就是因为马克思主义契合中国需要。中国共产党的产生,是中国历史上开天辟地的大事。中国共产党的成立,深刻改变了近代以后中华民族发展的方向和进程,深刻改变了中国人民和中华民族的前途和命运,深刻改变了世界发展的趋势和格局。中国共产党之所以能使中华民族发生如此翻天覆地的变化,因为其掌握了认识世界和改造世界,认识中国社会和改造中国社会的科学学说,这就是马克思主义。没有马克思主义指导,中国革命就只能在黑暗中摸索,无法前行。但这种马克思主义必须是中国化的。只有牢牢把握马克思主义中国化这个方向,才可能推进马克思主义的时代化和大众化。马克思主义的中国化,既是中国革命、建设的必然选择,也是创造性发展马克思主义的必由之路。

马克思主义中国化,是由马克思主义的本性决定的。马克思主义提供的只是关于自然、社会和人类思维发展的普遍原则,它对世界的认识和改造作用,必须与它的对象密切结合。如果脱离了中国的实际,马克思主义基本原则就会教条化、抽象化。毛泽东同志曾风趣地说过:"教条主义的马克思主义比狗屎还不如,狗屎还能肥田,教条主义一点用也没有。"

正是由于中国共产党坚持马克思主义中国化,坚持马克思主义普遍原理与中国实际相结合,我们才能取得中国革命的胜利;也正是由于坚持马克思主义中国化,我们才能在社会主义建设和社会主义改革中取得巨大成就,并走出一条具有中国特色的社会主义道路。可以说,中国马克思主义的两大实践成果——中国革命的胜利和中国社会主义建设的巨大成就,中国马克思主义的两大理论成果——毛泽东思想和中国特色社会主义理论体系,就是对马克思主义中国化重要意义和巨大作用的最好评价。

三、中国化马克思主义理论成果的传播和
"走出去"面临哪些不足?

中国是世界上马克思主义理论工作者最多的国家,是马克思主义著作和出版物最多的国家,也是在实践中强调以马克思主义为指导的国家。因此,马克思主义在中国具有最宽广的舞台和创造性发展的空间。我没有具体统计,但可以肯定的是,我们每年出版的马克思主义方面的著作和论文在数量上是世界之冠。这些著作和论文的最大特点,就是不同程度地对阐述和深化中国特色社会主义新成果、新进展作出了努力。当然,我们的理论成果与我们的实践相比,还是差距甚远。我们还缺少能够从发展的马克思主义理论高度,对中国特色社会主义道路、理论和制度进行具有理论深度和说服力的阐释的学术著作。借用一句话,我们的理论研究正处于"有高原无高峰"的境地。

中国化马克思主义理论成果的传播和"走出去"涉及话语权问题。话语权不仅在国内思想理论领域具有重要意义,在国际上也是如此。

在当代,构建中国哲学社会科学话语体系是一项重要战略任务。习近平总书记在全国宣传思想工作会议上指出,要加强话语体系建设,着力打造融通中外的新概念新范畴新表述,增强在国际上的话语权。党的十八届三中全会《决定》也强调,要加强对外话语体系建设,推动中华文化走向世界。应该说,对中国的问题,对中国特色社会主义道路、理论、制度的经验和成就,中国马克思主义理论工作者最有发言权,要主动发声,因为这是讲述我们自己的事情。国外学者的正确意见,我们应虚心听取,但如何评价,应当且必须由我们做主。可惜我们缺少一套比较成熟的学术话语体系,往往是有理说不出或者说了传不开。能否用中国话语讲好中国故事、传播好中国声音,直接影响着能否抢占世界学术制高点、掌握话语主动权。

中国特色话语体系的建立,必须坚持以当代中国马克思主义为指导。话语体系是思想理论的外在表达形式,有什么样的思想理论作指导,就会有什么样的话语体系。即使运用原来西方曾经使用过的概念,如自由、民主、人权、公正、法治;或者运用中国传统文化中的孝悌忠信、礼义廉耻、仁义礼智信等概念,我们都应该根据时代赋予其新的内涵。这种内涵不是表现在概念的外壳上,而是表现在概念的运用和解释上。因此,我们亟须创立中国特色社会主义理论的话语体系;实现这一重要任务,需要全体理论工作者共同努力。

四、走向国际舞台的中国马克思主义者

与30多年前相比,在当代中国,马克思主义学者走上国际舞台交流的人数越来越多,尤其是年轻一代的学者,他们思想敏锐,具有开拓和创造精神,具有外语和年龄优势。我们这一代学者寄希望于年轻的一代。

在学术交流中,中国马克思主义者已经具有理论自信力。因为一个国家马克思主义者的自信力和理论研究成果的可信度,从根本上取决于马克思主义在该国实践中所取得的成就。中国社会主义建设和改革开放取得的成就以及需要解决的难题,是中国马克思主义创造性发展的动力。"问渠哪得清如许,为有源头活水来。"世界上没有哪一个国家的马克思主义学者面对中国同样的变化。因为他们绝大多数从文

本中研究马克思和恩格斯学说;而中国当代马克思主义不仅研究文本,更重要的是立足中国现实,以问题为导向进行研究。中国特色社会主义的实践,就是中国马克思主义发展的源头活水。中国马克思主义理论工作者应该对坚持和发展马克思主义作出贡献,因为社会主义在中国实践取得的成就,无论是经验还是教训,只要能真正上升到马克思主义理论层面,都会具有国际价值,都是对世界马克思主义发展作出的独到贡献。

第十一讲　马克思主义和中国传统文化

目前在中国大地上,传统文化研究和宣传热潮高涨,儒学重新成为显学。当年孔子风尘仆仆周游列国,实际上齐鲁郑卫陈蔡诸国不过是山东河南几个县,而今随着孔子学院正在周游世界,国外汉学家渐多,中国传统文化声望日隆。这本是大好事,是中华民族复兴在文化上的一种表现。

有些理论工作者感到迷茫,意识形态领域中坚持以马克思主义为指导的方针是否发生了变化? 有些极端的儒学保守主义者误判形势,拔高之论迭出。乱花迷眼,议论各异,意识形态领域陷于两难:似乎强调坚持马克思主义思想指导,就是贬低以儒学为主导的中国传统文化,反之,则应把马克思主义请下指导地位的"神坛",重走历史上尊孔读经以儒治国的老路。这种非此即彼、冰炭不可同炉的看法,理论上是错误的,实践上是有害的。

一、应该站在社会形态更替的高度来审视马克思主义和中国传统文化的关系

如何理解马克思主义和以儒学为主导的中国传统文化之间的关系,我想起"周虽旧邦,其命维新"。冯友兰是中国现代史上杰出的思想家、哲学家和哲学史家,也有的学者尊他为现代新儒家。他在历经多年编写的《中国哲学史新编》中的序言中说,"诗经上有句诗说,'周虽旧邦,其命维新'。旧邦新命,是现代中国的特点。我要把这个特点发扬起来。我所希望的,就是用马克思主义的立场、观点和方法重写一部中国哲学史。"冯先生由于专业写作的需要把它仅限于以马克思主义观点重写中国哲学史,我从冯先生的话中得到启发,以"旧邦新命"作为廓清迷雾、解开马克思主义与中国传统文化关系争论的一把钥匙。

社会主义中国,是具有五千年历史的古老中国的当代存在。中国是旧邦,是一个古老的国家,可当代中国是不同于传统中国的社会主义形态下的新的中国。中国共产党负有新的历史使命,这就是中华民族的伟大复兴。它包括创立社会主义新中国的民族复兴,也包括中华民族的文化复兴。这是一条既要坚持马克思主义思想理论指导,又要正确处理马克思主义与中国传统文化关系的道路。这条路历经90多年的摸索,在艰难曲折中跋涉前行。有经验,也有教训。只有站在社会形态变革的高度进行审视,才能牢固确立中国共产党和社会主义社会以什么为指导思想,以及如何处理马克思主义与中国传统文化关系这个重大问题。这个问题仅仅局限在文化范围内是说不清楚的。

中国社会主义制度的建立是社会形态的根本变化,这是中国历史上几千年未有的大变化。自秦始皇统一中国之后的两千多年,中国历

史的变化本质上是同一社会形态内部的变化。王朝易姓,改朝换代,都没有改变中国社会形态的本质。经济结构、政治结构、文化结构当然有变化,但都具有同一社会形态的历史继承性和延续性。中国封建社会是在一治一乱、王朝易姓中走向发展和成熟的。在中华民族的开化史上,有素称发达的农业和手工业,有许多伟大的思想家、科学家、发明家、政治家、军事家、文学艺术家,有丰富的文化典籍。历史上出现过儒释道的相互吸收,也出现过新儒家,但儒学道统未变。在两千多年中,孔子是王者师,是素王,这个至高无上的圣人地位没有因为王朝易姓而发生根本变化。新王朝依然是尊孔读经,依然是看重儒家学说作为维护社会正常秩序和统治合理性的首要思想功能。

任何有点历史知识的人都知道,相信"水可载舟,亦可覆舟"的皇帝多,因为这是历史的经验;真正信奉"民贵君轻",实行王道、仁政者极为罕见。这不是皇帝个人的罪恶。历史上皇帝并非都是坏皇帝,有不少对中国历史作出过贡献。这也不是儒家思想存心欺骗或愚民,封建社会的政治现实不能否定儒家学说精华中的思想价值。这是封建社会的经济关系和阶级关系使然。理想永远高于现实,现实从未完全符合理想,这是历史上一切伟大思想家的共同宿命,孔子也是如此。

二、只有以马克思主义为指导才能变革中国社会

清末,中国社会处于崩溃前夕。近代历史上出现过不少以身许国流血牺牲的仁人志士,可是中华民族的命运并没有改变。面临西方资本主义列强入侵,处于风雨飘摇没落时期的中华民族,无论藏书楼中有多少传世的经典宝鉴,传统文化中有多少令世人受用无穷的智慧,儒学中的正心诚意、修齐治平的道德修养和治国理政观念如何熠熠生辉,都不可能避免中华民族被瓜分豆剖的命运。历经失败,最终实现中华民族复兴这个伟大任务,落在中国共产党的肩上。中国这个旧邦要想复兴,改变中华民族的命运,救人民于水深火热之中,不可能再沿着历代

改朝换代的道路走,沿着历史上尊孔读经的道路走。

中国共产党成立的首要任务是革命,是推翻压在中国人民头上的三座大山,打倒帝国主义、封建主义和官僚买办,解放全中国,建立一个和历代王朝不同的社会主义新中国。这已经不再是历代封建王朝的延续和更替,而是社会形态的变化。要实现这个任务,从思想理论指导角度说,只有马克思主义才能发挥这个作用,因为马克思主义就是关于社会形态革命的学说。它的辩证唯物主义和历史唯物主义哲学、劳动价值论和剩余价值学说,以阶级斗争和无产阶级专政为核心的科学社会主义学说,是一个严整的、科学的思想理论体系。只有它才能为中国共产党如何解决中国问题,照亮处于危亡之际的中国,为沦为半封建半殖民地的中国找到一条中华民族复兴之路。中国民主革命的胜利,就是马克思主义中国化的胜利,就是马克思主义与中国实际相结合的胜利。这条道路是通过阶级斗争和武装斗争,通过血与火的斗争,生与死的决战,以千百万人的流血牺牲取得的。这是一条推倒既有社会秩序、等级、法统、道统的"犯上作乱"、革命造反之路,是与儒家和新儒家倡导的修齐治平、内圣外王、返本开新迥异的道路。

在革命胜利之后,中国共产党用了60多年寻找中国社会主义建设和改革之路。同样只有运用马克思主义的基本理论和方法,结合中国的实际才逐步弄清社会主义初级阶段中的生产力与生产关系、经济基础与上层建筑的关系,解决什么是社会主义、如何建设社会主义,找到建设中国特色社会主义之路。中国特色社会主义理论、道路、制度的建设,就其指导思想理论来说都是马克思主义,是马克思主义和中国实际的结合。

在讨论马克思主义和以儒学为主导的中国传统文化关系时,决不能忘记社会形态变革这个重大的历史和现实,不能忘记"旧邦新命",不能忘记马克思主义是我们立党立国的根本指导思想。马克思主义是无产阶级的阶级主义,是为无产阶级和人类解放而斗争的主义;马克思主义立足点是阶级、阶级关系和阶级斗争,而儒学是处理以宗法制度为基础,以血缘为纽带,以家庭为细胞的人与人的关系。儒学学说中没有阶级,只有君子与小人之别。这是以道德为标准的区别,而不是阶级区别。封建社会也有穷人和富人,这种区别在儒家看来只是贫和富的区别,而非阶级区别。儒家处理等级关系的方法,是正名;处理贫富关系的方法,是"贫而无怨,富而无骄"。马克思主义处理的是阶级关系,儒学处理的是同一社会内部的君臣、父子、夫妇、兄弟、朋友关系,即所谓五伦关系,而非阶级对抗关系。因此马克思主义强调阶级斗争和夺取政权;而儒家强调"仁"与"和"稳定既成的社会关系。如果不懂得这个根本出发点,就无法理解登上中国政治舞台的中国共产党,为什么不能继续沿着儒家铺就的道路作为中华民族复兴之路,而要举起马克思主义旗帜。

"领导我们事业的核心力量是中国共产党,指导我们思想的理论基础是马克思列宁主义",我们应该重新温习毛泽东当年这两句话。它包含为什么要以马克思主义为指导,以及如何处理马克思主义与中国传统文化关系的回答。

三、只有继承中国传统优秀文化,马克思主义才能在中国取得胜利

中国要革命,要变革,要走出民族存亡绝境,就必须以马克思主义为思想理论指导。但马克思主义不能取代中国传统文化。中国共产党人即使在激烈的革命时期,无论是在中央苏区,还是后来在延安,都关注文化建设,也关注中国传统文化的教育。毛泽东在《中国革命和中国共产党》《新民主主义论》《改造我们的学习》等著作中都论及如何对待中国传统文化的问题。尤其是《中国共产党在民族战争中的任务》一文中在讲到学习时,毛泽东强调:"学习我们的历史遗产,用马克思主义的方法给以批判的总结,是我们学习的另一任务。我们这个民族有数千年的历史,有它的特点,有它的许多珍贵品。对于这些,我们还

是小学生。今天的中国是历史的中国的一个发展;我们是马克思主义的历史主义者,我们不应当割断历史。从孔夫子到孙中山,我们应当给以总结,承继这一份珍贵遗产。这对于指导当前的伟大的运动,是有重要的帮助的。"说句实在话,从孔夫子到孙中山应当给以总结,继承这一份珍贵遗产,这个任务仍然任重而道远。

马克思主义的强大力量就在于它与中国实际的结合,其中包括与中国历史和传统文化的结合。中国共产党是中国的共产党,而不是别的什么国家的共产党;是在中国建设社会主义,而不是在别的什么国家建设社会主义。无论是共产党,还是社会主义社会都是植根在这块具有深厚历史传统和文化传统的13亿人口的中国,当然应该重视中国的历史和文化遗产,重视中国传统文化尤其是长期处于主导地位的儒家学说对中国社会结构、对中国人的民族性格、对中国人的思想和价值观念的深刻影响。马克思主义要在思想和情感上为中国先进知识分子和以农民为主的中国人民所接受,必须植根于中国的历史和文化。中国革命需要马克思主义,中国文化和历史传统能接纳马克思主义。

依靠武力可以夺取政权,但仅仅依靠武力不能建设新社会。按照毛泽东当年的话,革命胜利只是万里长征第一步。新中国成立以后,需要解决的问题更多。这些问题包括社会生活各个领域,尤其是在精神方面,在软实力的建设方面,仅仅依靠马克思主义作思想理论指导,而不充分发掘、吸取与运用中华民族丰富的文化资源来进行社会治理、人文素质的培养、道德教化,是不可能完成的。如果说,在以军事斗争为中心的武装夺取政权时期,处理马克思主义与中国传统文化的关系问题还没有那么急迫,那么革命胜利之后,随着社会主义建设的发展,特别是改革开放后社会转型期的道德、信念、理想、价值中呈现出的某种程度的紊乱,就成为一个亟待正确处理的问题。

"攻守易势"和"马上得天下,不能马上治之",是中国历史的两条重要经验。在革命时期,中国共产党处于攻势,主要是推翻旧中国和改变旧秩序,夺取政权,一句话是攻;革命胜利之后,中国共产党掌握全国政权,不能只破还必须立。现在不是我们向原来当政者进攻的时代,我们自己就是当政者,就处在时刻"被攻"的地位。国家治理如何,社会状况和社会秩序如何,人民生活提高如何,生态环境如何,全国人民的眼睛都望着中国共产党,一切都要由我们当政者自己负责。从这个角度说,革命的胜利,取得全国政权的开始,同时就是攻守易势的开始。

"马上得天下,不能马上治之"。通过革命斗争打出的天下,不可能在治国理政、调整内部矛盾时照样沿用革命的方法,照用武装斗争的方法。正心诚意修齐治平,不是中国革命胜利之路,却是取得政权后当权者的修养和为政之道。以儒家学说为主导的传统文化包含有丰富的治国理政、立德化民的智慧。必须研究中国历史上治国理政的经验和中国传统文化,尤其是儒家学说中注重社会和谐和民本的治国理政的智慧,研究如何立德兴国、教民化民。如果说前三十年有什么教训的话,我认为我们缺少这个方面。从反"右"斗争到"文化大革命"发动全国进行群众性的斗争,仍然可以看到"马上得天下,马上治之"的方式。党内党外仍然处在紧绷的斗争之中,剑拔弩张,伤害了一些人。正是从这个教训中,我们理解了依法治国的重要性,理解了中国传统文化中优秀治国理政智慧的重要性,大力倡导树立和践行社会主义核心价值观,构建社会主义和谐社会,实现"马上"夺权到"马下"治国的精彩转身,对于一个民族来说,最有效的学习就是从自己的错误中学习。中国特色社会主义建设就是在不断总结经验中发展和前进的。

四、正确评价儒家在中华民族文化中的地位

中国传统文化博大精深。它流动于中华民族的生活方式之中、传统的风俗民情之中,凝集于包括儒墨道法诸子百家经史子集的经典之中。儒家不是中国传统文化的全部,但处于主导地位。中华民族文化复兴具有极其丰富的内容,包括多方面的任务,不能简单理解为仅仅是复兴儒学。

　　儒家哲学主要是人生伦理哲学。梁启超把儒家哲学归结为八个字:修己安人,内圣外王。修己安人是儒家哲学的功用。它的作用就是修己,即个人的道德修养或说是修身。修己达到极处就是内圣,安人达到极处就是外王,即治国平天下。正因为儒家哲学是人生伦理学,因此,儒学中的命题都离不开人生问题。从孟荀讨论的性善恶问题、告子与孟子讨论的仁义之内外问题、宋儒讨论的理欲问题、明儒讨论的知行问题,都离不开做人的问题。修齐治平,都是道德修养的结果,都是内圣外王的表现。

　　陈寅恪关于冯友兰《中国哲学史》的审查报告说:"故二千年来华夏民族所受儒家学说之影响,最深最巨者,实在制度法律公私生活之方面,而关于学说思想之方面,或转有不如佛道二教者。如六朝士大夫号称旷达,而夷考其实,往往笃孝义之行,严家讳之禁。此皆儒家之教训,固无预于佛老之玄风也。"儒家学说由于它在中国封建社会的政治作用,无疑长期处于中国传统文化的主导地位。以儒家学说为主导的中国传统文化的重要性,是毋庸置疑的。它是中华民族的血脉和文化之根。我们不可能也不应该割断中华民族的文化脐带,否定中国传统文化。

　　中国传统文化中的哲学智慧深如汪洋、高如崇山,尤其是其中的辩证智慧和丰富的生态观念。儒家学说虽然不能等同于中国传统文化,但与中国传统文化的基本精神是一致的,具有辩证性。任何片面性都会导致曲解。儒家既讲和,和为贵,又讲礼,"知和而和,不以礼节之,亦不可行也。"礼就是原则,因此"和"是有原则的,而不是无条件的和。既讲"以德报德",又讲不能"以德报怨";既讲"仁者爱人",又讲"惟仁者,能好人能恶人。"有爱有憎,不是只爱无憎。既提倡"穷则独善其身",孔颜乐处,也倡导"达则兼济天下"。既倡导服从,不能犯上,也倡导"匹夫不可夺志"的独立人格,倡导"富贵不能淫,贫贱不能移,威武不能屈"的大丈夫精神。既讲富民,也讲教民。既讲尊君,也讲民本:居庙堂之高,则忧其民;处江湖之远,则忧其君。既讲向善,也讲向上。

既讲民富,也讲国强。既讲厚德载物,也讲自强不息。既讲向善,也讲求真。儒家提倡"杀身成仁""舍生取义",仁和义是付出生命代价的原则,而不是把自己变为盲目的杀人机器。这是与所谓"武士道"精神完全不同的中华民族精神。

中华民族传统文化是中华民族的精神家园。推翻具有半封建半殖民地社会性质的旧中国,建立社会主义形态的新中国,必须坚持马克思主义思想理论指导,必须有一个科学的世界观和方法论。可要使马克思主义在中国有生长的思想文化土壤,要保持中国人的中华民族特性,要使中国人有颗中国心,就必须继承中国传统优秀文化和优秀道德。如果不以中华民族传统优秀文化和优秀道德来涵养中国人,没有对中国传统文化和优秀道德传统的继承,就培养不出有高度文化素质和道德素质的有教养的中国人。即使取得政权,也不可能建设一个具有高度发达文明和文化的新中国。

中国是多民族国家,我们重视民族文化的多样性,但更要重视中华民族文化一元性的认同。这是维护民族团结、国家统一的思想文化黏合剂。习近平总书记说:"一个国家,一个民族的强盛,总是以文化兴盛为支撑的,中华民族伟大复兴需要以中华文化繁荣为条件"。历史证明了这个真理,凡以军事力量建立的大帝国,如罗马帝国、蒙古帝国、奥斯曼帝国、波斯帝国,都不可能单纯依靠军事力量来维系。一旦解体,就会分裂为许多各自拥有自己民族文化的国家。一个国家没有占主导地位的统一的文化、没有能相互交流的统一的语言,就没有向心力和凝聚力。苏联解体后的情况,就是如此。原来互为一家,现在有些以邻为壑。

五、中国传统文化创造性转化和发展

民族是文化的主体,文化是民族的血脉。清末中华民族传统文化的危机,与中华民族的困境相伴而行。而中华民族的复兴,则是中华民族文化复兴的前提。一个民族文化的命运与民族自身的命运不可分。毛泽东曾经说过:"伟大的胜利的中国人民解放战争和人民大革命,已经实现了并正在复兴着伟大的中国人民的文化。"没有中华民族的复兴,就不会有中华民族的文化复兴。

只要看看世界文化史,看看当今战火纷飞民不聊生的伊拉克、叙利亚、利比亚,看看内乱不已的埃及,想想巴比伦文明、两河流域文明、埃及尼罗河文明昔日的辉煌,就可以明白这个道理。一个民族自身的盛衰兴亡决定这个民族的文化命运。任何国家处于分裂,民族处于危亡之际,文化不可能独自辉煌。正是因为中华民族的崛起,孔子才能周游列国,以中国传统文化为内核的国学才能兴起,儒学才能重放异彩。

只有从民族复兴是文化复兴前提的角度看,我们才能理解"五四"时期先进知识分子,面对千年从未有之变故,为求民族之生存,把中国传统文化称为旧文化,而把自己追求的科学和民主称为新文化的合理性和必然性。传统文化的载体最主要的是儒家经典。反对"尊孔读经"是"五四"时期先进知识分子的普遍思潮。其实,他们都是具有最丰厚旧学修养、熟稔中国古籍的人。发端于1915年逐步酝酿而爆发的五四新文化运动之所以称为新文化运动,如果脱离当时历史条件而只就文化自身来划分新旧界限,必然导致文化虚无主义。新文化运动的新,并非针对整个中国传统文化,而是在民族处于存亡之际,把矛头指向服务于封建制度的旧道德、旧的思想传统。五四新文化运动是一次倡导科学和民主的启蒙运动,在文化运动背后包含着追求民族复兴的期待。当然,五四运动留下一个负面影响,这就是把传统文化笼统称之为旧文化,而把民主和科学称之为新文化,这种新旧文化二元对立的观念,堵塞了由传统文化向当代先进文化转化的可能性和途径。

中华民族文化如黄河长江,不可能抽刀断流简单区分为新与旧,而是民族精神中的源与流。中国传统文化是中国社会主义文化之源,是文化母体。没有源,河流必然干涸,必然断流。中国文化的特点是源远流长,具有持久性、不间断性和累积性。魏徵在《谏太宗十思疏》中曾讲到源与流的关系,说"欲流之远者,必浚其泉源。""源不深而望流之远""塞源而欲流长"根本不可能。当代中国文化同样存在"浚源"与"塞源"的问题,要"浚源"而不能"塞源"。这当然不是说,我们可以原封不动地保持中国传统文化。源是文化母体,流是文化的延续。文化是流动的水,它不会停止。可是它往哪个方向流,是与政治道路选择密不可分的。

中国传统文化在近代的流向有不同的主张:往回流、往东流、往西流、往前流。往回流,是辛亥革命后的复辟派,以及当代中国个别新儒家中主张"儒化社会主义""儒化共产党"的思潮。这是往回流的复古思潮。往东流是甲午中日战争后,中国败于自己的学生日本而引发的留学东洋的热潮,但很快就为西流所取代。往西流是主张"全盘西化"。这种思潮,是反对"中国文化优越"论的保守旧思想,其中包含向西方学习的某些合理主张,可"全盘西化"的政治道路是走不通的。在当代社会主义中国,"全盘西化"则是与中国特色社会主义道路逆向而行的思潮,其中不乏"西化"和"分化"的诱饵,是为在中国推行"颜色革命"从思想上铺路。可以说,往回流、往东流、往西流,都是中国传统文化的断流。只有继承和发扬中国传统优秀文化,吸取西方先进的优秀文化,建立社会主义先进文化,才能使中华民族文化滚滚前流。保持中国传统文化滚滚前流的机制,就是习近平总书记提出的以马克思主义为指导的创造性转化和创新性发展。

六、可不可以"尊孔读经"

中国传统文化创造性转化中,有一个重要问题就是文化复兴与文化复古的界限问题。其中最尖锐最具争论性的问题,就是要不要尊孔读经,可不可以尊孔读经。按照历史唯物主义观点,没有抽象的真理,真理是具体的。为维护封建制度或复辟封建帝制的"尊孔读经",无论是清末的中体西用还是袁世凯们提倡的"尊孔读经",都是我们必须反对的。某些文化保守主义者提倡的以对抗马克思主义为目的、以抵制西方文明优秀成果为旨归的"尊孔读经",也是我们不能赞同的。

在社会主义条件下,"尊孔读经"是另一种性质的问题。此一时,彼一时。经,要不要读?这是毫无疑问的。"经"是中国传统文化的文本载体,要深入研究和理解传统文化,读经是必经之路。"孔",要不要尊?孔子是中国伟大的思想家、教育家,是中国传统文化的整理者、继承者和创造者,理应受到尊敬。关键不在于是否"尊孔读经",而在于为什么读,如何读;为什么尊,如何尊。创造性转化,是文化复兴和文化复古的界限。文化复兴立足点是今,是古为今用;文化复古的立足点是古,是今不如古。

只有创造性转化,才是正确处理马克思主义与中国传统文化关系的枢纽。而创造性转化的理论和方法论原则,就是坚持马克思主义的基本理论和方法论指导。我们不可能依然按照封建统治者的态度对待孔子和儒家学说。中国的变革,不是沿着原有的改朝换代方式向前发展,而是社会形态的变化。这种变化,不可能不改变孔子和儒学在封建社会原来的地位和功能。中国共产党人从中国历代帝王对孔子加封的那些"阔得吓人的头衔"中,既看到孔子在中华民族的地位,同时也看到历代统治者尊孔的政治意图。中国共产党人同样尊重孔子,但不是把它作为维护既定社会秩序的思想工具。中国共产党人是革命者、是改革者,是一切既得利益和等级制度的反对者。我们要真正恢复孔子作为中国伟大文化整理者、创造者、伟大思想家、伟大教育家的地位,还原一个在中华民族文化创建中具有至高无上地位的真实的孔子。对于儒家学说,我们也不是像历代封建王朝那样看重论证等级制度合理性、维护既定社会秩序的政治职能,而是吸取其中治国理政、道德教化的哲学智慧和人生伦理智慧,清洗它在中国传统文化中处于主导作用的浓重的政治性因素,重视它对中华民族特性塑造的文化功能,并与中国传统文化中博大精深的多种智慧相结合。

我们提倡中华民族的文化复兴,祭拜孔子,阅读经典,不是简单呼唤回归儒学,回归传统,更不是独尊儒术。祭孔,是国家大典,表示我们国家对中华民族伟大先圣孔子的尊敬,并非要在所有地方、所有学校普遍开展全民的祭孔运动;读经,深入研究经典是国学家的专业,也并不需要学校普遍开展全民读经活动。在中国传统文化的教育中,我们当然要注重经典的学习。但终究不是所有学生都是国学家或准备当国学家。在当代世界,我们应该引导学生的目光关注世界,关注世界形势和科学技术的新发展;关注现实,关注中国特色社会主义的建设。我们不能把学生的全部注意力和兴趣引向"古书"。专业研究是一回事,传统文化教育是另一回事。

传统文化教育更不能取代马克思主义教育。马克思主义教育完全能够与中国传统文化教育相结合,并行不悖,相得益彰。如果社会主义国家的青年学生不学习马克思主义,对什么是辩证唯物主义、什么是历史唯物主义、什么是资本主义、什么是社会主义,对马克思主义最基本的原理,如生产力和生产关系、经济基础和上层建筑等一点常识都没有,那请问,他们拿什么去观察当代世界,观察当代社会,观察我们的国家呢?而且可以断言,不懂马克思主义基本理论和方法,对中国传统文化的精髓也很难把握。

在中国传统文化教育中,应该区分学生文化程度和接受水平,有选择性地阅读"经典",包括某些骈散名篇,诗词佳作。这有利于文化素质和道德水平的培养。但对没有分辨能力的青少年,要加强引导。我不赞同不加区分地宣扬用《女儿经》去造就现代的淑女和闺秀,用《二十四孝》中的"埋儿得金""卧冰求鲤"作为孝道的榜样,用《弟子规》把我们的孩子培养成"中规中矩""低眉下目"没有创造性的小大人,更反对不问是非只讲温良恭俭让的绵羊性格。

中国传统文化是阴阳合一、刚柔相济的文化。当代世界并不平静,波涛汹涌,要有忧患意识。我们要重视培养我们青少年的爱国主义传统,刚健有为,有血性、有刚性、有韧性。这是中华民族复兴伟大事业代代相续不会中断的保证。"加强爱国主义、集体主义、社会主义教育,引导我国人民树立和坚持正确的历史观、民族观、国家观、文化观,增强做中国人的骨气和底气。"习近平总书记这段话,应该是我们重视中国传统文化教育的根本目的。

七、结　语

不要抽象地争论马克思主义指导和中国传统文化的关系,尤其是非历史主义地争论马克思主义与儒学的高下优劣、抑扬褒贬。一个是中国革命和社会主义建设的思想理论指导,一个是中华民族的精神血脉和中华民族的文化之根。应该用历史唯物主义观点处理马克思主义与中国传统文化的关系,反对蔑视以儒学为主导的中国传统文化的文化虚无主义,中国的马克思主义可以从中国传统文化的精髓中得到思想资源、智慧和启发,但也要防止以高扬传统文化为旗帜,反对马克思主义、拒斥西方先进文化的保守主义思潮的沉渣泛起。

第十二讲　历史周期率问题

　　谁能料到，在阿芙乐尔号炮声中诞生的苏维埃政权，在经历了举世瞩目的辉煌之后，竟然灭亡了。苏联解体，社会主义制度在苏联宣告结束。历史留下的是对斯大林保卫战、攻克柏林、加加林的宇宙飞船登月，以及其他一连串重大业绩的回忆，当然也包括对斯大林的贬谪和对苏联社会主义的种种怨言和否定。

　　谁能料到，在经历火烧圆明园和南京大屠杀、受尽各种各样的不平等条约的屈辱，处于被帝国主义列强瓜分豆剖的中国，又以和平发展的新姿态自立于世界民族之林，阔步走上了中华民族伟大复兴之路。

　　世界历史画卷跌宕起伏，风云多变。历史

事件难以预知,但历史有规律可循。历史没有天降的奇迹,奇迹的创造者是民族的奋斗和觉醒。2012年12月,习近平总书记走访8个民主党派中央和全国工商联时提到,当年毛泽东和黄炎培在延安窑洞关于历史周期率的一段对话,至今对中国共产党都是很好的鞭策和警示。

一、历史周期率问题对社会主义社会同样重要

历史周期率问题,是1945年抗日战争胜利前夕,黄炎培先生访问延安时,当面向毛泽东提出的问题。黄炎培先生问毛泽东,中国共产党能不能跳出历史上"其兴也勃,其亡也忽"的历史周期率。毛泽东回答说:可以。我们已经找到一条新路,这就是民主。只要人民监督政府,才不会人亡政息。

当时中国共产党偏隅延安,国民党可能发动进攻,内战箭在弦上,随时会再度爆发。黄先生提出的是一种以历史经验为依据的抽象可能性,毛泽东的回答虽然很原则,却是一条最重要的原则。民主是关系中国共产党取得政权以后政治体制建设的重大问题,也是有效防止历史周期率的一条重要保证。当时虽然还没有社会主义建设的实践经验和现实紧迫性,但毛泽东开的"民主"这味药,应该说是高瞻远瞩,极具政治远见的,至今仍然是有效的良方。

新中国成立前夕,取得政权后如何巩固政权的问题已摆在了中国共产党人面前。毛泽东在七届二中全会的报告中已向全党敲起警钟:可能有这样一些共产党人,他们不曾被拿枪的敌人征服过,他们在这些敌人面前不愧英雄的称号;但是经不起人们用糖衣裹着的炮弹的攻击,他们在糖衣炮弹面前要打败仗。后来在党中央由西柏坡迁进北京城时,毛泽东又以李自成为例说,我们是进京赶考,不要考试不及格。

毛泽东的这些远见卓识,都涉及无产阶级取得政权以后的历史周期率问题。毛泽东关注的重点是如何巩固政权,不要走历史上农民革命因进城而腐化的老路。毛泽东在全国胜利以后,在"三反"和"五反"

运动中下决心执行张子善、刘青山死刑,就是基于巩固无产阶级新生政权的战略考虑。张、刘均为革命的有功之臣,判处极刑可以比为"挥泪斩马谡"。

在社会主义政权稳定以后,如何通过社会主义建设防止历史周期率问题,也是毛泽东考虑的重大问题。毛泽东提出关于正确处理人民内部矛盾、关于社会主义社会基本矛盾、关于正确处理十大关系等论述,对中国社会主义建设道路和社会主义制度的巩固都具有全局性、前瞻性、战略性意义。可从总体上说,毛泽东生前的注意力,主要放在政治上、放在阶级斗争上、放在如何巩固政权上。他开展的一连串政治运动,从反右斗争、反右倾机会主义的斗争,最后发展到无产阶级"文化大革命",就是在反修防修、巩固无产阶级专政和防止资本主义复辟口号下进行的。

以阶级斗争为纲、批资产阶级法权、实行无产阶级全面专政等"左"的路线和政策,伤害了大批为革命立下汗马功劳的老同志,伤害了大批知识分子。经验证明,试图通过以阶级斗争为纲的路线来巩固社会主义,防止历史周期率,不仅无助于社会主义制度自我完善,无助于民生的改善,最终也无助于社会主义制度真正的巩固。

三年困难时期,人民忍饥挨饿,但社会总体仍然安稳,人民相信共产党、相信社会主义。因为全国人民尤其是农民,对中国共产党怀有感恩之心、怀有战胜困难的必胜之心。在"文革"中,人民分裂,迫近内战,仍然高举《毛主席语录》在"武斗"中进行所谓革命。

这种状态能持续下去吗?农民能永远安于贫困和饥饿吗?人民能在缺乏法制的政治生态下长期"安定团结"吗?不可能。感恩之情不会永不消退,对毛泽东的个人迷信会随着社会经济和政治状态恶化而不断弱化。毛泽东逝世前的天安门事件,表明人民长期积蓄的不满已经开始爆发。

即使是社会主义国家,如果人民生活老是贫困、商品老是匮乏、人民处于名义上当家做主的地位,他们能长期无条件地、一贯地拥护社会主义吗？不会。全部中外历史经验都证明,历史周期率的作用,就是在人民逐渐积累的不满中完成它的周期的。

二、苏联社会主义失败的教训

我们总以为社会主义国家是铁打的江山。已经取得政权的社会主义国家,仍然可能跳不出历史周期率,是难以想象的。可苏联在社会主义革命胜利70年后出现的历史大倒退和东欧剧变,极其现实、极其尖锐地摆在人们面前,尤其是摆在中国共产党人面前。无产阶级政权可能得而复失,社会主义社会可能"其亡也忽"。

苏联社会主义失败的教训证明,社会主义是不可能单纯依靠实行无产阶级全面专政和阶级斗争来巩固的。斯大林直到逝世前,从来没有放松过阶级斗争,曾经采取严厉的政治运动和党内斗争,可谓弄得"干干净净,纯而又纯"。70年后苏联还是解体了,苏联解体和十月革命成果的丧失,是一个极具悲剧性的历史教训。

十月革命当然是人类历史上最伟大的一次革命。有论者说十月革命与俄罗斯的历史、传统和社会性质不合,注定要失败,难以令人信服。如果这个理由能成立,那么中国革命发生的社会发展水平和社会性质并不比俄国十月革命时更具先进性,岂不是要引出中国也不应该实行社会主义革命,不应该夺取政权,只应该实行资产阶级民主革命,或者利用政权来建立资本主义社会的结论吗？这不算什么新创造,是从建党开始就争论过的问题。现在有些理论家们又利用苏联解体,或露骨或委婉,或直截了当或旁敲侧击地把它放在我们面前。实际上,这是把条件即使成熟该不该夺取政权和取得政权后如何进行建设两个不同的问题,混为一谈了。列宁曾经在《论我国革命》中驳斥苏哈诺夫时讲过这个问题。至今我仍认为列宁的意见是正确的。

历史的进程是不断演变的。不应倒过去算旧账,而应各算各的账,因为整个历史事件发生的时代背景、时间、条件都不同。历史事件的主角也不同。有历史的巨人,也会有历史的侏儒。十月革命是人类革命的新纪元,是人类革命的一次伟大胜利;70年后的解体,是社会主义伟大实践中的一次失败。从这里得出的教训,不是要不要革命的问题,而是革命后应该如何建设的问题。这个问题是后继者自己应该独立解决的问题,而不是创业者的历史任务。任何伟大的马克思主义理论家和革命家,都不可能提出一个永恒不变的治国方案,也无法保证他们开创的事业在多少年以后不会中途夭折。总之,一切事在人为。

按照中国古人的历史观,一个是取天下,一个是治天下。用贾谊《过秦论》中的话叫"攻守异势"。夺取政权是只管往前冲,不用治国,不用管饭。取得政权以后是自己当家,处于守势,即要管全国人民的衣食住行,要行良政、善法。用马克思主义历史唯物主义观点说,革命前和革命后的任务是不同的:一为破,一为立;一为革命战争,一为社会主义建设。国情不同、传统不同、国际环境不同,道路和方式肯定不可能一模一样。

十月革命是一个具有世界历史意义的伟大革命,说它完全是偶然的,是列宁的阴谋,是完全错误的说法。一个具有世界历史创举的伟大革命不可能纯属偶然。十月革命后取得如此巨大的成绩,苏联的发展举世瞩目,西方世界曾为之惊惶失措,说明革命是合理的,是必要的,是顺应历史潮流和符合民心的。只要它后来的一轮又一轮的后继者真正根据苏联的实际,妥善解决面对的各种矛盾,按照社会主义原则进行改革,它完全可能继续存在下去。历史并没有注定苏联一定要解体,注定社会主义一定要失败。

可是,在轰轰烈烈的群众革命运动中,取得胜利的俄国革命和苏维埃政权,却在国内外、党内外政治力量作用下,在群众的不满和参与下,陷于垮台。为什么?斯大林执政以后,苏联取得的成就是不能否认的。连英国首相丘吉尔都说,斯大林接手的是一个使用木柄犁的国度,而他留下的却是一个拥有原子弹的国家。可他的错误也是巨大的。他主要是以阶级斗争和党内斗争来巩固政权、不承认社会主义社会有矛盾,不承认需要正确处理和用不同方法解决不同性质的矛盾,而是实行专政和高压政策。斯大林的个人专权和对他的个人迷信,作为一个长远因素说负有一定的历史责任。但最重要的是斯大林的后继者们。他们是斯大林逝世后的当权者,他们完全有可能在反对斯大林个人迷信影响的同时,结合俄国的实际,真正按照社会主义原则,纠正斯大林和斯大林时期的错误。可他们走的是另一条路。批判斯大林个人迷信变为丑化和诋毁马克思主义和社会主义,各种错误思潮沉渣泛起。领导者们在理论和舆论上对此采取放任态度,而在经济和政治上仍然维持斯大林时期确立的原有体制,没有进行有成效的改革。这种诋毁社会主义和马克思主义舆论的泛滥,使人民思想极度混乱,无所适从;最后,当苏共领导人根本抛弃社会主义制度,推行所谓新思维和新自由主义的私有化改革方针时,人民面对苏联共产党解散,社会主义失败,或袖手旁观,表现为一种政治冷淡主义;或走上街头积极参与,表现为一种非理性的狂热主义。水可载舟,亦可覆舟。这个历史规律在社会主义的苏联同样在起作用。

按照历史唯物主义观点,十月革命是必然,70年后的解体也是必然的。这两个必然性之间表面上似乎矛盾,如同水火冰炭,实际上是可以并存的。历史必然性并不是外在于人的活动之外的命运之神。十月革命的必然性存在于第一次世界大战后俄国面对的各种错综复杂的矛盾之中,当二月革命后成立的临时立宪政府无法解决战争、土地和面包问题时,无产阶级革命和人民的起义是必然的。而苏联解体和社会主义失败的必然性,则存在于长达三十多年的"后斯大林"时期苏共自己的活动之中。苏联解体和社会主义失败,是苏联共产党自己的路线和政策一步一步筑就的。由戈尔巴乔夫宣布解散苏联共产党、由叶利钦彻底破坏社会主义大厦的基础和马克思主义意识形态的断壁残垣,由两个曾经是苏联共产党的当权人物来埋葬苏联和社会主义,以最生动的实例说明,在社会主义国家,能埋葬社会主义的只能是处于执政地位的共产党本身及其领导者。在社会主义国家处于执政地位的共产党的路线、方针、政策,是决定社会主义国家前途和命运的关键。有学者说制度是决定性的。其实制度是可以改革的,而决定有没有勇气进行改革、如何改革、朝什么方向改革的是共产党人以什么理论作为指导,奉行什么样的路线、方针和政策。

毛泽东当年把中国革命的胜利,比作万里长征的第一步。这个比喻现在想起来,确有远见。革命胜利以后,在长期社会主义建设中可能存在的问题和危险,以及它的复杂性,确实要比夺取政权时多得多。

三、中国特色社会主义理论和道路的伟大意义

无产阶级革命时期,夺取政权时期,革命的领导者包括革命群众是理想主义者。这是很容易理解的。社会理想正是革命的精神动力。可是革命胜利后,如何利用手中的政权来实行自己的社会理想,这需要重新根据实际情况而不是单纯根据革命狂飙时期的理想来决定实际政策。因而什么是社会主义和如何建设社会主义,如何通过脚踏实地有步骤有计划地逐步实现社会主义和更高纲领,这是无产阶级胜利后必然面对的问题。真正的社会主义社会,必须是一个生产力高度发展的社会,是人民当家做主的社会,是依法治国的社会,是一个人民的物质和文化生活水平不断得到提高的社会。正如习近平所说的,"人民对美好生活的向往,就是我们的奋斗目标。"这样的社会主义是不可能单纯依靠阶级斗争来确立、建设和巩固的。

当然,密纳发的猫头鹰黄昏时才会起飞。智慧老人的脚步总是比现实来得要迟些。历史活动中的人需要经验,需要教训,需要积累,需要停下来反思自己走过的路。在新中国经历28年长期摸索之后,在经历挫折之后,在总结国际社会主义实践经验之后,邓小平终于发现,在中国真正建设社会主义,必须坚持科学社会主义基本原则和中国实际相结合,首先要弄清什么是社会主义和如何建设社会主义。我们许多政策性错误和挫折,都是源于本本主义,源于抽象的理想和狂热,从而

脱离中国的实际,不了解中国国情,不了解我们正处于社会主义初级阶段。

邓小平把科学社会主义基本原理与中国实际相结合,创造性地提出了社会主义本质论,初步解决"什么是社会主义、如何建设社会主义"的问题,形成了"一个中心、两个基本点"的路线,迈开了改革开放步伐,从此,中国社会主义踏上了举世瞩目的飞速发展道路,中国龙开始腾飞。如果没有这个伟大的转折,不从以阶级斗争为纲转向以经济建设为中心,搞改革开放,在内外政治势力鼓动下,有可能以另一种方式重蹈苏联的覆辙。谁也无法保证历史周期率不会在中国重演。

从科学社会主义理论和实践角度说,中国特色社会主义理论和道路解决了三大问题:第一,找到了发展社会主义的道路;第二,找到了中华民族伟大复兴的道路;第三,找到了社会主义社会跳出历史周期率的道路。这三个问题是相互联系的。只有改革开放才能发展社会主义,只有社会主义的自我完善和发展才能真正巩固社会主义,从而跳出历史周期率。这个过程,同时就是中华民族的伟大复兴过程。但其中历史周期率问题又具有特殊重要的研究价值。因为它从理论上打破了一个错误的观念,即社会主义社会似乎注定是稳固的,老百姓会天然地拥护"社会主义",从而使处于执政地位的中国共产党人,提高了对立党为公、执政为民和不断提高执政能力重要性的自觉意识。

中国特色社会主义理论,无论在马克思主义发展史还是社会主义实践史上,都是一个伟大的创造。经验证明,坚持中国特色社会主义道路,既是最有效防止历史周期率的道路,也是坚持、发展和完善社会主义和实现民族伟大复兴之路。

中国特色社会主义理论是一个与时俱进的科学体系。其中对跳出历史周期率的探索,也是一个过程。毛泽东在社会主义政权处于国外敌人包围,国内仍存在反动政治势力,新生政权立足未稳时,着眼于从政治上巩固政权,强调阶级斗争具有一定的历史合理性。但以它为纲,把它作为整个社会主义时期的指导思想,则必然会导致政治上不着力于民主和法制建设,社会主义制度的优越性不可能得到充分发挥。毛泽东等第一代领导人为社会主义的改革开放奠定的经济和政治基础,我们永远不能忘记,但以阶级斗争为纲的路线和政策的错误,不能继续。从以经济建设为中心、着眼于解放生产力和发展生产力,再到以习近平同志为总书记的党中央提出的一系列治国理政措施,构建成了中国特色社会理论。中国特色社会主义是跳出历史周期率,避免重蹈苏联社会主义覆辙的根本保证。当然,中国特色社会主义理论是创造性的与时俱进的理论,中国特色社会主义道路也不是一条"平安大道",我们要坚持改革开放的正确方向,防止走僵化保守的老路,也要防止改旗易帜的邪路。

改革开放以来,我们在各方面取得了伟大成绩。如经济实力大幅度提升、成为世界第二大经济实体,人民生活显著改善、民主法制建设取得新进步、文化建设开创新局面、社会建设全面展开等,这充分证明,在建设中国特色社会主义的历史进程中,科学发展观和构建社会主义和谐社会的理论和一系列政策,是马克思主义中国化的最新成果,是中国特色社会主义理论体系的重大发展,也是最有效跳出历史周期率,指导中国共产党和全国人民全面建设小康社会,逐步实现科学社会主义伟大理想的根本保证。

从邓小平的发展是硬道理,到江泽民的"三个代表"重要思想,到胡锦涛的科学发展观,再到习近平的创新发展五大理念,是马克思主义中国化的关于发展理论在一个国家实践中的发展和实践。有人说,西方早就提出了发展理论问题。自《寂静的春天》出版后,人们已经关注发展问题。联合国也有学者进行专门研究并有专著发表。确实,西方科学家在这个问题上功不可没,可是有一条,西方所有关于发展的著作,重点关注的是人与自然的关系的理论,是由于生态环境恶化而敲响的警钟。它们都没有或很少涉及人与人的关系问题,尤其是离开西方现存的社会经济制度、政治制度,不少学者把发展问题单纯归结为保护生态问题。而很少论述生态恶化的社会根源以及治理方法。我们党以新发展理念为指导,吸取了西方现代化发展的经验教训,也总结了我国发展的经验,把治国理政、治理社会和企业与治理生态相结合,它远远超出了人与自然的关系,远远超出单纯的生态环境问题。以人民利益为中心作为科学发展观的核心,成为处理人与人的关系、人与自然的关系,处理经济、政治、文化和社会建设的关系,以及东部和西部、工业和农业、城市和农村以及各个利益群体的关系的世界观和方法论的指导原则。我们要高度重视以人民利益为中心在科学发展观中的核心地位,仅从社会主义跳出历史周期率的角度看也是绝对必要的。一个社会主义社会国家在关于发展的问题上,如果不弄清为谁发展,为什么要发展,是不可能真正弄清在社会主义社会中,我们要实现什么样的发展和怎样发展这个根本问题的。

"人心向背"在人类全部政治生活中最终具有决定意义。习近平总书记在庆祝中国共产党成立 95 周年大会上的讲话中提出"不忘初心,继续前进"的口号。"不忘初心"最重要的是不能忘记中国共产党建党的纲领,"永远保持建党时中国共产党人的奋斗精神,永远保持对人民的赤子之心"。并且说:"人民立场是中国共产党的根本政治立场,是马克思主义政党区别于其他政党的显著标志。"脱离人民,忘掉人民,就是从根本上忘记初心。不以人民利益为中心,不改善民生、关注民情、倾听民意,不使社会全体成员共享发展成果,这种社会主义社会一旦有政治风波,人民就会袖手旁观,表现为政治冷淡主义。这是苏联解体、东欧剧变的历史教训。真正贯彻以人民利益为中心,建设一个十七大政治报告中说的"学有所教、劳有所得、病有所医、老有所养、住有所居"的社会,这种社会主义社会是任何力量,甚至外来的军事力量所不可能动摇的。在这样的社会中,人民是社会主义制度的真正的铜墙铁壁,人民会用鲜血和生命来保卫给自己带来根本利益的社会制度。以人为本的科学发展观是伟大的理论创造,也是社会主义沿着自我完善道路前进的群众性保证,是由 13 亿人筑成的铁的万里长城。

构建社会主义和谐社会的意义,从跳出历史周期率的角度看,也是一项重大理论创造。我国正处于社会主义初级阶段,存在各种经济利益群体、存在贫富差距、存在多种矛盾。如何处理这些矛盾,使社会全体成员成为一种合力而不是相互对抗相互抵消的力量,构建社会主义和谐社会无疑是一个具有重大理论创造性和实际政策操作性的战略途径。

和谐不是既成的状态,无论是自然还是社会,矛盾是事物的普遍特性。矛盾普遍性理论是马克思主义哲学的一个根本道理。我们崇尚和谐、追求和谐,但以承认矛盾和正确处理矛盾为前提。和谐是正确处理矛盾的结果,而不是掩盖矛盾、否认矛盾。和谐需要创造、和谐需要构建。从家庭和谐、校园和谐、社区和谐,到城市和谐、农村和谐,直到整个社会和谐,构建和谐社会是一个艰巨的社会工程,需要在处理各种性质和不同类型矛盾问题的过程中进一步制度化、规范化,甚至细节化。构建社会主义和谐社会,是从正确处理社会各种矛盾角度找到的跳出历史周期率的伟大构想。

从辩证唯物主义和历史唯物主义基本观点看,任何社会制度的终结或灭亡,都是与矛盾的激化到不可解决相依存的。社会主义是在不断解决矛盾、化解矛盾中前进和巩固的。我们不能忘记斯大林在哲学思想上否认矛盾和实际政治操作中激化矛盾的恶果。无矛盾状态是没有的,这就是中国特色社会主义理论要与时俱进,要继续解放思想的根本原因。正确处理矛盾,包括人与自然矛盾和社会中的各种矛盾,可以说是人类永恒的任务,只是时期不同、面对的矛盾不同,因而采取的政策不同。世界发展不会停止、社会发展不会终结,人类总是在解决矛盾中前进的。

四、居安思危和增强忧患意识

改革开放30多年来,特别是党的十八大以来,我们各项事业的伟大成就都证明,只有社会主义才能救中国,也只有改革才能发展、巩固和完善社会主义。在当代中国,坚持中国特色社会主义理论体系,就是坚持马克思主义。坚持中国特色社会主义,就是坚持社会主义。

新时期最显著特点是发展迅速。我们已经取得如此重大成绩,举世瞩目,全民满意。为什么几届党的总书记谆谆教育全党和全国人民,要居安思危,增强忧患意识呢?这不是从一般道理上说的。凡居安必须思危,这是我们历史的经验和先哲们的教训。这里说的不是抽象的哲学道理而是实际的"安与危"的问题,是值得忧虑的问题。在世界上,我们是挑战和机遇并存,机遇多于挑战;在国内,我们是成绩多于问题,问题是前进中的问题。只要有机遇,就会有挑战,挑战存在于机遇中;只要有矛盾,就会有问题,问题存在于矛盾之中。我们在提高"居安思危"和增强"忧患意识"的同时,也要对可能遇到的"风险"和"困难"有思想准备。

中国特色社会主义理论体系能否真正成为我们的纲领、旗帜,最终要落实在中国特色社会主义道路上。中国特色社会主义道路,就是在中国共产党领导下,立足基本国情,以经济建设为中心,坚持四项基本原则,坚持改革开放,解放和发展社会生产力,巩固和完善社会主义制度,建设社会主义市场经济、社会主义民主政治、社会主义先进文化、社会主义和谐社会,建设富强民主文明和谐的社会主义现代化国家。"道路"是处在实践中的特色理论和纲领。离开了道路,一切都会流于空谈。

在中国,实现全面建设小康社会目标需要继续奋斗十几年,基本实现现代化需要几十年,巩固社会主义制度需要几代人甚至几十代人坚持不懈的努力。这是很长的历史时期。要应对国际局势的变化,要克服国内各种矛盾和困难,要一代又一代人始终不渝、毫不动摇地坚持中国特色社会主义道路。这是一条存在困难和风险的道路。习近平总书记教导全党全国要同心同德、埋头苦干,锐意创新、开拓进取,共同为实现党的十八大提出的全面建成小康社会和全面深化改革开放的目标而奋斗。

在中国特色社会主义建设道路上,风险存在何处? 既有来自困难的客观的风险;更有应对风险的能力和决策的主观的风险。当今世界是资本主义和社会主义并存、交往的世界。经济全球化更强化了两种制度之间的联系。西化和分化的危险是始终不应忽视的。但对我们来说,在研究客观风险时,更应着重化解风险的能力的研究,这就是关于党的执政能力、干部队伍的建设和马克思主义理论建设的研究。

1. 党的执政能力问题

中国共产党是高度重视自身建设的党,无论是革命时期还是社会主义建设时期都是这样。特别是改革开放以后,建设什么样的党和怎样建设党,成为中国特色社会主义科学理论体系的重要组成部分。立党为公,执政为民,是我们党的宗旨。在当代中国,我们党不仅是执政的党,而且是在领导改革开放伟大革命的党。我们的任务更艰巨、更困难,但我们所处的环境完全不同于战争年代,经济成分多样化,分配方式和就业方式发生了重大变化,党员来自不同阶层。在一个社会主义国家,最大风险可能来自执政党自身。我们党作为中国工人阶级先锋队,只有永远保持中国人民和中华民族先锋队的本质,成为中国特色社会主义事业领导核心,坚持党的基本路线,才能成为化解前进中任何风险的决定性力量。保持党的先进性,是坚持中国特色社会主义道路的根本保证。

2. 风险可能来自干部队伍

一个社会的状况如何,人民是否满意,是否拥护,最重要的是吏治。柳宗元在《答元饶州论政理书》中说过,对国家危害最大的是"贿赂行而征赋乱"。这当然是指封建社会。但这种说法对我们的干部队伍建设也有警示意义。在我们国家,党的正确路线确定以后,干部具有决定意义。中国特色社会主义的旗帜,各级干部首先要高高举起,中国特色社会主义的路线、方针、政策,各级干部首先要去贯彻落实。没有一支全心全意为人民服务的高素质、高水平的干部队伍,坚持中国特色社会主义伟大事业和道路就有可能受到挫折。改革开放以来,我们党干部队伍的文化水平、才能和政治素质都有很大提高。但毋庸讳言,一些干部中存在的权钱勾结、腐化堕落现象,也是触目惊心的。尤其是高官纷纷落马,更是令人忧虑。"我们党作为执政党,面临最大威胁就是腐败。"我们党一直强调,反腐败是关系党和国家命运和前途的大问题。坚决惩治和有效预防腐败,关系人心向背和党的生死存亡,是党必须始终抓好的重大政治任务。党的十八大以来,以习近平为总书记的新一届中央领导集体在反腐败上发实招、出重拳,打虎拍蝇,在惩治腐败方面取得了重大的成绩,在预防腐败方面也不断出台新的政策和措施。但反腐败仍然是一项长期的、复杂的和艰巨的任务。我们应该认识到,腐败是"居安思危和增强忧患意识"中的重要问题,是对社会主义国家的重要威胁。

3. 风险来自社会主义思想理论领域中的混乱

苏联社会主义失败经过很长一段思想混乱和各种错误思潮占领舆论阵地的过程。理论阵地和舆论阵地是最重要的。理论的混乱,必然是思想的混乱,而思想的混乱,必然导致行动的混乱。

中国共产党是一个一贯重视理论建设和马克思主义理论队伍建设的党。党中央对社会主义核心价值体系建设的扎实推进,对马克思主义理论研究和建设工程的明显成效给予了充分鼓励。但在全面准确地理解中国特色社会主义理论的科学体系方面,仍然有许多需要认真研究和澄清的问题。就我们从事的马克思主义理论工作的职业性质和承担的任务来说,除了认真学习、宣传中国特色社会主义理论外,还需要承担从理论上研究十八大以来提出的一系列重大理论问题的重要任务。

例如,市场经济在资源配置中起决定作用与如何处理政府与市场关系问题。经济运行方式是社会化大生产的共同特点,它的某些共同点不能成为否定市场经济必然与特定制度相结合的依据。事实上它是而且必须是与不同社会制度结合的。中国走中国特色社会主义道路，如果不是"把坚持社会主义基本制度同发展市场经济结合起来"，而是把社会主义市场经济等同于资本主义市场经济，让市场自发发挥作用，只能是两极分化的加剧和阶级对立的产生。历史证明，资本主义社会阶级的分化，就是在资本主义市场经济中强化和最终形成的。至今，西方市场经济最发达的资本主义国家，也是两极分化最严重的国家。在中国，只有由社会主义基本制度这只看得见的手来调节看不见的手，市场经济才能有效地发挥它的建设中国特色社会主义的功能。反对社会主义市场经济而企图重新回归计划经济的"左"的观点是错误的，倒退是没有出路的；但企图使市场经济摆脱社会主义基本制度，否定政府的经济功能同样是错误的。

再如，有的理论家强调民主的普世性。表面看来，资本主义是民主制度，强调民主；社会主义同样应该是民主政治。民主这个德先生，西方有，中国也应该有。这是毫无疑问的。可以说，社会主义需要民主本来是马克思主义基本原理。列宁在《论面目全非的马克思主义和"帝国主义经济主义"》中甚至说，"胜利了的社会主义如果不实行充分的民主，就不能保持它所取得的胜利，并且引导人类走向国家的消亡。"①毛泽东早在延安时期就把民主作为防止历史周期率的有效工具的论断，也是理论界众所周知的。

当然，民主作为当代政治文明会有某些共同点，例如票决制、少数服从多数、公民的普遍参与等，但西方的民主与中国特色社会主义的民主政治的内涵有着根本的不同。西方的民主是选举民主，是多党制的民主，通过选举上位轮流执政。在西方，一人一票的民主并不能真正代表民意和人民利益。选出的并不是人民利益的代表，往往是政治家甚至是政客，是某个特定利益集团的代表。这就是为什么大财团愿意出

---

① 《列宁全集》第 28 卷,北京:人民出版社 1990 年版,第 168 页。

血支持某个竞选人的"秘密"。至于多党制也是如此。你方唱罢我登场的民主,对西方资本主义制度是有效的、有利的。因为它能通过换马来"纾困",平息人民的不满和燃起对新一届政党政府的"希望"。这种"纾困"和"希望"不断交替,对资本主义长期维持自己的统治是有利的。难怪马克思主义经典作家称民主制是资本主义"最好的"统治形式,是资本主义制度最好的"外壳"。而中国特色社会主义实行的协商民主,广泛征求意见,更能体现民意和人民的根本利益。

我们能照抄西方多党制的民主吗?能满足不管选出的是不是政客,是不是特定利益集团代表人物都无关紧要,而只要一人一票就算是"民主"吗?当然不能。中国特色社会主义要建立的民主,是中国共产党的领导、依法治国和人民当家做主相结合的民主政治。这三者不可分。其中,人民当家做主是社会主义民主政治的本质和核心,而它的实现程度和方式,是衡量社会主义民主成熟与否的重要尺度。至于用多党制来代替中国共产党领导的多党合作和政治协商制度,用西方政党不参与政府来取消中国共产党的执政地位,都会根本改变中国特色社会主义的"社会主义"性质。

如果我们在理论上把民主和市场当作抽象的普世价值原则,否定民主的社会制度本质、否定在中国市场经济必须与社会主义基本制度相结合,其后果是显而易见的。这一点任何一个稍有马克思主义基本常识的人都懂。西方理论家和政治家们在不断"教育"我们。当年东欧开始改革时,西方有位高水平的理论家为他们提出一个包治痼疾的药方,就是最简单的两味药:市场和民主。他所谓市场就是资本主义的市场经济,所谓民主就是西方多党制和议会制民主。药效如何,世人周知。

还有,我们党近年更着重强调社会公平和社会保障,注重社会福利,注重教育、医疗的公益性和全民性,强调全体社会成员共享改革发展的成果。这本来是马克思主义科学社会主义的原则,可有的理论家往往朝西方所谓福利社会或所谓民主社会主义上拉。这是制造理论混乱。社会保障、全民共享、社会福利,这是科学社会主义关于社会主义理想中应有之义。马克思当年在批判《哥达纲领》关于不折不扣的劳动所得时,明确指出,社会主义国家必须从总劳动所得中扣除,分为"再生产和扩大再生产部分",以应对"社会不幸事故和自然灾害",还特别强调,要"用来满足共同需要部分,如学校,保健设施等","为丧失劳动能力的人等等设立的基金。"马克思指出:"同现代社会比起来,这一部分一开始就会显著地增加,并随着新社会的发展而日益增长。"①可见,社会福利、社会保障和全民共享,是社会主义的重要特征。

事实也是这样。无论斯大林有多少错误,苏联为全民的医疗、教育、住房保障的投入仍然为现在俄罗斯人所怀念。就中国来说,毛泽东有过"左"的政策,但是作为新成立的社会主义政权,中国共产党还是在低水平的基础上实行一定的社会福利和社会保障,如免费教育、医疗和廉价的房租等。我们实行的是低工资制,但社会保障部分占的份额并不太小。任何一个没有政治偏见的人都应该承认,中国共产党从新中国成立起,就以全心全意为人民服务为宗旨,注意社会福利和社会保障,只是由于历史条件和实践经验的局限,由于平均主义和其他"左"的错误阻碍生产力的发展,社会保障和社会福利总体仍然是低水平的,而且覆盖面较小,广大农村的教育和医疗养老问题,并没有得到非常妥善的安排。

社会福利和社会保障并不是判别社会制度性质的标准。毫无疑问,西方发达资本主义社会,与早期资本主义相比,在社会福利和社会保障方面有很大变化。尤其是一些人口少、经济发达的资本主义国家,更是如此。恩格斯在1892年为他的早期著作《英国工人阶级状况》所写的德文版第二版序言中说:"现代政治经济学的规律之一(虽然通行的教科书里没有明确提出),就是:资本主义生产越发展,它就越不能

---

① 《马克思恩格斯选集》第3卷,北京人民出版社1995年版,第303页。

采用作为它早期阶段的特征的那些小的哄骗和欺诈手段。"①这表明恩格斯晚年已经看到了资本主义发展的这种趋势。原因是多方面的。生产的发展和科学技术的发达,劳动者创造的社会财富大量增加;社会主义国家的存在以及马克思主义对资本主义剥削揭露所造成的理论和社会压力;工人运动传统和工会组织的力量;资本主义社会统治经验和调节社会矛盾的方法更趋成熟;等等。这是一种社会合力的作用。社会福利和社会保障的提高,对资本主义社会稳定和发展有利。

我们实行社会福利和社会保障制度,不是向西方民主社会主义靠拢,而是体现了科学社会主义的本质要求。邓小平社会主义本质论中的"共同富裕",就是其中最重要的内容。只是由于我们目前还处于社会主义初级阶段,社会福利和社会保障体系还有待完善。近年来,我们党对社会福利和社会保障不断增加投入;在农村减免农业税和逐步推广新合作医疗,在城市实行低保制度。可以肯定,随着社会主义生产不断发展,我们的社会福利和社会保障的投入会不断提高。

社会是复杂的,充满各种偶然性。各种不可预见的风险都有可能。中国特色社会主义理论体系博大精深,中国特色社会主义理想宏伟壮丽,可中国特色社会主义道路不是平坦的,它会遇到各种新问题。因此,要继续解放思想,坚持改革开放。只要我们毫不动摇地坚持马克思列宁主义、毛泽东思想和中国特色社会主义理论体系,就能化解各种风险。

理论问题是极其重要的。习近平总书记在庆祝中国共产党成立95周年大会上的讲话中说:"理论上清醒,政治上才能坚定。"无须讳言,理论领域各种倾向都有。"左"的路线和思潮在中国造成的危害和停滞绝不应重复。但鼓吹突破公有制主体地位,取消所谓"一党专政",放弃马克思主义在意识形态领域指导地位,甚至"儒化中国"、"儒化中国共产党"等言论,也极具危害性。作为马克思主义理论工作者,

---

① 《马克思恩格斯选集》第4卷,北京:人民出版社1995年版,第419页。

我们应该抵制和澄清"左"的和右的思想和理论,深入研究习近平总书记系列重要讲话中基于历史经验和现实实践做出的科学判断和提出的一系列重大理论问题。这是历史和时代赋予我们的责任。

60多年来的实践证明,我们党在防止"历史周期率"的考试中取得了优异成绩。我闪的成就是举世瞩目的。但是考试并没有结束,还在继续。只要中国共产党坚持"不忘初心,继续前进",我们就无往而不胜。

第十三讲　树立新财富观

　　一个民族的文化传统对于财富观有深远影响，但最终具有决定作用的是生产方式。财富观的秘密存在于生产方式之中：小国寡民与安贫乐道只能源自农业生产方式；经济人假设与新教伦理是资本主义生产方式的产物；社会主义生产方式则有自己的新财富观。历史唯物主义是打开财富观演变之锁的钥匙。

一、小国寡民与安贫乐道

　　小国寡民与安贫乐道，曾经是中国古代财富观的重要观念。《道德经》中的最高理想就是："小国寡民。什伯之器而不用；使民重死而不远徙。虽有舟舆,无所乘之;虽有甲兵,无所陈之。使民复结绳而用之。甘其食,美其服,安其居,乐其俗。邻国相望,鸡犬之声相闻,老死不相往来。"(第八十章)如果离开了对商品交换和交往关系极不发达、自给自足的小农生产方式的透析,当然不能理解这种安土重迁、老死不相往来的社会理想。这种东方式的小农经济的理想国,与处于城市国家、手工业和分工比较发展、奴隶制繁荣时期的柏拉图的理想国大异其趣。

同样是建立在农业生产方式基础上,儒家学说又有其特点,这是因为在生产方式基础上,上层建筑中的政治制度对观念具有重要作用。老庄可以说是在野派,而儒家创始人孔子有治国平天下的政治抱负。儒家的理想不是小国寡民,而是实行王道仁政。孔子不反对富国富民,对国家而言:庶之、富之、教之。(参见《论语·子路》)"庶",是增加人口:人是农业劳动力,人丁旺是农业发展的首要条件;"富",是让百姓生活富裕;"教",是富而后教,加强教育,富而好礼。孔子对个人也不是一味反对富,他说过,"富而可求,虽执鞭之士,吾亦为之。"(《论语·述而》)

儒家把富民政策寄托于仁政,寄托于当权者的良心自觉,而分配方式是平均主义:"不患寡而患不均。"(《论语·季氏》)孟子曰:"五亩之宅,树之以桑,五十可以衣帛矣;鸡豚狗彘,无失其时,七十者可以是食肉矣;百亩之田,勿夺其时,数口之家,可以无饥矣。"(《孟子·梁惠王上》)所谓仁政理想,求的是实现小富、均富;在生产力不太发展、财富不很丰富的小农经济时代,这是社会稳定和实行仁政的最高理想。

小农生产方式规模狭小,没有普遍交往,生产力较低,财富表现为自给自足、满足人的日常生活即可的使用价值。它是一种自然形态的财富,既不能转化为作为财富等价物储藏的金银货币,更不能转变为资本,不能无限地、长久地大量储藏。这种状态必然影响个人财富观。儒家重德不重富,重义轻利,忧道不忧贫。孔子赞扬"一箪食、一瓢饮,居陋巷,不改其乐"(《论语·雍也》)的颜回,提倡"饭疏食,饮水,曲肱而枕之,乐亦在其中矣。不义而富且贵,于我如浮云"(《论语·述而》)的处世态度;庄子处世淡薄,只求免于饥寒,无需积累,他说:"鹪鹩巢于深林,不过一枝;偃鼠饮河,不过满腹"(《庄子·逍遥游》)。小农生产方式倡导知足常乐、安贫乐道,这种具有平均主义特色的财富观可以说是势所使然。

当然,封建社会的生产和生产力同样是发展的。封建生产方式经历过早期之后日趋发展和成熟。面对大一统的中国,小国寡民或五十衣帛、七十食肉的财富观逐渐失去其存在的经济和政治基础。但是儒道财富观尤其是儒家财富观,作为主要传统仍在起重要作用。对国家来说,道家"治大国如烹小鲜"、"顺其自然"等无为而治的理念,成为历代创业君主实行轻徭薄赋、休养生息等治国理财的指导原则;儒家的仁政爱民的内容不同于早期的五十衣帛、七十食肉的观念,但王道仁政、以民为本的思想仍然在起作用。王道仁政在封建社会当然只是一种理念,而非历史事实,但它对皇权专制体制和重赋苛政有一定的约束作用;特别是在个人道德和品格的培育上,无论是庄子视相位如腐鼠、蔑视权贵的品格,还是儒家的"学而优则仕",都不主张个人对财富的非分追求;尤其是儒家主张以义取利而不能见利忘义的观念,是一种正确对待财富的宝贵观念,"孔颜乐处"至今仍是启发个人品格修养的思想文化传统。

二、"经济人"假说与财富异化

贫穷是社会的苦难,追求财富对社会来说是一种进步的动力。社会财富的增加意味着社会的进步、生产力的发展、人的主体能力的提升;如果人人安贫乐道,不追求财富,社会总体财富如何增加、社会如何进步? 反之,如果个人不能分享增加的社会财富,使自己的生活富裕,他们对财富渴求的热情就会被窒息,就不会有增加财富的动力。鉴此,小农生产方式基础上对待财富的态度,在资本主义生产方式下当然行不通,它不符合正在兴起的市民社会的需要。

亚当·斯密作为工业革命时期新兴资产阶级的理论家很重视财富生产,他撰写的《国富论》是经济学的传世经典之作。该书旨在阐明新兴资产者如何满足个人对财富的追求,同时增加国家社会财富的总量。斯密在讲到政治经济学的目的时明确说道:"第一,给人民提供充足的收入和生活资料,或者更恰当地说,使人民能够为自己提供这样一个收入或生活资料。第二,为国家和联邦提供一个足以支付所有公共开支的收入。其目的是要使人民和君主两者都富裕。"①"经济人"假说和"看不见的手"假说都是为此而提出的理论:前者着眼的是作为财富追求主体的人的本性,后者着眼的是从每个人追求财富的合力形成的"看不见的手"的作用,二者都是资本主义社会中个人财富和社会财富增加所必需的。

马克斯·韦伯的《新教伦理与资本主义精神》中的新教伦理与"经济人"假说本质上是一致的。不同的是后者属于经济学,而前者属于伦理学。资本主义发展既需要"经济人"的逐利本性,又需要新教伦理所张扬的道德品格。节俭、勤奋、守财、积累是资本主义财富积累最宝贵的道德杠杆,韦伯以上帝的名义使其神圣化,把增加财富视为对上帝的义务。资本主义的产生和发展当然不是宗教道德的功劳,资本主义必然从自身的生产方式中产生出这种伦理观念和"经济人"假说。

毫无疑问,追求金钱利益并非资本主义特有的。

从私有财产制度产生,货币成为普遍等价物之后,追求金钱和财富就可以在各式各样的职业和人物中发现,仿佛被铸造为人的本性。但不同的是,在资本主义社会中对利润的追逐和财富的积累,不是个别人的品质而是资本的天职和本性。所谓新教伦理的精神是资本主义精神。人们追求财富的欲望同样存在于前资本主义社会,但资本主义精神却是资本主义社会的精神,是资本本性的理念化。正因为这样,新教

---

① 亚当·斯密:《国富论》上卷,北京:新世界出版社 2007 年版,第 397 页。

伦理是翻译为道德的资产阶级国民经济学;反过来也可以说,资产阶级国民经济学是翻译为经济学的新教伦理。马克思在《1844 年经济学哲学手稿》中就是把两者的道德观视为一体的。他说:资本主义经济学是"关于财富的科学",又是"关于惊人的勤劳的科学、同时也是关于禁欲主义的科学,而它的真正理想是……禁欲的但进行生产的奴隶"。还说:"国民经济学,尽管它具有世俗的和纵欲的外表,却是真正道德的科学……。它的基本教条是:自我克制,对生活和人的一切需要克制。你越少吃,少喝,少买书,少上剧院、舞会和餐馆,越少想,少爱,少谈理论,少唱,少画,少击剑等等,你就越能积攒,你的既不会被虫蛀也不会被贼盗的宝藏,即你的资本,也就会越大。"①马克思的《1844 年经济学哲学手稿》是早于韦伯《新教伦理与资本主义》60 多年的著作;它反对"国民经济的道德产生资本主义"的神话,而是把这种道德视为资本主义经济要求的必然反映。新教伦理的本质同样如此。资本主义财富观与资本主义经济发展不能头足倒置。这是历史唯物主义关于社会存在决定社会意识的颠扑不破的真理。

财富是劳动创造的,但是劳动不能单独构成财富的源泉,劳动始终处于一定所有制形式下,只有通过所有制才能把劳动和劳动对象结合在一起。在农业生产方式下,个人劳动与土地及其产品是紧密相连的。而在资本主义制度下财富中存在着异化,这是资本主义私有财产制度下异化劳动的必然表现。

异化劳动在创造财富中并未合理地发展劳动者的主体力量,而是使它片面化和畸形化。财富的异化不仅体现为创造财富的劳动主体的异化,还表现为分配的异化。资本主义的财富增加的一个突出现象,就是社会财富的增长与创造财富的劳动者的贫困成正比。从社会来说,生产力发展了、经济发展了,社会的总体财富增加了,可同时却是越来越多的人陷入了贫困。劳动创造了财富,但劳动者并没有因劳动而致

---

① 《马克思恩格斯全集》第 42 卷,北京:人民出版社 1979 年版,第 135 页。

富,反而是不劳动者致富,少数人占有社会大量财富。

自资本主义社会诞生以后,就开始了生产力越发展、社会总体财富越增加,而相对贫困和绝对贫困人口也越增加的进程。劳动者个人财富的占有与社会财富的增加处于分离状态。马克思对资本主义条件下创造财富的劳动的异化作过生动的描述:"工人生产的财富越多,他的产品的力量和数量越大,他就越贫穷。工人创造的商品越多,他就越变成廉价的商品。物的世界的增值同人的世界的贬值成正比。劳动不仅生产商品,它还生产作为商品的劳动自身和工人,而且是按它一般生产商品的比例生产的"。①

在农业生产方式中,农民可以有自己一小块耕地,依靠自己的劳动聊以卒岁;"稻花香里说丰年,听取蛙声一片",是对风调雨顺、衣食暂可无虑的农家生活的彩色描绘。资本主义工业社会不同,因为劳动与劳动对象的分离而注定失去劳动对象的劳动者会因失业而落入悲惨境地。以往小农家庭无论如何贫穷,都会有几亩薄地和简陋的茅屋栖身,而在资本主义社会,被排除在劳动之外的"劳动者"不是住在贫民窟就是沦为乞丐和无处栖身的街头流浪者。

住宅问题是工业化进程中的一个严重社会问题。马克思在《1844年经济学哲学手稿》中,曾生动描写过社会财富增加而创造财富的劳动者却因无房住而退回洞穴的荒谬情况:"人又退回到洞穴中,不过这洞穴现在已被文明的熏人毒气污染。他不能踏踏实实地住在这洞穴中,仿佛它是一个每天都可能从他身边脱离的异己力量,如果他交不起房租,他就每天都可能被赶出洞穴。工人必须为这停尸房支付租金。明亮的居室,曾被埃斯库罗斯笔下的普罗米修斯称为使野蛮人变成人的伟大天赐之一,现在对工人说来已不再存在了。光、空气等等,甚至动物的最简单的爱清洁习性,都不再成为人的需要了。肮脏,人的这种

---

① 《马克思恩格斯全集》第 42 卷,北京:人民出版社 1979 年版,第 90 页。

腐化堕落,文明的阴沟……,成了工人的生活要素。"①这是私有制下高度工业化、城市化的溃烂之物。

当然,当代资本主义与一个半世纪以前的资本主义情况不同。马克思在 19 世纪 40 年代就说过:"资产阶级除非对生产工具,从而对生产关系,从而对全部社会关系不断地进行革命,否则就不能生存下去。"②资本主义具有一定的自我调节能力,它在发展中也在不断地对资本主义制度中的各种关系进行调整。现在失业者和无家可归者的处境比资本主义早期得到了改善,但财富中分配的异化并没有消失;相反,由于具有国际垄断性质的跨国公司在世界其他国家和地区的经济中的强势地位,资产阶级对财富的掠夺式的聚敛已经越过国界走向全球,财富分配中的异化由国内有产者和无产者的贫富对立,转变为世界性的富国与穷国的对立。

尽管发达资本主义国家在世界财富中的高额收入有助于缓解国内分配中的异化,但国内贫困问题并没有因此而得到根本解决。日本是当今亚洲最发达最富裕的国家,可是据美国《纽约时报》2010 年 4 月 21 日报道,经过多年的经济停滞和贫富差距日益增大后,日本这个曾经标榜平等富裕的国家终于开始面对现实:贫困人口正不断增加。日本厚生劳动省 2009 年 10 月份公布的数据显示,约 1/6 的日本人生活在贫困中。当然,由于经济发展水平不一,各国的贫困线划分标准有较大差异。很多日本人曾相信,日本人都是中产阶级,但是当他们看到日本的贫困率高达 15.7%,接近美国的 17.1%时,他们都很震惊。研究人员估计,自从 20 世纪 90 年代日本房地产和股票市场崩溃后,其贫困率已经翻倍,日本人的收入陷入停滞甚至下降。

某些发展中国家也是如此。在当代,新兴工业化国家的发展似乎在重复发达资本主义社会的发展过程,这在住房问题上表现得尤为明

---

① 《马克思恩格斯全集》第 42 卷,北京:人民出版社 1979 年版,第 133—134 页。
② 《马克思恩格斯选集》第 1 卷,北京:人民出版社 1995 年版,第 275 页。

显,住房难成为新兴经济体的共同问题。在巴西,里约热内卢是贫民窟最多的城市,据市政府统计每五名市民就有一人居住在贫民窟。① 印度是发展中的大国,GDP 增长很高,可全国有 4 亿人生活在联合国设定的每天 1.25 美元的贫困线以下。《参考消息》据路透社新德里 2010年 4 月 18 日报道说,印度从 2004 年到 2010 年,6 年中生活在贫困线以下的人多了一亿人,贫困人口从 23.5% 增至 37.2%。印度孟买超过一亿人居住在临时搭建的窝棚里。这就是马克思揭露的异化现象在当今财富分配中的一个侧面。可见,尽管资本主义国家也采取了缓和矛盾的福利和保障政策,但仍然无法根本医治异化劳动的痼疾。

资本主义财富中的异化现象,还表现为物质财富与精神财富之间的矛盾尖锐化。物质财富的增加之所以与道德和价值观念危机相伴随,跟财富形态的转变有着不可分割的联系。物质财富是由使用价值构成的,它是实物性存在。由于货币成为一般等价物,货币成为财富;特别是在资本主义市场经济中,货币成为人与人之间联系的中介,成为任何需要和需要的满足之间的牵线者。货币的流动就是财富的流动。谁拥有货币谁就拥有财富,拥有的货币越多财富就越多。货币作为一般等价物,能够购买人世间任何东西。货币既是财富的转化形态,又是一种异化形态。世界上一切事物都有量的规定性,只有货币没有量的规定,货币的量就是无限量。拜金主义、利己主义最根本的共同点,就是对货币的不择手段的无止境、无限量的追逐。按照马克思的说法,"货币作为现存的和起作用的价值概念把一切事物都混淆和替换了"。② 在货币拜物教面前,事物如同映现在照相机中的人影,一切都是倒置的。当代资本主义社会所谓人文危机、道德危机、价值观念危机,充分体现了货币作为财富形态的迷人魔力。因此,一个货币异化的社会,必然是一个拜金主义的社会,也必然是一个价值观念颠倒、道德

---

① 参见《参考消息》2010 年 4 月 22 日相关报道。
② 《马克思恩格斯全集》第 42 卷,北京:人民出版社 1979 年版,第 155 页。

尺度失衡的社会。

在研究资本主义社会的财富问题时,马克思关于异化和异化劳动的思想,对于我们理解社会财富增加与贫困增加同步的现象有指导意义。资本主义社会中财富增加和分配不平等之间的矛盾、物质财富与精神财富之间失衡的问题,是资本主义社会生产力与生产关系的矛盾表现。但马克思主义并不因为资本主义存在着财富异化,就反对生产力的发展,阻止科技的进步,反对资本和货币在社会进步中的作用;道德不是评价社会进步的标准。

资本主义社会的进步的确血泪斑斑。它以农民失去土地、失去家园,变为大城市的贫民窟的居住者、变为流浪者为代价。马克思曾为此而抨击资本主义的不合理性,但他是向前看的,并不会因为资本主义的异化而要求历史倒转,由工业生产方式变为农业生产方式,由资本主义高楼林立的当代城市退回所谓充满田园风光和诗情画意的农家茅舍。城市代表文明和开放,而农村代表落后和封闭。农村向往城市和城市生活,农民想脱离农村和土地而往城里跑。只有当城市变为钢铁水泥筑成的高楼林立的堡垒,压抑得人透不过气时,人们才羡慕农村的自然风光;而且越是落后、越没有为现代文明"侵入"的所谓"原生态"地区,越成为人们向往的地区。这是当代文明社会的弊病,是现代化造成的自我困境。当代西方后现代主义能够滋生的原因正在于此。其实,城市、特别是超大型城市仍然是现代文明的辐射点,是经济、政治、文化的中心。我们需要的是让城市的生活更美好,而不是退回到幻想中的"农村牧歌"。

现代化是人类社会的进步,财富中的异化和异化现象是进入更高的社会形态的炼狱,故企图阻碍历史潮流前进是枉然的。马克思就曾批判过封建社会主义和小资产阶级社会主义,批评过西斯蒙第、卡莱尔等人的历史观。财富、货币、资本只要具有增加社会总体财富的活力,从中产生的种种不合理性比起平均主义来就对社会整体发展更为有利。正因为如此,《共产党宣言》中痛斥土地贵族的懒惰和对待财富的贵族态度,而对资本主义社会生产力的发展和资产阶级为增加社会财富而扩展资本的力量加以赞扬。资本主义社会生产力的发展和社会财富的大量涌现,它的合理的组织生产的方式和管理方式、经营才能,都表明资本主义社会是比以往任何社会更进步的社会。财富中虽然存在种种异化现象,但社会财富总量的增加对社会总体有利、对社会发展有利:它在为人类缩短劳动时间,增加闲暇时间,为人的自由而全面发展准备条件。

在资本主义社会,财富占有者的生活当然是无产者无可比拟也无法想象的。但在财富异化状态下,资本占有者也难免处于一种异化状态。在资本主义市场经济的恶性竞争中,尔虞我诈、勾心斗角,破产沦落甚至自杀,仍是大资产者个人难免的噩梦。马克思说过:"凡是在工人那里表现为外化、异化的活动的,在非工人那里都表现为外化、异化的状态。"①金钱无主人。财富的流转是异化状态下财富占有者不可避免的命运。"旧时王谢堂前燕,飞入寻常百姓家",这是封建社会权贵家族衰败时的情景,而在资本主义社会中时刻都在上演这种破产的"悲剧"。在资本主义市场中上演的没有硝烟的商业战争和货币战争,丝毫也不逊于封建社会的王朝战争。

受道德沦落与价值观念危机困扰的当代西方资本主义,把目光转向中国传统文化特别是儒家文化。它们多次召开有关东方哲学的讲座、讨论会和出版专门刊物,一些大学开设东方哲学的课程,力图在物质财富和科技飞跃的基础上,寻求精神的安顿空间。文化交流是文化进步的动力,中国哲学中包含许多哲学智慧,值得当代西方人认真研究和介绍。可以肯定,中国哲学特别是儒家的道德观念,对于西方过分追求物欲、沉迷金钱的社会状态中的某些人,可能会有心灵疗伤的作用,但我以为对整体社会的作用有限。东方之药难治西方之病,东方文化不可能成为西方社会制度弊病的最后"解毒药"。

---

① 《马克思恩格斯全集》第42卷,北京:人民出版社1979年版,第103页。

西方财富的异化现象根源于资本主义制度的本质。它不是单纯的文化观念问题,而是社会发展规律问题,不能只要资本主义制度而不要这种制度的异化后果。资本主义社会形态不像一个苹果,可以切去坏的一半、留下好的一半后,仍然是资本主义。没有任何一种外来文化能使西方社会摆脱困境,解决问题的钥匙和手段只能存在于西方社会自身之中。

三、解放生产力和共同富裕

财富不是资本,但财富可以转变为资本。当财富支配他人劳动时,它就转变为资本形态。资本的占有是有产者与无产者的分界线;财富多少是富裕与贫困的分界线。财富与资本的区分不能混淆。认为资本主义社会的所有公民都是有产者,因为工人有汽车、有住房、有电冰箱,总之已不是一无所有的无产者,这是混淆资本与财富的界限。在传统意义上,无产者是工人阶级的另一称呼,因为他们不是凭借资本而是直接创造财富的劳动者。没有无产者即没有工人的资本主义社会,这当然是奇谈怪论;谁为资本的价值增值而劳动?难道是有产者为有产者自己生产,资本具有自我增值的魔法吗?资本主义社会的本质是资本与劳动的关系,这种关系不会因为贫困线的上下浮动而改变。

习近平总书记在庆祝中国共产党成立 95 周年大会上的讲话中指出:"发展是党执政兴国的第一任务,是解决中国所有问题的关键。"在社会主义社会,我们希望增加社会财富,希望人人富裕。社会主义社会应该害怕的不是富裕,而是贫困。富裕只能巩固社会主义,贫困才会导致社会主义的危险。但我们也必须辩证地思考:不发展有不发展的问题,而发展又会出现发展中的新问题,富裕也是如此。富则修是错误的,但"富而不教"则会出现新问题,所谓"富二代"现象敲响的就是这种警钟。

在当代中国,私有制是社会主义基本经济结构的重要组成部分。

私人资本对当代中国社会财富的创造发挥着重大推动作用。在社会主义社会,工人的主人翁地位不能因被雇佣而改变。以公有制为主体、多种经济成分同时发展是基本国策。社会主义国家应该保障工人有尊严地劳动,保障劳动者的福利和体面的生活。这是社会主义劳动不同于异化劳动的根本之点。如果资本与权力相结合,尤其是私有资本变为社会资本构成的主导,当然潜藏着极大危险。无视这种危险不是马克思主义者,但因此而害怕富裕也不是马克思主义者。

历史发展中常常有极为相似的现象。中国是后发展国家,中国的现代化包含极其复杂的多样性的过程。它同时面对着前现代(落后的小农生产方式)、现代(工业化和城市化)和后现代(现代化弊端的呈现和对生态文明的渴求)种种发展的矛盾的交结与纠缠。在由计划经济体制向市场经济体制转型、迅速推进工业化和城市化的过程中,也会出现西方现代化过程中某些类似的现象。由于产业结构的调整,产生大量结构性下岗失业人员,以及农村人口向城市迅速聚集,无房和蚁居、蜗居现象成为迅速发展中的新的社会问题,成为财富增长中的新的贫困。

改革开放近四十年我国的经济持续高速发展,已成为世界第二大经济实体,社会财富总量大大增加。财富虽然是使用价值,但它的生产与分配都承载着人与人的关系。财富分配的核心是利益关系的调整。当今中国,亿万、百亿万富翁不少,位列世界富豪排名榜上的人日渐增多。这是好事,是社会财富激增的表现。只要聚财有道,不是巧取豪夺,富人增多有利于增加人们对财富追求的社会活力,可以提升人们创业的主动性和能动性。当然,对财富急剧集中的不正当渠道及其产生的拉大基尼系数的效应,我们必须认真对待。当两极分化和贫富对立,基尼系数超出可接受的界限,应该调整我们的政策。

尽管历史发展有相似现象,但不同社会中对类似现象的处理方式和后果并不相同。处于社会主义初级阶段的中国仍然存在贫困人口,然而与其他发展中国家不同,中国社会财富的增加与贫困人口的变化成反比。改革开放以来,脱贫成为我们的一项重要政策。无可否认,财富确实在向少数人集中,但脱贫人口还是越来越多。我们国家正在采取各种措施限制两极分化和不利于构建和谐社会主义的现象,不断完善社会保障制度,提高社会低保水平,保障失业和下岗人员的生活,并着手解决房价虚高和低收入者的住房问题。

分配永远无法超越经济和文化的制约。在当代中国,财富分配中的分化现象几乎难以完全避免。经济问题是不可能单纯依靠道德解决的,道德愤慨和抨击可以促进人们关注分配问题,但不可能解决分配不公问题。处于不同地位者和不同的利益相关者,对公平的理解可以南辕北辙。公平是社会的、历史的、变化的概念,永恒的、普适的公平是不存在的。

社会主义当然要求公平。公平是社会主义社会构建和谐社会的重要道德支柱,也是社会主义制度内在本质的要求。但是社会主义社会的公平不是一个抽象的道德概念,而是由社会主义经济制度和政治制度保证的实际状态。分配的公平是结果,它是由生产力发展水平和所有制性质决定的。在社会主义中国,有尊严和体面的生活,不会也不可能单纯依靠救济、慈善事业或社会福利来保障。与一些人津津乐道的西方福利国家的学者不同,马克思主义者清楚地意识到,在中国特色的社会主义建设中,在着手完善社会保障和社会福利制度的同时,应该合理规划各种经济成分的关系,并着力巩固社会主义公有制的主体地位,增加社会主义国家的公共财富。中国的工人和农民为社会主义建设作出了巨大贡献,过去和现在都功不可没。中国社会主义的经济成就和社会财富的激增,如果不能使全体社会成员、特别是弱势群体的个人生活得到改善,就难以逐步落实"以人民为中心"和"共同富裕"的理念。只有坚持以公有制为主体、多种经济成分同时发展,并采取经济的、法律的、道德的手段和实际政策措施限制两极分化,才能在社会财富和个人财富分配之间求得某种合理的、适度的均衡。我们要求的公平是社会主义公平,它不同于不同利益集团对何者为公平的主观认定,而是以最大多数人民的利益和有利于社会发展为衡量尺度的现实的公平。

如果让各种所有制、各种利益集团在市场博弈中达到公平,认为机会均等就是公平,那么劳动者只能是这种所谓机会均等中的弱者。市场中的机会均等适用于进入市场的资本拥有者和投资者,资本与劳动之间则没有真正的机会均等,这是由他们各自的地位决定的。当然,社会阶层具有一定的流动性。这是指其中的成员而不是指阶层本身;阶层本身不会有整体性流动,它只能随着生产方式的改变而改变。只要雇佣关系中的资本与劳动的区分存在,资本就比劳动强势:劳动离开资本就会失业,特别是离开土地进入城市的劳动者,离开了资本就不能生存,这是资本主义市场经济的规则。社会主义市场经济有自身特点,构建和谐社会、调节劳资关系是我们的基本政策。我们应该充分发挥资本的作用,但更应该保护劳动者的权益和积极性。当然,就资本与劳动的关系来说,资本比劳动强势、聘用者比被聘用者强势,在这一点上两种经济具有相似之处。因此,市场经济下的所谓双向选择、自由择业,永远不可能越出市场经济规则的限制。

中国实行的是社会主义市场经济,以市场经济的积极作用发展社会主义,以社会主义引导市场经济。"社会主义"这四个字至关重要,可以说是中国特色社会主义市场经济的生命线。不能把消除两极分化和过大的贫富差距、共同富裕寄托于对公平的道德诉求,而应该按邓小平的社会主义本质论,走最终达到消灭剥削、消灭两极分化的共同富裕之路。这才是真正通向社会主义公平之路。物质贫穷不是社会主义,但精神贫穷同样不是社会主义。社会主义新财富观不单关涉物质财富,还关涉精神财富。精神产品同样是满足人类需要的财富。物质财富和精神财富的消费方式和结果并不相同。物质财富的消费受到生理限制。虽然随着社会发展,生理需要已经不是消费的限制,享受和奢侈性消费成为物质财富消费的主要内容,但这种消费终究有个限度。超过人的社会的、生理的、心理的合理的物质需求,往往表现为不合理的消费。精神财富的消费则是无限的。物质财富的不合理的、过度的消费会有害于消费者自身,而精神财富的消费则使消费者素质越来越高,即越来越有教养、有文化。物质消费虽然可以拉动生产,但社会物质的过度消费会破坏生态环境、破坏资源,妨碍可持续发展;而精神财富则是一种增值性消费:消费越孕育出新的精神产品,智慧的碰撞越会产生新的智慧。一个国家的物质财富的增加,应该有利于劳动时间的缩短和闲暇时间的增加,有利于人的素质的培养和提高。物质生产任何时候都是社会存在和发展的基础,但并非投入物质生产的社会劳动总量越多越好;事实正好相反,科技革命使物质生产和精神生产的时间比例发生重大变化:精神生产在社会总生产中越来越占有重要地位。

先进文化建设是中国特色社会主义建设的重要任务,它关系到社会主义的前途和命运。在当代中国,由于经济发展和财富的增加,足疗、按摩、美容、洗浴之类的享受性和奢侈性消费扩展到小县小镇;与之相比,文化建设与全民读书的风气则发展缓慢。一个富强的社会主义国家必须有文化精神支柱。如果只有物质财富增长,我们只能是一个在国际风云际会中借机而起的"暴发户",而不可能是高度发达的社会主义文明国家。

财富是社会性财富。财富不可能是任何一个人创造的,它凝聚的是社会集体的力量。虽然在私有制社会中财富的占有方式是家族式的,但本质上它是社会财富。虽然封建社会中也有人建立义仓、学田,但不超过宗族范围,财富是在家族中贮藏和继承。但千亩良田八百主,通过家族的兴衰,不依财富主体的意愿而发生易手流转。资本主义社会比封建社会进步,有些财富的拥有者是主动转让,采取成立基金会的方式从事各种社会公益事业,不是在家族范围内济贫,而是回归全社会。这是社会文明的进步。

社会主义新财富观主张增加社会财富,也主张增加个人财富。但对个人来说,不应当以追求财富为人生目标。"一切向钱看"、"只有向钱看,才能向前看"之类的口号是误导,而不是社会主义新财富观。在对待财富问题上,应当个人利益与集体利益相结合,个人财富的获得不能损害国家和集体利益。从这点上说,中国儒家以义取利、反对见利忘义的观念,与社会主义核心价值具在内在的兼容性。

社会主义国家的新财富观既重视个人财富,更重视社会财富;既重视物质财富,更重视精神财富;认为财富来自社会,也要回归社会。所以,我们应当坚持社会存在决定社会意识的历史唯物论,通过切实改革分配制度,以清除财富观中的拜金主义、利己主义,让财富真正成为人的劳动对象化和发展人的主体本质力量的创造物,成为全体社会成员共同享用的物质的和精神的盛宴。

第十四讲 普世价值与共同价值

　　普世价值与共同价值最容易混淆。共同价值可以具有普遍性,因为它是人类文明发展和社会进步的产物,对它的认可可以形成价值共识。西方鼓吹的普世价值,其中包括自由、民主、人权、法治,与人类共同价值发生交叉,使不少人感到困惑,似乎反对普世价值就是反对自由、民主、人权、法治,这是误解。我们反对西方的普世价值论是反对他们把西方资本主义基本制度和他们所解释的自由、民主、人权、法治等奉为唯一模式,作为反对甚至颠覆不同制度的工具。

　　我们要揭露西方"普世价值"论的政治实质,但应充分肯定人类文明进步的成果的共同价值,肯定国际合作与文化交流对共同价值达到价值共识。习近平 2015 年 10 月 14 日在联合国大会上发言时指出：和平、发展、公平、正义、民主、自由是全人类的共同价值，也是联合国的崇高目标。我们不能因为人类可能有对共同价值的共识而陷入西方普世价值论的政治陷阱，当然也不能因为反对西方普世价值论而拒绝人类文明进步的积极成果的共同，否定人类在一定程度和范围的价值共识。在当代，区分普世价值和共同价值，划清在价值观问题上的话语霸权和人类形成的价值共识，不仅仅是一个文化价值观问题，更是关系到中国发展道路和方向问题。

一、为什么要拒斥西方"普世价值"

在对待普世价值的问题上存在两种不同的观点：一种是西方中心论的普世价值论，即把西方以资本主义私有制为基础、以个人主义为核心的价值观奉为绝对的普世价值；一种是以历史唯物主义为指导的观点，它肯定人类文明进步和文化交流的积极成果。后一种观点是对人类共同价值的肯定，它反映在价值论上即承认人类可以有某种价值共识。由于它代表历史进步的趋向、得到人民比较广泛的认可，这种人类共同价值具有一定程度的普遍性；而且由于它是人类文明成果的积淀，具有先导性。但共同价值的普遍性和先导性并非绝对的，它同样具有历史性、时代性和民族性。

当今西方抽象普世价值论的兴起不是突然产生的：它从宗教的普世主义，到神学家和宗教伦理学家倡导的普世伦理，再到现在成为西方强势话语的所谓普世价值，经历了很长一个历史过程。但是，作为当代强势话语的西方普世价值不同于宗教的普世主义和神学家、宗教伦理学家倡导的普世伦理，因为它具有与经济全球化中西方资本主义强势地位的扩张相联系的特殊的政治意图。只要看看当今世界的霸权主义者的行为所借助的口号，就是反对专制主义，推行普世价值。普世价值成为当代掩护炮舰政治的遮羞布。旧的殖民主义是输出文明，现代的口号是输出西方普世价值。哪个国家奉行西方的政治制度和普世价值就是盟友,否则就是脱离人类共同发展道路,是自我孤立的专制制度。

抽象的绝对的普世价值是虚构的,因为它包含一个不可解决的矛盾,即价值主体与价值本质的矛盾。价值不可能具有绝对的普世性。有放之四海而皆准的普遍真理,而没有放之四海而皆准的绝对的普世价值。即使是作为人类进步成果的共同价值,在不同的国家由于发展水平和文化传统实现方式也存在差异。这是真理与价值之间最重要的一个区别。因为真理是主客体的认识关系,它涉及的是认识内容的客观性问题,而价值是受生产关系制约的主客体的一种需要和满足需要的关系,它涉及的是利益、特别是核心利益关系问题。即便是放之四海而皆准的普遍真理,也要与各国实际相结合,否则就是抽象真理,而抽象真理会因为缺失具体性而转化为谬误。真理尚且如此,何况价值?

价值的绝对普世性与价值关系的具体性两者不能兼容。价值观念是主体的判断,而价值关系是不依主体意志为转移的客观关系。《红楼梦》中贾府宝玉手下的高级丫环可以对自己地位做出满意的价值认同,但无法改变她们与主子之间实际的价值关系,即主子与奴才的关系。价值认同与实际价值关系背离的情况在阶级社会并不罕见。称颂资本主义、满足于资本主义制度的无产者,已经成为当代西方工人运动的一大障碍。如果社会主义国家把西方的所谓普世价值当成自己的价值追求,就是对自身制度的本质和利益的实际价值关系的背离。

西方说的普世价值中虽然可以包括某些共同价值,但由于西方的强势解释变为资本主义制度的独占物,变为资本主义制度和价值观念的同义语。这种普世价值实际上是一种价值观,即普世价值观。价值观不可能是普世的,普世价值与其说是指价值不如说是普世价值观。在当今世界不可能奉行同一种价值观。因为作为这种价值观的共同的统一的主体并不存在。现实中有个体,有由特定关系结合而成的集体,如阶级、社会、民族、国家,因而有个人价值、阶级价值、社会价值、民族价值、国家价值，但当今世界并没有以全世界所有国家为同一主体的普世价值。

我们当代有联合国，它发挥着重要作用，但联合国也不是世界统一主体，也不可消除各国各民族的差异性。有人可能会说，虽然国家和民族不同，但都是人构成的，人就是普遍主体，因为人是"类"，"类"可以成为世界主体；只要承认我们都是人，必然有高于和超越各个国家、民族和阶级之上的绝对的普世价值。其实这只是抽象人道主义的老调新弹，是从马克思主义的"现实的人"重新回归"抽象的人"。马克思说："人的本质不是单个人所固有的抽象物，在其现实性上，它是一切社会性关系的总和。"①他批评费尔巴哈把人的本质"理解为'类'，理解为一种内在的、无声的、把许多个人自然地联系在一起的普遍性"。这是千百次被引用过的经典名言，用在剖析普世价值问题上同样恰当。

任何人都明白，迄今为止现实的人都是生活在一定国家和民族结构之中，而不是生活在一个以世界为统一主体的整体结构之中。全球化并没有把全世界的人变为统一的主体，泯灭了国家和民族的差别，而是使强国与弱国的对立更加激化。即使是联合国也是各个主权国家的国际组织，而不是无国界的所谓"人"的组织或"类"的组织。对于当今世界人类而言，国家仍然是存在的边界。所以凡是主张绝对普世价值的理论家，都承认有一个抽象的类主体，而且肯定抽象人性的普遍性，由人性的普遍性推论出绝对普世价值。习近平同志在联合国大会提出人类的共同价值，不是从抽象人性出发，而是从人类社会发展的进步趋势出发，提出了一个人类社会共同认可的目标。但习近平也承认，这个"目标远未完成，我们仍须努力。"

有人说，不要偷盗、不要奸淫、不准乱伦就是符合人性的绝对普世价值。其实在没有私有制的时代不存在"不要偷盗"的规定，在群婚时代不存在"不要奸淫"的规定，在杂婚时代不存在"不要乱伦"的规定，

---

① 《马克思恩格斯选集》第 1 卷，北京：人民出版社 1995 年版，第 56 页。

甚至连"盗窃"、"奸淫"、"乱伦"的动机和观念都根本不可能出现。这些作为人类的基本道德价值的共识，都是社会发展和文明进步的成果。所以，我们否定绝对的普世价值：没有任何一种价值可以脱离历史、超越时代，包括体现人类进步的共同价值，即价值共识也是受历史条件和时代制约的。西方一些国家拼命鼓吹和到处推销它的普世价值，并非是由于它们是人类社会进步的领跑者，而是有其政治目的。这种政治目的，往往是我们抽象探讨普世价值理论的学者们未必洞悉的。

二、要重视人类"价值共识"

我们不同意西方鼓吹的普世价值，但承认人类在一定范围内、一定问题上可以存在某种价值共识，这种价值共识的凝结就表现为人类共同价值。价值共识不是脱离各个民族的价值而独立存在的抽象共相，而是在人类文明进步中、在各民族文化交流中逐步形成的对某些共同价值的认可；它是有条件的、历史的、变化的。例如 1948 年 12 月 10 日联合国通过的《世界人权宣言》，就是对人权这个问题的某种价值共识；它代表宣言的签字国对一些基本的人权的认可。但这并不意味着人权宣言中列举的是超越历史和国家的普世价值。因为它具有时代性，产生于二次世界大战之后；它表明人们对战争的反省，随着人类社会发展、人的社会地位和政治地位的提高而发生的变化。《世界人权宣言》可以看作是人类历史进步的一种纪录：其中所列举的人的权利是历史的产物，其产生和完善经历了一个历史过程。即使在西方发达国家，所谓自由、民主、人权至今仍然是残缺不全的，并没有成为人人享有的普遍价值，更不用说其他发展中的国家。

20 世纪下半叶由于生态危机而凸显的人与自然和谐的观念，也不可能是所谓抽象的普世价值。因为在以农业为生产方式的封建社会，甚至资本主义工业化早期，都不存在对人与自然和谐这种价值观念之需要的普遍性和迫切性。人与自然和谐、挽救人类共同居住的地球的观念,只有在当代才能成为价值共识,成为人类的共同价值。可见,当代人与自然的和谐作为一种基本价值具有我们时代的特点。它与农业社会从小生产观点或道德观点出发的人对土地的情感,对待自然仁爱之心是不同层次的认识。当代对中国古代哲学关于"天人合一的"生态学解释,已经加进了近代生态科学和近代生态环境恶化对人类生存威胁的内容,并非原有原始儒家尤其是灾变说、警示说的内容能解释的。这也说明,西方鼓吹的无所不可用的"普世价值"是不存在的,实际存在的只是日益增长的对人类共同价值的共识。人类越进步,社会越发展,人类的共同价值会越多。这是世界的进步,人类的进步。

任何被大多数人认可的价值共识都具有时代性,应该符合时代的要求,是时代和社会自身实践成果在理论上的反映,而不是少数智者对绝对真理的发现,或慈悲家们救世主式地向世人宣示的约定。宗教家可以认定自己的教义具有普世性,它囊括全体世人,是救世的,是普度众生的,但宗教之间或教派之间的纷争甚至战争证明任何一种宗教都不可能具有普世性。某种宗教的普世主义不可能得到其他宗教的认同。任何一种宗教的普世性,只是一种宗教信仰和教义。宗教教义不具有普世性,而且彼此对立、冲突,因而产生了把各种宗教共同认可的东西确定为普世伦理的需要,普世伦理应时而生。其实,这种所谓普世伦理只能是一种底线伦理,是对人类社会规范或人类进步实际成果的一种肯定。如果这些规范具有现实基础,它可以起宣传和警世的作用。但如果企图把它作为全世界都应该遵守的道德规范,那就只能是一种良好的愿望,并无现实可能性,全人类行为是不可能通过道德约定或制定规范或发布宣言来统一的。因为人类的道德自觉,尤其是世界范围内的被认可的道德规范,是一种道德价值共识;这种共识的可能性与现实可行性,与人类社会进步、与各个国家和民族的发展水平和社会状况是不可分的。尽管道德家们、思想家们可以逞抽象思辨之伟力,找出一些似乎是人人都理应赞同和遵守的价值而称之为普世价值或者普世伦理,但它们在现实中并不具有普世性,最多是一种理想,是一种期待。

每种大的宗教都有几千年历史,但它的教义中的所谓普世性仍然超不出自己宗教的范围。

我们否定普世价值,也不赞同所谓普世伦理,但我们不能否定人类的共同价值及其可能达到的某种共识。人不是以抽象的类作为全球统一主体,也不可能从抽象的普遍人性中引申出普世价值;但人作为社会的主体,无论属于哪一个种族、民族、国家,不仅具有某些共同的自然属性,而且都要解决人与自然、人与人的关系问题,面对某些相同或相似的问题,从而逐步积累一些相似的认识、经验和体验,形成一些对人类的生存和发展具有重要意义的基本价值。它们可以存在于物质文明中,也可以存在于精神文明中。价值共识就是对不同民族创造的物质文明和精神文明中积极合理因素的某种认同。例如在当代,和平、发展、公平、正义、民主、自由成为人类的共同价值。共同价值不同于普世价值。普世价值强调的是普世性、无差别性;而共同价值则承认对共同价值的共识,范围可大可小,共识的程度可高可低,而且由于各国的发展水平和文化差异,它的实现和兑现,和它的实际状况并不都吻合。

没有一种共同价值是永恒的,而是发展的,是逐步完善的。例如法治作为一种政治制度,它的优越性是绝大多数人承认的,但对人类社会而言不具有普遍性。法治理论和制度化只是近代社会的产物,而且至今也存在诸多有待完善的缺陷,在世界上可以说,没有一个绝对完美的法治国家。人权的承诺也是如此。人权并不是天赋的。尽管参加人权公约表明中国对维护人权与其他签约国具有共同的价值共识,但彼此之间对于什么是完整的人权概念、如何保障人权以及人权状况如何的看法,仍然可以存在差异,即在共同价值中也可以存在共识和非共识的矛盾、理论与事实的矛盾。自由、民主、平等、人权以及其他基本价值都是如此,它们既具有一定的普遍性,又具有特殊性。以中国宪法同样保障人民的自由、民主、人权这一点,来证明西方的自由、民主、人权价值的普世价值腐化的正确性必是不对的。自由、民主、人权载入社会主义中国的宪法并不是源于自由、民主、人权是普世价值,而是基于社会主义制度的本质和对人类社会进步成果的一种价值共识。因此,在这种共识中必然存在着不同于西方关于自由、民主、人权观念的东西。以价值共识为依据证明抽象普世价值的存在是不对的;但以价值分歧为依据否定自由、民主、人权作为对当代人类文明共同进步的基本价值的一种共识性,也是不对的。我们应该认识到,以共同价值为依据的价值共识与抽象的绝对的普世价值,是两种不同性质的价值观。

价值共识不是约定的,不是少数天才思想家的发现,而是人类历史和社会进步逐步形成的,具有客观的历史必然性。它并非逻辑、理性必然性的产物,也不是伦理学中的应然或"绝对命令"。价值共识以各民族实际创造的多样文化中的积极因素为依托,存在于各种具有民族特性的文化之中。例如,西方人可以从东方人特别是从中国传统文化中吸收一些合理的思想,正如中国人可以从西方文化思想中吸收合理思想一样。孔子的"己所不欲,勿施于人"存在了两千多年,到 20 世纪末才被宗教家和伦理家们定为普世价值而且是黄金规则。这是现代道德危机和价值失落引发的对东方文化的需要,而非因为天才人物突然发现了它的普世性。当中国处于半封建半殖民社会、处于被压迫被瓜分的状态时,中国传统文化中的优秀东西并未被世界认可、赞扬。尽管孔子的"己所不欲,勿施于人"在当代可以作为一种价值共识,但实际上人们的行为是否都奉行这个原则,尤其在强国与弱国之间是否遵守这个原则,则是另一回事。当中国向西方寻求真理时,西化被看成中国救亡图存重建中华民族辉煌历史的唯一出路;西方文化中心论成为主流价值观,尤其是它的自由、民主、人权口号对中国人尤其是知识分子具有极大的吸引力。而现在中国人对西方文化中所宣扬的普世价值则具有较为理性的看法。因此,当代被称为普世的价值至多是一种西方资本主义社会的价值共识,它决不是世界的普世的价值共识。

价值共识不是一时形成的,而是在各民族的文化长期交流、传播和相互学习中逐步形成的。无论具有普遍性的共同价值的形成过程如何漫长,尤其是一种理论上的共识变为现实如何艰难,人类文明进步中形成的共同价值都始终是人类文明发展的宝贵精神财富和人类追求的历史性目标。人类的历史就是由野蛮走向文明、由资本主义文明逐步以各种方式和道路走向未来的共产主义文明的历史。在每个历史阶段都会形成具有时代性的基本价值,成为那个时代的先进价值,并在进步人类中形成价值共识。而由马克思主义所设想的人类社会发展的目标,则更是一个漫长的充满矛盾的曲折过程。即使世界大同实现,难道人类就永远不再发展了吗?当然不会。因此不要侈言普世价值,而应该重视人类在历史进程中对价值的创造,重视不同历史时期的价值共识。如积土为山,人类就是这样一步步在创造文明中积累价值。这个过程永远不会结束。

世界上存在不同类型的文明、不同民族的文化,其文学、艺术、哲学、伦理等等价值形态中都蕴涵某些能达到共识的因素,因而跨民族跨文化的交流才是可能的。但没有任何一种单独文化形态可以居于绝对普世的地位,它只包含能为其他民族所认同的因素,因此具有共识性的共同价值是人类各民族共同创造的积极成果。但各民族的文化并不会因为价值共识而失去它的民族特性。海纳百川,我们无法分辨出其中的各川之水,它们都已完全融为海水。可人类文化不同:人类文化交流不是形成一种独立于各民族之外的具有普世价值的文化,而是各民族立足于自身的文化吸收外来文化,丰富和发展本民族的文化;通过文化融合、吸收,你中有我,我中有你,但不会失去自己文化的民族特色。中国是具有丰富文化传统的国家,中国可以向世界展示其传统文化包括当代中国文化的优秀成果,它具有东方价值的特殊内容、意韵和魅力;但它要为异民族文化认同、吸收和转化,才能体现其中包含的世界价值或人类价值。任何一个民族文化中的人类内容都是潜在的。民族价值中的人类性必须经过文化传播、交流、融合才能融入世界之中。

我们拒绝西方关于普世价值的话语霸权,但肯定资产阶级自由、民主、人权观念的历史进步性和可供借鉴的因素。从人类历史来看,资产阶级革命和资本主义制度的建立是人类历史上具有革命意义的重大变化。尽管各种文化中都可能包含某些自由、民主、人权观念的萌芽和因素，但这些观念作为一种比较完整的理论、作为一种由法律规定的制度性安排，是与资本主义社会的产生不可分的。我们不要把它奉为普世价值。因为资产阶级启蒙学者关于自由、平等、博爱的理想具有资本主义的阶级性和狭隘性，尽管它是以普遍性的形式出现的；何况资本主义统治的现实，并非自由、平等、博爱社会理想的完美实现。恩格斯在《反杜论林》中说："同启蒙学者的华美诺言比起来，由'理性的胜利'建立起来的社会制度和政治制度竟是一幅令人极度失望的讽刺画。"[1]这是差不多一个半世纪前说的话。如果恩格斯目睹当代西方国家推行所谓"价值观外交"、所谓"人权外交"，把自由、民主、人权、平等、博爱作为对外扩张的软实力，实现它们的政治图谋，并称之为普世价值，他又将会如何讽刺这一伟大创造！的确，"传播普世价值"比资本主义早期向外扩张时所谓的"传播文明"，更具创意。

英国诺丁汉大学"中国政策研究中心"主任郑永年在关于中国在压力中崛起的文章中说，西方在利用军事同盟遏制中国的同时，还利用价值外交："如果说军事同盟体现的是硬实力，那么价值外交更多体现了软实力，这就是希望把西方的民主和人权价值观融合到西方对华政策的方方面面，尤其是经济贸易。"[2]"俄新社"在一篇题为《人权武器不合时宜》的报道中论证西方以人权为武器的实质时说："美国及其欧盟国"企图将民主或人权的标准强加于其他国家，"它与欧洲当年打着传播文明与基督教的旗帜，戕害众多生命或文明如出一辙"；还说："在美国，为外国谋求人权是一个数亿美元的庞大产业，金钱、激情、意识形态和颠覆活动交织在一起。方法众所周知：倚重许多国家的亲美反对派，或干脆自己出马打造成一个反对党，将之塑造为权利和自由的唯一捍卫者，然后对其公开援助，这即是说，美国养着全球最大的颠覆

---

① 《马克思恩格斯选集》第 3 卷，北京：人民出版社 1995 年版，第 607 页。
② 郑永年：《中国在压力中稳健崛起》，《参考消息》2007 年 12 月 27 日。

机器。"①

可见,西方推行的并不是什么普世价值,而是他们自认为的普世价值,即有利于西方的价值外交的特殊价值。国内少数人嚷嚷的普世价值是建立在对中国特色社会主义的丑化基础上的。他们认定中国是极权统治的封建社会,需要重续清代开始的所谓宪政,实行一次如同西方资产阶级革命那样的所谓革命,一切推倒重来,因而西方资产阶级革命时的自由、民主、人权是当代中国必须实行的普世价值。这种普世价值论的政治色彩是不言自明的。

有一种看法认为,似乎民主、自由、人权之所以为绝对的普世价值,因为它是永恒的、符合人性的。例如,民主就是一种"类"概念,古希腊城邦制民主制、资本主义民主制、社会主义民主制都是由之产生的不同方式,是种概念。这是柏拉图和黑格尔的思维方式。实际上在具体民主制度之外并不存在作为"类"的民主,由它派生出各种民主形式。由希腊奴隶制民主到资本主义民主制度、再到社会主义民主制是一个历史进步的过程,这个过程延续了两千多年。人们关于民主的观念是对现实民主制度某些共性的理论概括,而不是由作为类的民主概念产生出作为种概念的各种具体民主制度的逻辑过程。也就是说,并不是先有作为绝对普世价值的民主,然后才产生出各种各样的现实的民主制度,而是因为有了各种民主制度,才产生出民主是人类社会进步基本价值的共识。

民主不单是一个政治概念,它还是一种国家制度。各种不同的民主制承载的是不同的国家性质。因此,自由、人权、平等、博爱并不是与民主并列的等价概念,而是受民主制即国家制度制约的。例如,在西方民主制框架下的自由,必然是有利于巩固资本主义制度的自由,因而通过无产阶级政治革命和人类解放而获得的自由,决不包含在资本主义自由概念之中;同样,其平等只能是等价交换中体现的平等,是资本主

① 俄新社:《人权武器不合时宜》,《参考消息》2009 年 2 月 26 日。

义法律面前的平等,决不包含消灭阶级意义上的平等;其博爱的最高体现就是资本主义制度下的慈善事业,而不可能"泛爱众"。与社会主义民主相关的自由、平等、人道均会因为民主制的本质区别而具有不同的内涵。西方资本主义国家所宣扬的民主,从本质上说并非是中国人民所需要的民主。我们强调的人民当家作主的民主,也不可能为西方国家所接受。毫无疑问,民主、自由、人权及其某些制度性的安排,作为人类历史发展特定阶段对人类的贡献,包括普选制、少数服从多数、非终身制、废除等级特权、尊重法治以及人民对政治的广泛参与等等,都包含积极的可以吸收和借鉴的东西。但在社会主义社会,作为国家制度的民主制度的实质和内容,以及相关的自由、平等的内容,肯定会发生与社会制度的性质与文化传统相适应的变化。所以,我们对作为人类文明积极成果的自由、民主、人权、平等、法治等等,可以形成一定范围和一定程度的共识;但如果抽象掉它的具体内容,使其变为超越历史和时代的抽象的绝对的普世价值,它们就会失去合理性而变为一种资本主义向外扩张的软实力。

"普世价值"并非科学概念,因为它容易制造抽象共相的理论幻觉。西方张扬的永恒不变的绝对"普世价值"是一种关于价值的唯心主义的理论,而"共同价值"具有实践意义和理论意义,它是对人类文明成果和文化交流或文化融合中的积极因素,即对人类共同价值的认可和肯定。普世价值是以抽象人性为依据的一种对价值的虚拟,共同价值则是对各民族文化实际贡献中有积极意义的共同价值的认可;普世价值是超历史、超时空的,共同价值和共识是历史的、时代性的;抽象普世价值是无条件的、普世的,共同价值是有条件的、有范围的;抽象普世价值立足于观念,求助于人的理性,以应然为"绝对命令",共同价值则立足于实践,求助于各民族实际的文化积累和社会的进步;抽象普世价值外在于其他民族的文化或凌驾于其他民族文化之上,共同的价值则存在于各民族文化之中,是在文化交往和传播中逐步达到的;普世价值是一种不可兑现的空头约定,而价值共识是人类社会实践经验的积累和理论升华；普世价值论者沉醉于人类可以统一于西方普世价值的幻想，全世界都应该走西方同样的道路，而价值共识论者以"和而不同"为原则，通过价值共识形成人类的合理的具有一定共性的价值追求，同时又肯定它的差异性和多样性。

普世价值由于它的抽象的普世性而成为没有内涵的抽象共相；构成抽象普世价值内涵的用语不是一个具体概念，而只是一个词语、一个空洞的概念。例如自由、人权、平等之类，作为词语可以存在于各种语言中，但作为具体概念是不可能脱离使用者的国家和民族的实际状况的。列宁在《哲学笔记》中从费尔巴哈的《宗教本质讲演录》中摘录过两段话："我并不否认……智慧、善良、美；我只是不承认它们这些类概念是存在物，不管它们是表现为神或神的属性，还是表现为柏拉图的理念或黑格尔自我设定的概念"；"它们只是作为人们的属性而存在"。列宁对此甚为赞赏，在边注中写道："反对神学和唯心主义"。① 普世价值论者正是通过抽象掉概念的具体内容而把它变为一个词、一个在各种语言中都可以使用的词，来证明它的普世性。

价值共识是立足于人类进步和本国情况，是与具体性不可分的具体共性。民主、自由、人权在西方政治家手中之所以能采取双重标准，就是因为它们没有真正以人类基本价值的共识为依据，因而具有主观性、随意性。我们不赞同抽象的普世价值论，但充分认识到各民族的价值观念中包含的可供交流、借鉴和融合的共同因素，承认作为人类社会进步和文明成果的基本价值的普遍意义。我们拒绝西方"普世价值"的话语霸权，但坚持改革开放，坚持借鉴人类文明包括西方文明中的积极成果。

西方的普世价值之所以得到国内某些学者的某种认同，因为他们没有把普世价值的争论提到中国发展道路高度来认识。从社会发展道路来看，各国有不同的发展道路，没有唯一的模式。习近平总书记说

---

① 列宁：《哲学笔记》，北京：中央党校出版社 1990 年版，第 55 页。

过，"世界上没有放之四海皆准的发展模式"。中国开放，表明中国共产党愿意学习世界各国尤其是西方发达资本主义国家的经验，但是中国不会照搬西方发展的模式。西方发展道路是西方自己历史决定的，而不是为世界提供模式，也不可能提供模式。习近平总书记在庆祝中国共产党成立95周年大会上的讲话中提出："中国共产党和中国人民完全有信心为人类对更好社会制度的探索提供中国方案。""中国方案"这一重要概念，是对不同于西方发展道路的中国道路的理论概括。

我们反对西方强行推行以及采用各种软实力渗透的"普世价值论"不是反对自由、民主、平等、人权、法治这些人类公认的共同价值，而是反对它们的话语霸权，反对它们垄断和独霸对自由、民主、人权等等的唯一解释权。只有按照它们同样的做法才有合法性，否则是假民主、假自由、假人权。这实际上是把西方的资本主义制度和以其为依据的价值观念模式化，视为普遍放之四海而皆准的普世模式。这种普世价值论的本质就是西方资本主义制度的历史终结论。

三、坚持"社会主义核心价值"

西方的普世价值由于超越了国家和民族，超越了现实，而由地上升入天国，成为与具体相剥离的共相。一个社会的核心价值则不同，它立足于现实社会，植根于这个社会的经济和政治制度之中。有什么样的社会，就会逐步形成与它不可分离的什么样的核心价值。每种社会制度都有自己的核心价值，它是这个社会得以存在的精神支柱，是这个社会从产生到巩固的标志。

核心价值的不同集中表现着社会形态和社会性质的不同。核心价值不是以抽象的人为主体，而是建立在特定的社会的经济和政治制度的基础上，并且起着稳定、巩固和发展自己制度的软实力作用。在任何国家中，处于支配地位的都是它的核心价值而不是所谓全世界必须奉行的所谓普世价值。一个社会的价值可以是多元的，但核心价值则是一元的：它是这个社会制度的主导价值，是该社会统治阶级的价值观。核心价值不一定是全社会的共同价值，但由于它是处于统治地位的价值，因而可以而且必然会通过各种途径和方法在不同程度上为全体社会成员所接受。在阶级社会中，被统治者接受统治阶级的价值观，在不同程度上认同该社会的核心价值，是这个社会处于稳定时期、社会矛盾没有激化的表征。一个社会核心价值的逐步崩溃，是社会矛盾激化、社会行将崩溃的前导。中国封建社会的核心价值，就是以儒家的忠君、爱国、孝悌、仁义即忠孝仁爱礼义廉耻为主要内容的价值观。而资本主义社会的核心价值，则是私有财产制神圣不可侵犯的观念，以及以其为基础的资本主义性质的自由、平等、博爱、人权观念。

社会形态的变化同时也是价值观特别是核心价值观的变化。中国特色社会主义就有自己的核心价值。社会主义核心价值不同于资本主义和封建主义的核心价值。它是以马克思主义为指导、以时代性和民族性为特征、以中国特色社会主义为理想的一种新的社会主义的价值观。它既吸收中国传统文化中的精华，也吸取世界文明的成果，因而它既具有民族性又具有时代性；但它始终是社会主义的核心价值，是与社会主义的经济和政治制度性质相一致的主导价值，而不是普世价值在中国的体现，也不是中国传统价值观的现代版。在社会主义核心价值中，我们会发现人类共用的一些概念，但这并不会改变它的社会主义价值的本质。因为社会主义价值观具有社会主义特性，无论是公平、正义、自由、平等、和谐、爱国、荣辱，都不是一个超越时代和社会制度的抽象概念，而是具体概念，每一个概念中都包含着以马克思主义为指导、以社会主义制度为实质和内容的没有展开的判断；它的社会主义内容正凝集在每个概念尚未展开的特有的判断之中。

在中国特色社会主义建设中，我们的指导思想是马克思主义，是马克思主义与中国实际相结合。中国改革开放30多年的伟大成就，是马克思主义与中国实际相结合的胜利，而不是所谓普世价值的胜利；中国未来的走向是通过中国特色社会主义走向共产主义，而不是按照普世价值走向不同制度的趋同。历史并不会以西方的普世价值即自由、民主制度而终结,也不会因经济全球化而导致世界均质化。

讨论普世价值问题的最重要意义,就在于由此明确中国特色社会主义的方向和指导原则。我们要坚持社会主义核心价值,不为西方的普世价值错误理论所误导。我以为在对外交流、理论研究特别是在社会主义意识形态的建设中,应该区分普世价值、共同价值和核心价值。我们坚持社会主义核心价值,重视人类文明进步和文化交流中形成的以普遍形式出现的"共同价值",即"价值共识",但拒绝西方中心论的普世价值观,特别要揭穿它的西化和分化的政治图谋,顶住其以资本主义制度及其价值观念作为普世价值而对发展中国家施加的政治压力和舆论攻势。

拒绝普世价值,肯定对人类文明和社会进步中的共同价值和"价值共识",坚持核心价值——这应该是我们对待有关普世价值问题争论的基本原则。

第十五讲　哲学与人生

一、哲学与生活

　　哲学研究中,不同的哲学家可能会关注不同的方面,一个是关注形而上的问题,另一个是更偏向于生活实践。所谓生活中的哲学,并非是生活本身,而是生活中包含的哲学问题。穿衣吃饭中,也会存在哲学问题。衣服是御寒的,也包括遮羞,但服饰的式样和审美的观点,各个时代和民族都不相同,其中就存在哲学问题。服饰可以反映时代的变化,不同朝代的人会有不同的服装。正如饮食是为了生存,可是各个国家和民族的饮食习惯不一样, 甚至是饮食的方式和礼仪也不一样,其中也包含哲学问题。研究人类社会风俗变迁,就包含对人们生活方式的研究。就我们现实生活方式来说,如何变得更有品位,更符合健康,也需要有哲学思维。现在流行的所谓养生学,就包含很多哲学问题,当然其中有的有道理,有的是推销,这就需要我们分辨。如何使生活变得更自觉,更有较高的品位,需要有点哲学思维。

从更高的程度说,人们日常生活的实践中包含着更深刻的哲学道理,我们每天都在生活,都离不开衣食住行,但我们不懂得其中的哲学意义。恩格斯在马克思墓前的讲话中说过:"正像达尔文发现有机界的发展规律一样,马克思发现了人类历史的发展规律,即历来为纷繁芜杂的意识形态所掩盖着的一个简单事实:人们首先必须吃、喝、住、穿,然后才能从事政治、科学、艺术、宗教等等,所以,直接的物质生活资料的生产是生存的基础,从而一个民族或一个时代的一定的经济发展阶段,便构成上层建筑的基础,人们的国家制度、法的观点、艺术以至宗教观念,就是从这个基础上发展起来的,因而,也必须由这个基础来解释,而不是像过去那样做得相反。"马克思发现劳动是打开人类社会的钥匙,人们的日常生活需要和人们的衣食住行的满足,都是由人类自身的劳动创造出来的。恩格斯还说过,历史的基础存在于人们粗糙的物质生活中。

所以,哲学研究既要关注形而上的问题,关注纯哲学的问题,更应该关注生活实践中的哲学问题,否则,哲学就是无源之水,无本之木。我们应该学会把生活实践中的哲学变成哲学中的理论问题。因此,马克思主义哲学研究应该关注生活实践中的问题,以问题为导向,而不能只关心抽象的哲学概念

我们应该加强哲学的实际运用,使人们能切身感受到哲学的重要作用。往大的方面说,可以是关于中国特色社会主义建设中的一系列重大问题,需要进行哲学思考;往小的方面说就是个人生活中遇到的一些问题,也就是生活中的哲学问题。比如说什么是幸福这个问题,就包

含两个方面,一个是哲学中的问题,即从哲学的角度思考什么是幸福,探求一个普遍性的关于幸福的定义;也可以是个人在生活中对幸福的追求问题。每个人对幸福的理解都不一样,每个人所追求的幸福也可能都不一样。为什么有的人物质生活越来越好了,幸福感却越来越低了。这就是一个怎样看待幸福的问题。对幸福的理解只有上升到哲学的高度,才不会陷入对满足物质欲望无限追求的陷阱。幸福既包括物质追求也应该包括精神追求,凡是以物质欲望满足为标准的幸福,这种幸福感都不可能是持久的。比如说没有汽车的人得到一辆汽车,可能第一个月幸福,第二个月幸福,一年幸福,但第二年这种幸福感就没有了。房子也是一样,太大了,以后也就不一定会感到幸福。满足物质欲望的幸福受生理的限制,总是有限度的,而道德的追求和精神的追求,则是没有止境的。《中庸》说"止于至善",但什么是"至善",谁也不能给"至善"一个标准,所以道德追求是无止境的。

从国家的角度来说,"贫穷不是社会主义",国家要不断地发展生产,满足人们不断提高的物质生活要求,使老百姓过上比较富裕的生活,不可能要求人们都像孔子的弟子颜回那样"一箪食一瓢饮",安贫乐道。但是从个人来说,不能只要求改善物质生活而不注意提高道德修养,从这个角度说"精神贫困也不是社会主义"。

二、哲学与人生观

对什么是哲学,有种种不同的说法。中国哲学强调哲学是人生观。这是中国哲学尤其是儒家哲学的特点。按照冯友兰先生的说法,哲学是对于人生有系统的反思的思想,是使人能够成为人的学问,它不同于使人成为某种人的具体人的学问。我一直认为哲学包括人生观但不能仅仅归结为人生哲学。没有世界观的"使人成为人的哲学"只是道德哲学,因为道德的教化作用就是"使人成为人"。但哲学不同于道德哲学之处就在于哲学是一种世界观,但它包括人生观。不包括人生观的哲学是不完整的。

虽然每个活着的人都在生活,生活是人生的内容,但不是每个人都思考生活,思考生活的意义和价值。不少人活着,从生到死,一生忙忙碌碌。有痛苦,也有欢乐,但从没有思考过人为什么活着,生活的意义和价值问题。他们有生活,而没有对生活的反思。从而也没有对生活反思的思想,即没有自觉的人生哲学。

在苏格拉底看来,没有经过思考的生活是不值得过的。这当然是哲学家的话,普通老百姓不少仍然是年复一年、代复一代这样过。可是真正遇到生活难题时,发生的危机,就往往一死了之。可至死仍不明白,人为什么活着。20 世纪 60 年代,我在湖南搞"四清",邻队有个妇女因为家里一头母猪发瘟疫死了,农妇喝农药自杀了。这固然是由于生活的贫困,但不能不说到缺少对生命意义和价值的理解。当然,这种为了一点家长里短的小事而自杀的事例并不少见。生命,对于他们似乎是"轻于鸿毛",并不承载着意义和价值。

毫无疑问,人生哲学是哲学重要内容,特别是对中国儒家哲学更是如此。中国儒家的核心就是教人如何做人,属于人生哲学,陆象山说,"人生天地间,为人当尽人道。学者之所为学,学为人而已,非有为也。"当然,中国哲学并不限于人生哲学,例如,老子《道德经》和《庄子》中不少关于本体论的哲学观点,墨家就有许多逻辑和认识论的观点,法家就有许多政治哲学的观点,兵家有战争哲学尤其是军事辩证法思想,等等。至于西方哲学,从古希腊自然哲学到德国古典哲学,再到现代哲学后现代主义,就包括本体、认识论、历史观、人生观、价值论等众多领域。哲学不能仅限于人生哲学,中国哲学也不能仅归结为人生哲学。但重视人生哲学确实是中国哲学的一大特点。

应该重视人生哲学,但不能把人生哲学与世界观相分离。人生观并不具有独立性。它不能脱离世界观、历史观、价值观和认识论。纯粹的人生观是不存在的,它都有世界观和历史观的前提,有认识论和价值论的支撑。例如宗教哲学关于人生没有意义,只有一个苦字,人生的最好归宿是脱离苦海。修行，出家，跳出红尘，就是活着的时候，脱离苦海的第一步。为什么"红尘"是苦海呢？难道它不是人生存之地吗？不是人的世俗生活快乐之地吗？这是我们俗家的看法。在佛教人生哲学看来，其实红尘是虚幻，贪恋红尘是痴迷。实际上它只是过眼烟云，是空无。四大皆空，即人的世界实际上是"空"，因为构成世界的四大即四种元素，实际上是人心的幻相，而非真实存在。《金刚经》的"凡有所相，皆是虚幻"讲的就是这个意思。人们所有情欲追求，所有的贪、嗔、痴、爱、恨，都是人心造成的。《坛经》中的慧能"菩提本无树，明镜亦非台。本来无一物，何处染尘埃。"的偈语，以明心见性超过神秀而成为衣钵传人。空，世界是空，人生是空，人追求这个不存在的空世界，只能是苦。这种世界观基础上的人生观，必然看破红尘，遁入空门，还能有别的吗？

历史观同样制约人生观。个人主义的历史观，肯定根源于唯心主义历史观，认为在社会中个人至上。像鲁迅嘲笑的，最好世界是自己一个人，加上一个自己所爱的人，再加上一个卖烧饼的。相反历史唯物主义正确理解个人与社会的关系，把个人的前途和命运与社会的前途和命运联系在一起。个人只有在集体中才能生存，才能发展。唯我主义的个人，是痛苦的个人。有痛苦或欢乐，连倾诉和倾听的对象都没有。心中只有自我的世界，是最痛苦最孤独的世界。

人生观也不能离开认识论。对世界和社会如何认识，对人自身如何认识，可以直接决定一个人的人生态度。可以说错误的人生观，都是建立在对社会、对自我的错误认识基础上。而正确的人生观往往是对人与人的生活意义和目的的理性认知。

人是社会的主体。任何哲学中不可能没有人。世界观，是人的世界观，是人对自己生活其中世界的总体看法。没有人，当然没有世界观问题；认识论，是关于人如何认识世界的理论；没有人，当然无需研究认识论，认识本来就是人的认识；价值论同样如此，人就是价值的主体，没有人，当然不存在价值与价值评价问题。

从人是主体中,可以得出两种不同的结论:既然人是主体,因此世界观不可能是唯物主义的,不可能有科学世界观,因为人的世界,就是人心中的世界,它依赖于人心;唯心主义的哲学命题是:世界存在于你心中。所有唯心主义都是这样论证的,都是从心到物。认识论也不可能是唯物主义的,因为认识是人的认识,一千个主体对同一事物有一千种认识。所以在这种认识论中,关于真理,关于真理标准以及全部认识问题,都不可能具有客观内容,只不过是主体自身的看法而已。唯心主义无法走出"自我中心"的困境。

在马克思主义哲学看来,世界观虽然是客观世界在认识主体中的存在,但世界的客观性,它的状态、规律并不取决人的看法。世界的客观性并不是主观认定,而是人类的实践,人类全部实践反复证明了的真理。当地球上没有人时,就有世界;有了人,仍然是人生活在世界中,而不是世界存在于人的心中。当世界出现人并参与改造世界,世界并不会因为人化而变为主体性存在,它仍然是客观存在。世界观的正确与否,取决于对世界本身的正确把握和人类对这种理解的实践的证明,而不是取决于哲学家的哲学。哲学并没有创造世界,而是创造世界观。

人类面对的是现实世界,重视人化自然完全正确,但不能否定自在自然之的存在和它的潜在的实践价值和认识价值。没有自在自然哪来人化自然? 当代生态环境恶化是对不承认自然的实在性,不承认自然辩证法学者们的抗议。要真正重视实践和人化自然,首先要承认自然的先在地位,承认人化自然与自在自然的统一性。人在人化自然过程的成功与失败、正效应还是负效应在于它是否符合自然本身的客观规律,而不是符合主体的愿望和意图。实践的重要性不言自明,但实践的重要性正在于按照已经掌握的自然规律不断把自然人化。而人化自然是否有利于人类自身,不在人化而在它是否违背自在自然而被异化。人化自然的合理性,本质上是被运用于实践中的自然规律的物化,是自然本身的规律的被实践化。

认识同样如此。认识是人的认识,是人对人之外的对象的认识,而不是人对自我的认识。即使人对人创造的对象的认识,也是对已成之物的认识。对象具有客观实在性。在河边玩的小孩可以用瓦片甩向湖水激起连续的波纹,他之所以能欣赏自己的杰作,因为波纹并不会因为是他制造的而失去它的对象性,失去它的客观性。同样站在河边的其他的孩子,也可以欣赏到伙伴的创造物。认识有真假对错,就是因为认识是对对象的认识。毫无疑问,对同一对象的认识会出现差异性,这是由主体差异产生的。主体是能动地反映对象的。不管不同的主体存在多少差异,但从根本上说,是对象的性质决定认识的内容,而不是认识赋予对象以特性。把对象没有的特性强加于对象,这叫认识的错误。除非有嗜臭之好,没有人会把臭水沟当成美景,在它旁边留恋难返。

哲学当然要重视人生观。没有人生观,哲学是不全面的,但哲学又不能只讲人生境界,把哲学归结为人生观,把人生观归结为人生境界,把境界归为道德。不管按照什么标准把人生境界分为多少层次,如果把哲学归为对人生境界的追求,就大大缩小了哲学研究的领域和功能,因为哲学的核心是世界观,其中还包括认识论、价值论、人生论。没有世界观的人生观,就像没有地基的建筑物是会倒塌的。而且世界观、历史观、认识论、价值观不正确,人生观也不可能正确。脱离世界客观规律的人生境界和追求,只能是虚无缥缈不可捉摸的幻想境界。镜花水月,无论多么美丽、诱人,都是空的。

三、哲学与人生

1. 人为什么活着

人为什么活着,这是自然规律。因为人是父母所生,只要男女结合,按照自然规律,就可以生出生命。我们是父母所生,我们活着,我们有生命,是父母的恩惠,自然的赐予。动物也是如此。人为了什么活着,这才是人生观问题。"人为什么活着?"和"人为了什么活着?"是两个不同的问题,我们有时把它混为一谈。

"人为什么活着?"是探讨人活着的原因,这个原因就是阴阳结合,父母所生,是自然界规律;"人为了什么活着?"是人生活的目的、人生的意义。"人为什么活着?"这个问题要交给医学、交给生命科学去解答,现在的人工受孕、试管婴儿,都是在制造生命;而"人为了什么活着?"这属于人生追求问题,是讲人生的目的,属于哲学,属于人生观问题。我们每个人都活着,但不是每个人都明白"人为了什么活着?",而是饱食终日,无所用心。苏格拉底说,未经思考的生活不值得生活,就是指这种只活着,而不知道为了什么活着的人。

人活着不是为了吃饭,吃饭是为了活着,就包含这个区别。活着不是为了吃饭,这是"人为了什么活着?"的问题,如果人活着就是为了吃饭,那和动物活着一样;而吃饭是为了活着,这说明人活着有比"吃"更高的目的。吃饭为了活着,这是营养学的问题,因为人要有营养,只有吃饭才能维持生命。不仅人,动物也要吃才能生存;不仅动物,植物也要营养,要肥料、要阳光、要水,才能活着。活着不是为了吃饭,说明吃饱饭以后还有更重要的事要干,这属于人生观问题。"人为了什么活着?",其中包括人生的目的、人生理想、人生信仰、人生的价值追求等。

"人为什么活着?"这是个无需回答的问题。对医学,对生命科学是个研究课题,对普通人来说,是个不成问题的问题。人只要一出生就是人,就是活人,就自然地是活着的人。要是问一个人:"你为什么活着?"他只能回答,我出生时没夭折,活下来了,我当然活着。我在没有死之前,仍然活着。可是要问"你为了什么活着?"他就无可回避地要回答,我或是为了升官,或是为了发财,或是为了为人民服务,或者为了什么、什么,总而言之,都有个目的,或大或小,但绝不会是活着为了吃饭。尽管目的是多种多样的,但进入"目的"范畴,就是哲学问题,是人生观问题。

目的不同,人生观也不同。或是功利主义的,或是享乐主义的,或是革命主义的,或是救世主义的。我们说的"入世"、"出世"、"避世",

都是人生观问题,都与"人为了什么活着?"相关。有不愿在红尘中生活,看破红尘,就"出世";有愿意在红尘中干一番事业,就"入世";有既不愿出世,又不愿入世,找个地方当隐士,或隐于市,或隐于山林,这就是"避世"。出世、入世、避世都是一种人生态度,这都与人生目的相关。

2.死亡

人生观,本质上也包含人死观。心脏停止跳动,大脑死亡代表人的生命的终结,死亡就是生命的终结。

生与死,是人的两件大事。生是生命的获得;而死是生命的终结。生,是新生命的产生,充满欢乐、喜悦;而死亡,则是充满悲哀、痛苦。可死亡是不可避免的,是自然规律。如何在死亡时使亡者安详地离去,这是生者的责任。一个人死于安乐和死于孤凄,虽然都是死亡,在临终者的心理和生理上都会有不同的反应。尽量减轻死亡者临终的痛苦,是生命伦理问题。

为什么中国人讲究孝子送终呢? 送终不是迷信,是对临终父母心灵的一种安慰。离去时,床前空无一人,凄风苦雨,死于孤寂,和临终时,亲人在旁,儿孙绕床,放心地离去,是不一样的。活着的人没有临终的体验,但我们可都经历过生离。中国人说,生离死别。如果生离时,出远门,没有一个人相送,尤其没有亲人相送,孤单单后个人离去,是个什么滋味? 可想而知。"生离死别"作为一个词组放在一起,表现了中国人的人生体验和智慧。离别是小去,死亡是大去。

从纯生理学的角度来看,死亡就是生命的结束;从社会的角度来看,死而不亡,死了,不一定就了了。因为死亡是生命的终结,而不是死者生前所作所为的意义和价值的终结。一个人生时对人类的贡献越大,他对后世的影响就越大。青史留名、流芳百世,讲的就是死的意义问题。毛泽东逝世这么多年了,1976 年到现在,四十多年了,毛泽东对中国、对世界的影响仍然巨大。

死,不是空无。从个人角度看,死是终结;可从人类角度看,没有个体的死亡,就没有人类的延续。人类要通过个体的死亡而不断地延续下去。因此死就是生,你死了,你的儿子生了。你儿子死了,你孙子生了,一代代延续下去。个体是会死的,类是不死的。而类的不死,是以个体的死为前提的。人是个体和类的统一。

死,其实并不可怕,因为死就是一刹那,一口气没上来,就死了。可怕的是对死的等待,尤其是人对死的恐惧。年轻人,没有死的急迫性,没有死亡的恐惧,因为他正在年轻,如旭日经天;可老年人,对死的恐惧是持久的。因为老年人离死亡很近。人老了,应该在思想上有准备。智者应该敢于直面死亡,正视死亡,不要害怕和回避死亡问题。死和摆脱对死的恐惧,不仅是个临终医学问题,更是个哲学问题。死是每个人的最终归宿。哲学应该教会人们习惯死亡,懂得死亡。

3. 宗教

宗教是世界上信徒最多的一种信仰。科学管不了人的心灵。自然科学,是以自然界为对象的科学。社会科学,是以社会为对象的科学。即使是医学,是以人的疾病为对象,而不是研究人的心灵、精神为对象。精神病医生是以人的精神疾病为对象,而不是研究人的精神家园问题。在解剖学上,永远不会发现人的心灵,也永远发现不了人的思想、情感。安放在解剖床上的人是死人,而死人是没有精神的。可活着的人有精神,而精神需要寄托。

人有两个家,一个是人的身体、人的肉体避风躲雨,安眠栖身之处。一名无家可归的流浪汉,生活是悲惨的。这个家,我们称之为生活家园。人的精神也需要有个家,这个家就是人的精神家园,即精神有安放之处。人的精神如果没有家,没有精神家园,心灵空虚,精神无家可归,同样是痛苦的。我们的精神家园是我们的文化,包括传统文化和现代文化,我们的社会主义核心价值观。可宗教,对宗教信仰者来说也起着一个精神上安顿作用,是宗教信仰者的精神之家。这就是为什么不少人信仰宗教。信仰宗教，就是寻找精神之家，寻找心灵和精神安顿之处。费尔巴哈把宗教称之为人的本质的异化，人把自己的精神异化为对象，然后又从这个对象中寻找自己的精神安顿。

在西方，不少科学家包括牛顿、爱因斯坦这些人都信仰宗教。但是科学家的宗教信仰有一个特点，他们绝不把他的宗教信仰带进科学研究，带进实验室。实验室就是搞科学的地方，他们不会把实验室当作教堂。一个医生给你动手术，他绝对不会祈求上帝，他依靠的是他的手术刀。下了手术台，他可以到教堂里面去。在手术台上，他就是一个医生；在教堂里，他是个信徒。在实验室，科学家就是科学家，相信实验，相信数据，相信结果，相信自己观察到的；到教堂里面他是一个教徒，他相信自己没有看到的，这就叫信仰。这个界限非常清楚。如果倒过来，在教堂里，他穷根究底，用科学观点来研究圣餐，研究三位一体，研究《圣经》中所说的一切教导，他永远成不了虔诚的教徒，相反是一个无神论者。教堂里不能当科学家，只能是信徒。反过来，他在实验室里，祈求上帝显灵，制造奇迹，永远当不了科学家。正如手术医生，不在手术上下功夫，而把一切寄托在上帝上，就不可能是一个医生。

我们要区分宗教与迷信。宗教不等于迷信。宗教中有迷信的成分，但它的经典中有高深的学问。《圣经》《古兰经》《金刚经》《坛经》《心经》等各种宗教的经典都包含智慧。宗教哲学、宗教道德、宗教艺术都具有重大的社会整合功能、文化功能、教化功能。在中外历史上，宗教对文学、音乐、绘画、艺术等都起过很大作用的。它在当代对净化人的灵魂，对提高道德都有作用。无论是佛教、基督教、伊斯兰教都是这样的。各种宗教仪轨是一种形式，而不是宗教本质。至于求神拜佛，做了坏事也求保佑，以为菩萨可以接受送礼、贿赂，像人间一样。这是迷信，而不是真正的宗教信仰。我们一些贪官信佛，抢头香，大量捐赠，就是这种迷信的人，而不是有信仰的人。

不能简单说宗教等于迷信。宗教里面肯定包含迷信的成分。不包括任何迷信成分，就不会有宗教。宗教对彼岸世界、对天堂、对上帝、对超自然力量的信仰、对灵魂不死、对前世今生等说法,肯定包括不可证实的迷信。但宗教信仰不能等于迷信。我们应该发挥宗教的积极的劝世作用,净化人的道德作用,教人为善、慈悲为怀的作用。我们不反对宗教信仰,信仰自由,但我们反对的是宗教政治化,更反对装神弄鬼,神医神功之类的骗人把戏。

4. 婚姻

婚姻是个很复杂的问题,既有婚姻制度问题,又有婚姻伦理问题,不单纯是个两性关系,两性结合的问题。中国人是重视婚姻问题的,称之为婚姻大事,终身大事。不仅是当事人两个人的事,是全家的大事,哪家的父母不把儿女的婚姻当大事办?费心劳神、出钱出力为什么?这是因为婚姻不仅关系儿女的幸福,也关系全家的家庭和睦相处。

中国不像西方,婚姻只是当事人的事,结结离离,父母无权过问,也不过问,完全是个人的事,这是以个人为本位的婚姻观。西方的婚姻观与它的道德观是一致的。在中国,结结离离,对父母带来的伤害和痛苦是非常深的。中国一定程度上仍然保留以家庭为本位的传统,个人并没有从家庭分离出来成为完全独立的个体。这并不是绝对坏的事情。一个人的困难可以得到全家的支援,一个人的痛苦可以得到全家人的分担。个人,在中国不是孤立的全人,而是家庭成员。年轻人要懂得中国的国情,中国人的家庭观念和婚姻观念。婚姻在中国有着割舍不开的家族亲情。不管中国人的家庭结构如何裂变成三人结构,小家庭结构,但在中国的传统文化中,小家庭与大家庭是联着的。儿女婚姻始终是父母心中的大事。

当然,婚姻关系,最核心的还是男女两个人的关系。这种关系,包括情与欲两方面。欲,是生理的、肉体的;情,是感情的、心灵的。只有欲,没有情,人就是动物;没有欲,只有情,那是柏拉图式的所谓精神恋爱,是诗意的幻想的婚姻。但在婚姻关系中,情与欲的关系随着年龄的变化而变化。所谓少年夫妻老来伴,就是这个意思。我用三个"情"字来表达理想的夫妻关系:少年夫妻是"激情",花前月下,过的是一种浪漫生活;中年是"真情",经过多年的考验和磨合,婚姻稳定,感情牢固;老年是"深情",如水入泥,相依为命。你可以想象夕阳西下,两个老年人在公园的椅子上相偎而坐,那不是浪漫,而是白头相依、死生相守的情感。年轻人可能无法理解,因为他们没有到这个年龄,不会有这个体验。人的体悟,与年龄相关,与生活经验相关。这就是哲学,人生哲学。

5. 幸福

幸福是个大哲学问题。哲学家也是人言言殊,没有一致的意见。什么是幸福?标准各不相同。幸福很怪,像一个永远不可能用手抓住的流水,它无法用量来衡量,制定一个共同的幸福的标准。虽然现在有人制定幸福指数量表,但也很难得到共识。

我是从自己体悟的角度来谈这个问题的。幸福很奇怪,对自己想要的东西,想要的时候,追逐的时候,认为得到一定很幸福。但真正得到、拥有,并不一定感到幸福。

幸福中存在一个哲学问题,即知足与不知足的问题。我们对一件事,对一样东西的需要量可以满足。满足就会知足,知足就是满意,满意就是幸福。凡是我们生存需要的东西,都是可以满足的。无论衣食住行的需要,都有限量。唯一没有限量的是人的欲望。欲望永远不会知足,因而永远不满足。欲壑难填。什么具体的需要和东西都能填满,只有人欲最难填满。填不满,就不会知足,不知足,就会不满意,永远感到不幸福。永远追求,永远填不满。这种人至死都不会感到幸福。知足,就会满足,满足,就会满意,就会有幸福感。因此,从哲学上说,人应该"知止",对自己的要求感到满足,知足。知足就会满意。如果永远不知足,就不会有幸福感,即使身在福中也不知福。

幸福有两种,有社会幸福,有个人幸福。这两者是不同的。个人的满足,知足,就是个人幸福;一个社会很安定,政治清明,国家能满足人民群众不断增长的物质文化需求,带来的是全国人民的满意。人民群众的满意,就是全社会的幸福。为政者,为了人民的幸福,应该永远不满足,为人民创造更好的幸福生活;而个人,则应该知足、满足。

人的现实生活一望无际,无边无涯。而人的智慧仍然是有限的。生活之树常青。我们要从生活之树上摘取智慧之果,又用智慧来观察生活。如果哲学家不食人间烟火,背对生活,只是躲藏在由概念和范畴构筑而成的哲学堡垒中,智慧之花就会枯萎。

责任编辑:洪　琼
版式设计:顾杰珍
责任校对:徐林香

图书在版编目(CIP)数据

马克思主义十五讲/陈先达 著. —北京:人民出版社,2016.8(2021.5 重印)
ISBN 978－7－01－016449－6

Ⅰ.①马…　Ⅱ.①陈…　Ⅲ.①马克思主义-学习参考资料　Ⅳ.①A81

中国版本图书馆 CIP 数据核字(2016)第 159698 号

马克思主义十五讲
MAKESIZHUYI SHIWUJIANG

陈先达　著

人民出版社 出版发行
(100706　北京市东城区隆福寺街 99 号)

北京汇林印务有限公司印刷　新华书店经销

2017 年 3 月第 2 版　2021 年 5 月北京第 22 次印刷
开本:710 毫米×1000 毫米 1/16　印张:15.5
字数:230 千字　印数:90,001-95,000 册

ISBN 978－7－01－016449－6　定价:59.00 元

邮购地址 100706　北京市东城区隆福寺街 99 号
人民东方图书销售中心　电话 (010)65250042　65289539